小竹 강신명 목사의 생애와 사상

정병준 편저

한국장로교출판사

| 추 천 사 1 |

강신명 목사님은 20세기 한국교회를 대표하는 큰 어른 중의 한 분이었다. 새문안교회의 담임목사님을 지내셨으며 제48회(1963-1964) 교단 총회의 총회장으로 봉사하셨다. 나는 신대원 재학시절에 강신명 목사님에게 전도학을 배웠다. 강신명 목사님은 열정적인 목회자였다. 그분은 새문안교회의 목회시절 교인들의 이름을 다 기억하시고, 심방할 때 그 집의 아이들의 이름을 불러 가며 기도하였다는 전설적인 기억력의 소유자였다. 강 목사님은 전통 있는 교회의 목회가 다른 교회의 목회보다 쉽지 않다고 말씀하셨던 것을 기억한다. 또 내가 다른 교회에서 이러한 목회적 열정을 쏟았으면 더 큰 부흥을 이룰 수 있었을 것 같다고 말씀하신 적도 있다.

강신명 목사님은 또한 기독교교육자이며 행정가였다. 사실상 서울장신대학교의 설립자로서 학교를 키워 내셨고 후학을 배출하였다. 그분은 남한에 숭실대학교를 재건하는 데 주역이었고, 또한 목회를 은퇴하신 후에, 자신의 모교 숭실대학교 총장으로 부임하셔서 1980년대 초반 숭실대학교와 한남대학교가 분립되는 어려운 시기에 학교경영을 하시다가 하나님의 부름을 받았다.

강신명 목사님과 필자의 선친 이상근 목사님은 각기 1909년생과 1920년생으로서 11년의 연배의 차이가 있었지만 몇 가지 유사성을 가지고 계셨다. 두 분 다 경북 출생으로 일제하에서 민족적 고난에 아파하셨고, 북장로교 선교사들의 영향을 받고 북한에서 목회를 하셨다. 강 목사님은 선천에서 목회를 하셨고, 선친은 평양에서 목회를 하셨다. 1946년 3월에 두 분 다 월남하셔서 강 목사님은 서울에서 사역을 하셨고, 선친은 구미와 대구에서 사역을 하셨다. 강 목사님이 1951년 도미하여 만학의 유학을 하셨고, 선친은 강 목사님께서 귀국하던 1953년 9월에 미국으로 유학을 떠나게 된다. 1964년 8월부터 4년 동안 두 분은 장로교 일치운동을 위해 일하셨다. 선친은 경북지역에서 일치운동을 주도하였고, 강 목사님은 총회장으로서 장로교연맹체 구성을 위해 열심히 노력하였다. 1967년 9월 제52회 총회가 7인 장로교합동연구위원회를 조직할 때 이태준, 나덕환, 한경직, 김성배, 이상근, 강신명, 방지일로 조직되었다. 하지만 1968년 9월 통합과 합동교단이 각각 장로교재통합 논의를 중단한 후 통합교단은 WCC 재가입을 결의하였다.

한 분의 삶의 기록을 미시사적으로 돌아보는 것은 그 시대의 역사를 거시사적으로 보는 것보다 더 구체적으로 역사를 이해할 수 있게 한다. 그런 의미에서 강신명 목사님의 글과 연구로 이루어진 이 책은 현대 한국교회사, 특히 대한예수교장로교회(통합)의 역사를 이해하는 데 중요한 공헌이 될 것임을 확신한다.

서울장신대학교 정병준 교수가 강신명 목사님의 글을 모아 해석을 붙이고 연구 결과를 첨부하여 이 책을 내어놓았다. 정병준 교수는 청년 시절 본 교단의 청년회전국연합회의 지도력으로 활동하였고, 필자가 오랫동안 이사와 임원으로 섬겨 왔던 세계선교협의회(CWM)에서 청년 시절에 선교훈련을 받았으며, CWM의 이사로서 교단을 대표하여 세계 에큐메니칼 활동에도 수고하였다. 학문적으로는 호주장로교선교사 연구에 큰 기여를 하였고, 제100회 총회를 기념하는 『대한예수교장로회총회(통합) 100년사』에도 성실한 연구 성과를 보여 주었다. 따라서 풍부한 경험을 가지고 통전적 신학의 입장에서 연구한 강신명 목사에 대한 이 자료가 목회자들과 신학을 공부하는 학도들에게 깊은 감동과 통찰을 열어 주리라고 확신하며 이 책을 추천하는 바이다.

2016. 10.
이성희 목사
대한예수교장로회총회 총회장(제101회)

| 추 천 사 2 |

그는 통합주의자였다.

강신명 목사는 우리 서울장신대학교를 설립하신 분이다. 지금 서울장신대학교는 비약적인 발전을 했다. 새문안 학사에서 신설동 학사로 이전하던 학교는 드디어 경기도 광주에서 대학으로 승격되는 장족의 발전을 했다. 교단 산하에는 7개 신학대학교가 있는데 아마 지난 10년 동안 가장 발전한 학교를 선택하라면 교단 지도자들은 서울장신대학교를 택할 것이다.

총회장은 물론, 임원들, 각 부서장들 중에 서울장신대학교 출신들이 많아 총회를 열심히 섬기고 있고, 동문 이사장과 동문 총장을 세워 이사회, 총동문회, 학교 교수와 직원들, 학생들이 한마음이 되어 학교 발전을 위한 다양한 노력들을 진행하고 있다. 특히 한국교회의 위기가 목회자들의 영성과 인성, 그리고 지성의 결핍에서 오는 것임을 자각하고, 한국교회를 살리는 목사들을 배출해 보겠다는 거룩한 의지를 대내외에 선언하고 이를 위한 준비도 하고 있다.

이런 시점에서 정병준 교수가 강신명 목사의 생애와 사상을 정리한 귀한 책을 출판한 것은 매우 적절한 일이다. 강신명 목사는 총회장을 역임하신 분이기에 그 이름을 아는 분들이 많이 있겠지만 전 생애의 자료를 정리한 책이 없어서 그분을 아는 데는 지극히 제한적이었다. 그런데 이번에 정 교수는 강신명 목사의 생애를 연도별로 잘 정리했고, 그분의 사상을 근거 있는 다양한 자료를 수집해서 밝혔기 때문에 이 책은 강신명 목사를 바로 아는 데 큰 도움이 될 것이다.

그는 에큐메니칼운동의 선구자요, 장로교 협의체를 최초로 제안한 분이고, 평신도운동이야말로 교회 성장에 큰 역할을 한다고 주장한 분이다. 또한 이미 1964년에 한국교회의 문제점을 예리하게 지적하면서 한국교회가 반성하지 않으면 저성장의 늪에 빠질 것이라고 예언한 분이다. 뿐만 아니라 기독교의 사회참여를 강조한 분이기도 하다.

이 책에서 저자는 강신명 목사를 일방적으로 옹호하지 않았다. 학자적 양심으로 그의 사상을 밝히고 있다. 강신명 목사에 대해서는 앞으로 더 면밀하게 연구해야 할 부분들이 많다. 박 대통령 국장 때 조사를 한 것, 5공화국을 탄생시킨 국보위에 입법위원으로 참여한 것 등은 보다 심도 있는 연구를 해야 할 사항이다.

나는 우리 서울장신대학을 졸업한 모든 동문들, 학생들, 그리고 강신명 목사에 대해서 객관적인 사실들을 알고 싶은 분들에게 이 책을 읽어 보길 권한다. 유익한 열매를 맺게 될 것을 확신하기 때문이다. 끝으로 종교개혁 500주년을 앞두고 한국교회의 개혁 운동가로 자리매김했던 강신명 목사에 대한 귀한 자료를 모으고, 해제와 글을 붙여 좋은 책을 만들어 준 정병준 교수에게 감사를 드린다. 강신명 목사는 복음적이면서 에큐메니칼하고, 비정치적 사회참여를 주장한 보기 드문 통합주의자였다.

2016. 10. 23.
고시영 목사
전 서울장신대 이사장

| 머 리 말 |

    1979년 11월 3일 고(故) 박정희 대통령의 장례식이 중계될 때 필자는 TV에서 최초로 강신명 목사님을 뵈었다. 타종교의 지도자들이 박 대통령의 업적을 찬양하고 그의 내생의 복을 빌었지만 강신명 목사님은 전 국민이 지켜보는 상황에서 박 대통령에 대한 아무런 칭송 없이 구원과 심판을 언급하는 성경구절을 읽어 내려갔다.

    당시 고등학교 2학년 학생이었던 나의 등에서 알 수 없는 긴장과 식은 땀이 흘러내리던 것을 지금도 느낀다. "저 목사님은 혹시 위험하지 않으실까?" 하는 염려와 함께 개신교 목사님들 중에 진짜 목사님 같은 분이 있다는 것이 뿌듯하게 느껴지기도 했다.

    그 후 33년이 지나 나는 그분의 건학 이념이 새겨진 학교에 들어와서 한국교회사 교수로 일을 하고 있다. 강신명 목사님이 세운 건학이념과 신앙적 정체성을 이해하기 위해 그분의 글을 읽었다. 그러면서 강 목사님의 복음주의적 신앙과 에큐메니칼한 신학사상이 1950년대 후반부터 예장

통합교단의 통전적 신학과 목회에 중요한 기초가 되었다는 확신을 갖게 되었다. 한경직 목사님이 통합교단의 대표적 인물이었다면 강신명 목사는 건축가(architect)였다. 그것을 증명하는 것이 늘 숙제로 남아 있었다.

1959년 교단이 통합과 합동으로 분열될 때 총회야간신학교에서 칼빈신학교가 분립되었고, 그 이후 학교는 재정과 조직의 어려움에 봉착했다. 강신명 목사님은 1962년에 교장으로 부임하시어 서울장로회신학교라고 학교명을 바꾸고, 밀알사상(요 12 : 24)에 기초하여 복음적 에큐메니칼 사상과 평신도 신학에 근거하여 커리큘럼을 재조정하고, 교수를 확충하였고, 사재를 털어 숭인동 캠퍼스와 경기도 광주 캠퍼스를 세우셨다.

또한 강신명 목사님은 새문안교회의 담임목사로서, 1963년 교단의 총회장으로 선출되셨으며, 갈라진 장로교회를 연합하기 위해 장로교협의체를 이끄셨다. 그리고 철저한 반공사상을 가지셨음에도 권력의 반민주적·반인권적 태도에 대해 예언자적 사명을 감당하셨다.

오늘날 교계(敎界) 안에 존경할 만한 어른이 없다는 말을 자주 듣게 된다. 필자는 강신명 목사님이야말로 한국교계의 목회자들과 신학도들의 사표(師表)가 되실 분이라고 주저하지 않고 말한다. 필자가 공부한 바로는 한국교회 안에서 신학적으로, 목회적으로, 인격적으로 강신명 목사님처럼 크면서 균형이 잡혀 있는 인격은 찾아보기 어렵다.

강신명 목사님의 생애와 사상이 한국교회 안에서 그리고 그분이 길러낸 서울장신대학교 안에서조차 반추되지 못하고, 현실 목회와 삶 속으로 적용되지 못하고 있는 현실이 크게 안타까웠다. 이 책에는 강신명 목사님의 목회철학과 영성, 총회장으로서 쓰신 글, 에큐메니칼 정신, 민주주의와 민족사상, 서울장로회신학교의 초기계획, 한국찬송가 발전에 대한 공헌,

이단 대처, 일반 언론이 본 강신명 목사의 지도자상이 담겨 있다.

 이 자료는 강신명 목사님의 글을 현대어법으로 약간 수정하여 가능한 원문 그대로 옮겨 놓았고, 필자의 편집자주와 해제(解題)를 첨가하여 이해를 도왔다. 강신명 목사님의 업적과 헌신이 후세들에게 영원히 기억되기를 소망하며.

2016. 9. 30.

정병준

경기도 광주시 경안동

서울장신대학교 연구실에서

추천사 3, 6   머리말 9
목 차 12   참고문헌 308

Ⅰ. 강신명 목사의 생애

　　1. 강신명 목사 연보(年譜) 18

　　2. 한글 목사 강병주, 〈기독공보〉(1973.10.13.) 26

Ⅱ. 강신명 목사의 목회철학과 영성

　　1. 음악과 신앙생활, 「신학지남」(1937.11.) 32

　　2. 목회생활 23년의 회고, 「기독교사상」(1958.12.) 37

　　3. 기독교학교에 대한 교회의 기대, 「기독교사상」(1960.10.) 43

　　4. 하나님의 것과 가이사의 것, 「기독교사상」(1962.6.) 54

　　5. 나는 성서를 이렇게 본다, 「기독교사상」(1964.6.) 61

　　6. 복음화 운동, 〈기독공보〉(1975.12.13.) 64

　　7. 나의 장벽을 헐고 우리의 광장으로, 「월간목회」 36 (1979.8.) 69

　　8. 교회갱신과 새신자 교육, 〈기독공보〉(1980.2.2.) 79

　　9. 양을 아는 목자, 『나의 길 목양의 길』(1984) 84

Ⅲ. 총회장 강신명 목사

　　1. 총회장 당선소감, 〈기독공보〉(1963.9.23.) 90

　　2. 교단전통에 대한 해명서, 〈기독공보〉(1963.11.25.) 92

| 목 차 |

  3. 평신도 운동에 기대한다. 〈기독공보〉(1963.12.16.) 99

  4. 교단의 환원과 귀일을 촉구한다. 〈기독공보〉(1963.12.23.) 104

  5. 희망의 새해를 맞이하면서 벌거숭이가 되자. 〈기독공보〉(1964.1.6.) 110

  6. 한국교회의 자기비판과 반성. 〈기독공보〉(1964.10.3.) 114

Ⅳ. 강신명 목사의 에큐메니칼 비전

  1. 옛적같이 새롭게. 〈기독공보〉(1959.1.19.) 120

  2. 나의 증인. 「기독교사상」(1960.3.) 126

  3. 앞으로 10년간의 나의 계획. 「기독교사상」(1961.3.) 130

  4. 성서로 본 노동문제(설교, 1961.3.) 138

  5. 교파일치는 가능한가?. 「기독교사상」(1966.2.) 144

  6. 만물을 새롭게 : 보라 내가 만물을 새롭게 하노라. 「기독교사상」(1968.1.) 157

  7. 웁살라 대회 제4분과 위원회. 「대한예수교장로회와 WCC」(1969.9.) 163

  8. 장로교일치운동과 통합교단의 WCC 재복귀 168

  9. 장로교의 협의체는 시대적 요청. 〈기독공보〉(1970.9.26.) 187

  10. 모범적 평신도 빌레몬(설교, 1975.3.9.) 190

  11. 자유와 일치의 주 그리스도(설교, 1975.) 195

Ⅴ. 강신명 목사의 애국애족 사상

1. 4월의 기원(설교, 시기미상) 202
2. 나는 삼선개헌을 이렇게 본다,「기독교사상」(1969.8.) 206
3. 민주회복은 민주헌정으로,〈기독공보〉(1975.2.22.) 211
4. 애국애족의 충정(설교, 1976.2.29.) 215
5. 미국 카터 대통령과의 간담회 발언(1979.7.1.) 221
6. 고(故) 박정희 대통령 국장조사(國葬弔辭)(1979.11.3.) 224
7. 현 시국에 대한 우리의 입장(성명서, 1979.11.16.) 228
8. 강신명 목사, 동경 "아시아 증언"서 연설,〈매일경제〉(1978.8.14.) 232
9. 日 교과서 왜곡 강신명 총장에게 듣는다,〈동아일보〉(1982.8.21.) 235

Ⅵ. 강신명 목사와 서울장신대학교

1. 서울장로회신학교의 창립비사(秘事) 244
2. 서울장로회신학교 요람(1964.1.16.) 260
3. 강신명 목사의 글과 삶에서 나타난 밀알사상 269

Ⅶ. 강신명 목사의 이단 대처

1. 박태선 장로는 사교이며 안수·마찰도 이단이다, 〈동아일보〉(1960.12.18.) 280
2. 통일교는 기독교 단체 아니다, 〈동아일보〉(1979.5.16.) 283

Ⅷ. 강신명 목사와 한국교회 찬송가 발전

1. 찬송가 80년 만에 체질개선, 〈동아일보〉(1963.3.20.) 286
2. 찬송가를 한 가지로, 〈동아일보〉(1976.5.26.) 287
3. 새번역신약성서 출간, 찬송가도 새로, 〈동아일보〉(1976.12.19.) 288
4. 개신교 숙원 「새통일찬송가」 8월 출간, 〈동아일보〉(1978.2.3.) 289
5. 영광은 주님 홀로(21세기 찬송가 596장, 강신명 작사·박정선 작곡) 290

Ⅸ. 언론이 본 강신명 목사 291

01

강신명 목사의
생애

1. 강신명 목사 연보(年譜)

1909	강병주와 최영주의 장남으로 출생(6.13) (경북 영주군 평은면 천본리 내매 마을), 내매교회 소아회에서 신앙교육
1914	기독사립학교 내명학교(4년제) 입학[1]
1920	김익두 목사를 만난 후 목회자로서 첫 소명
1923	풍기 초등학교 전학
1924	평양 숭실중학교 진학, 열병으로 휴학
1925–1928	공주영명학교와 배재학교 수학[2]

---

1) 강병주는 1907년 11월에 회심을 체험하고 내매교회를 설립했으며, 1909년에 내명학교를 설립하였고, 1943년에 동흥학교(東興學校)를 설립하였다. 강신명과 강병주의 생애에 대해서는 김명구, 『소죽 강신명 목사』(경기도 광주 : 서울장신대출판부, 2009)를 강병주에 대해서는 임희국, 『성내교회100년사』(성내교회, 2009)를 참조하라.
2) 강신명이 숭실중학교에서 감리교 소속의 공주영명학교와 배재학교로 전학한 이유는 알 수 없다. 강병주 목사는 당시 풍기교회 담임목사이면서 경안노회 주일학교 연합회 총무(1926–1928)로 일하던 시기였다.

1927	이영신과 결혼(1.4)[3]
1928	대구 계성중학교 4학년 편입[4]
1930	계성중학교 졸업(18회), 숭실전문학교 문과 입학(3월)
1932	『동요 99곡집』(평양 : 농민생활사) 편집·발행[5]
1934	숭실전문학교 졸업(9회), 평양 장로회신학교 입학(3월)
1936	평양 서문밖교회 유년주일학교 전도사 부임(1월)
	평양합창협회 조직(초대회장)(1월), 평양 백선행기념관에서 '백림올림픽 손기정 마라톤 재패 기념음악회' 개최(8.15)
	『아동 가요곡선 300곡』 출판[6]
	선천 남교회 전도사 부임(12.27)
1937	수양동우회 사건으로 선천경찰서에 구류되어 취조[7]

---

3) 이영신(李永信)은 황해도 신천 태생으로 정신여학교를 졸업하고 풍기교회가 운영하는 영신학교(永信) 교사로 근무하였다. 1925년 강신명은 부친의 목회지였던 풍기교회에서 풍금반주자 이영신과 만났다. 김중순, 『나의 노래 주님 홀로 들으소서』(소통, 2010), 45.

4) 미국북장로회 선교부가 설립한 계성학교는 강병주가 수학했고(1910-1915) 제4회로 졸업했다. 강신명은 졸업을 2년 앞두고 배재에서 계성으로 전학했다. 강신명은 학업성적이 좋아서 선친이 경성제국에 보내고 싶어 했다. 그러나 그는 가정이 있었고 자신의 학비에 조금 더 보태면 동생 신정을 공부시킬 수 있어서 내려왔다. 강신명, "양을 아는 목자", 『나의 길 목양의 길』(서울 : 소망사, 1984), 7-8 ; 김중순, 위의 책, 44.

5) 강신명은 동요운동의 요람이었던 계성학교에서 박태준에게 음악을 배웠다. 그 후 숭실전문 음악과장이었던 말스베리(Dwight R. Malsbary, 마두원) 선교사에게 화성학과 작곡법을 배운 후 〈새서방〉, 〈새색시〉 등 많은 노래를 작곡하였고, 악보제작 등으로 학비를 마련했다. 강신명, "국민계몽", 『강신명 신앙저작집Ⅱ』(서울 : 기독교교문사, 1987), 566 ; 김명구, 『소죽 강신명 목사』, 72.

6) 제1부에는 주일학교에서 사용하는 어린이 찬송가 100곡이 실렸고, 안신영 작곡·작사 〈농촌가〉, 박태준 작곡·작사 〈금주가〉, 양주동 작사 〈절제운동가〉 등이 수록되었다.

7) 1937년 일제는 중일전쟁을 일으켜 중국본토를 침략했다. 강신명 목사는 수양동우회 사건의 목적은 일제가 "대륙진출 정책 수행에 방해되는 요소를 제거하고, 다른 한편으로는 교

	아동성경학교 동요사건으로 정주검찰청에 구속, 벌금 30원 형을 언도[8]
1938	평양 장로회신학교 졸업(33회)[9]
	선천 남교회 동사목사 부임(8월)
1940	동경 신학교 유학(4월 – 12월)[10]
1942	선천 북교회 담임목사 부임[11]

회 안에 청년들의 활동을 완전히 거세하려 했다."고 증언한다. 강신명은 정치적 활동에 직접 개입 하지는 않았으나 그가 활동하던 청년면려회의 지도부는 수양동우회와 긴밀하게 관련이 있었다. 일제는 면려회 운동을 민족운동으로 보고 강신명 등 면려회 지도부를 연행 고문해서 정책을 따르겠다는 약속을 받은 후 석방했다. 강신명, "수양동우회 사건",『강신명 신앙저작집 Ⅱ』, 572.

8) 일제는 주일학교와 하기아동성경학교에서 동요를 보급한 것을 간접적인 독립운동으로 규정하고 강신명을 심문하고 벌금형을 내렸다. 당시 쌀 한 가마 값이 5원이었다. 특별히『아동가곡곡선 300곡』의 네 번째 수록된 유년주일학교 교가에서 "무궁화삼천리 화려강산에 우리 유년주일학교 영원토록 만세"라는 표현과 남궁랑 작사 권태호 작곡의 〈조선아기의 노래〉에서 "손과 손을 잡고서 봄 마중을 가자"라는 가사 내용이 문제가 되었다. 강신명, "수양동우회사건", 위의 책, 572 ; 김명구,『소죽 강신명 목사』, 74.

9) 강신명의 동기생은 계일승, 김규당, 김양선, 김형모, 김례진, 손양원, 이창섭, 이학인, 배운환, 엄영기, 박성겸, 이태양, 황희섭 등 41명이었고, 평양장로회신학교 마지막 34회 졸업생은 김종대, 나덕환, 유재한, 안광국, 김윤찬, 박병훈, 이남규, 박창목 등이다. 김종대와 안광국은 강신명의 1년 후배였으나 절친이었다. 안광국, "평양신학교의 모습" 한국교회선교백년비사68 〈기독공보〉(1976.9.4.).

10) 강신명은 평양 장신을 졸업 후 박윤선 목사의 추천으로 웨스트민스터 신학교에 유학 갈 계획이 있었다. 그러나 선천 남교회 김석창 목사의 강력한 요청으로 사역을 시작했고, 약속대로 3년의 사역 이후 8개월의 휴가를 받아 동경신학교에서 구마노(能野義孝) 교수와 무라다(村田) 교수에게 '현대종말론'과 '에큐메니칼 신학'을 수학하였다. 강신명, "양을 아는 목자",『나의 길 목양의 길』, 8 ; 김명구, 위의 책, 86.

11) 평북노회는 선천 북교회에서 발생한 목사(백영엽) 측과 장로 측 사이의 분규를 해결하도록 강신명을 파송했다. 강신명은 이때가 자신의 목회생활 가운데 가장 괴로운 때였고 그것이 해결된 것이 제일 큰 보람이라고 진술하였다. "하나님 이 북교회 문제를 수습할 수 있다면 계속 하나님의 종으로 사역할 것이며, 그것을 허락지 않으시면 나의 길이 아닌 줄 알겠습니다." 강신명, "양을 아는 목자",『나의 길 목양의 길』, 11 ; "나의 장벽을 헐고 우리의 광장으로",「월간목회」(1979.8.)

1945	선천 북교회 사임 표명(8월)[12]
1946	월남(越南)[13] (3월) 베다니교회(영락) 출석[14]
1947	영락교회의 동사목사(4월)
1948	서울 동흥중학교 교장(1948.3 – 1951.6)[15]
1951	도미 유학(11월)[16]
1952 – 1953	미국 프린스턴신학교 신학석사, 존 메케이(John Macay) 교수 지도로 "1910년부터 1945년까지의 종교와 정치문제" 논문제출
	가을에 귀국, 영락교회 동사목사 복귀
1954	한국신학대학교 졸업식 설교("네 발의 신을 벗으라")[17]
	숭실학교 재건(4월), 재단이사 4년[18]

---

12) 해방 직후 강신명 목사는 오후 4시에 기도실에서 임시제직회를 열고 사의를 표명했다. 자신이 신사참배와 시국강연을 했기 때문에 최소 1년 이상 자숙하려고 결심했다. 8월 22일 강신명 목사는 상경하여 부모님을 만나고 서울의 정세와 교계의 움직임을 파악하고 한 달 후에 선천으로 돌아갔다. 북한지역에서는 좌우익 싸움이 시작되었다. 강신명, "좌우익 싸움", 위의 책, 586–587.

13) 강신명 목사는 북한에서 설립되는 기독교 정당들에 참여하지 않고 자숙의 원칙을 지켰다. 그러나 아버지와 아내 이영신의 강권으로 3월에 월남하였고 선천 북교회로 돌아가지 못했다. "60여년을 동고동락하며―이영신 권사님을 찾아", 〈세상의 소망―새문안지의 발자취〉(서울 : 새문안교회 홍보출판부, 2005), 118.

14) 자숙의 원칙을 지키려고 강단에 서지 않고 1년 성가대 지휘를 하였다.

15) 서대문 영천시장 옆 천영동 78번지에 있던 동흥중학교는 1943년에 부친 강병주가 설립한 학교였다. 해방 후 매부 이종형이 경영했으나 1948년에 강신명이 인수하였다. 동흥중학교에 대한 기록은 〈기독공보〉(1948.6.9.)

16) 미국연합장로교회의 초청과 지원을 받았고, 대구 피난지에 부인과 4남 1녀를 두고 부산항에서 화물선을 탔다. 43세의 나이였다.

17) 강신명은 교파주의를 넘어섰고, 동생 강신정은 기독교장로회 용산제일교회에서 시무했다.

18) 숭실대학교 100년사 편찬위원회, 『숭실대학교 100년사』 2 (서울 : 숭실대학교출판부, 1997), 14.

	유네스코 산하 '세계대학봉사회(WUS) 한국위원회'를 설립(회장 백낙준, 부회장 강신명). 이사, 이사장, 총재 역임
1955	총회 찬송가가사수정위원(9월)
	영락교회 당회사임(11월)
	새문안교회 담임목사(1955 – 1979)[19]
1956	총회 총대선출, 기독공보 이사
1957	새문안교회 위임목사(3.3)
1959	제44회 총회에서 경기노회 임시노회 총대 인정(134대 129)
	대한기독교교육협회 회장(11대)[20]
	14대 회장(1962), 23대 회장(1971)
	당회에 사면서 제출(12.29), 반려[21]
	계명대학교 재단이사(1959 – 1968)
1960	새문안교회에서 통합총회 발족(2.27)[22]

---

19) 부임당시 100여 명이던 교회는 1958년 평균 850명, 학생회 250명, 유년주일학교 350명의 교회로 성장했다.

20) 1947년 한경직 목사의 주도로 기독교교육협회가 재건되었고, 이듬해 '대한기독교교육협회'로 명칭을 변경했다. 초기에 장로교, 감리교, 성결교가 참여했고, 1959년에 한국기독교상로회가 참가하였다.

21) 1959년 10월 새문안교회 청년회는 교단분열을 비판하는 경포문(儆佈文)을 당회에 제출하고 그것을 전국교회로 발송하였다. 강신명 목사는 청년들의 행동에 큰 충격을 받았고, 그 후 당회는 NAE(National Association of Evangelicals, 한국복음주의협의회 측)을 지지하지 않고 에큐메니칼 측을 지지하는 입장을 밝혔다. 그러자 NAE 측을 지지하는 전도사와 집사 등이 강신명 목사를 외래인이며 분열의 주동자라고 비난했고, 용공성까지 의심하였다.

22) 1959년 제44회 대전총회에서 교단이 분열된 후 재합동에 실패하자 연동 측과 중립 측, 3개 선교부(미국연합장로교회, 남장로교회, 호주장로교회)가 모여 통합총회를 형성하였다.

	제2차 사면통고서 당회제출(6.15)[23]
	한국기독교연합회(NCCK) 총무(6월-12월)
1961	연세대학교 재단이사, 재단이사장(1964-1966)
1962	새문안교회 분규 정리(2.11)
	서울장로회신학교 교장(1962.9-1982.8)
1963	제48회 총회 총회장
1964	세계개혁교회연맹 총회 참석
	칸사스 주 스터링 대학 명예신학박사 학위수여(9.14)[24]
1965	"한일협정 비준 반대성명서"(한경직, 김재준, 강원룡 등과 함께) (7.1)
	장로교연맹체 첫모임(합동, 기장, 통합)[25]
1968	한국기독교선교회 발족(회장) (1월)
	스웨덴 웁살라 세계교회협의회(WCC) 총회 참석(7.4-19)
1969	서울장로회신학교 교사(校舍) 새문안교회 교육관으로 이전(2월)

---

23) 1960년 5월 초 새문안교회 청년회는 전필순, 유호준을 이승만 정권과 정치적으로 야합한 목사로 비난하고, 또 안광국을 교회분열 책임자로 규정하고 물러나는 성명서를 발표했다. 이에 대해 안광국 목사는 5월 28일에 새문안교회 앞으로 항의서를 보냈다. 새문안교회는 5월 8일에 74회 경기노회에 정교분리원칙을 재확인하였다. 유호준 목사는 NCC 총무직을 사임했고, 강신명 목사도 도의적 차원에서 당회에 사임서를 제출했다. 강신명 목사의 사임 건에 대해 당회는 6 : 6으로 아무런 결정을 내리지 못하였다. 새문안교회는 입장이 양분되었다. 1961년 12월 17일 강신명 목사를 반대하는 일부 장로와 교인들이 합동 측 동산교회를 세우고 박윤선 목사를 청빙하였다.
24) "姜信明 總會長에 神博"〈기독공보〉(1964.9.19).
25) 1963년 9월, 장로교의 재통합은 어렵다고 보고 차선의 방법으로 통합과 기장의 소장파들 사이에서 장로교연맹을 구상하게 되었다. 강신명 목사는 1964년부터 장로교연맹을 위해 활동했다.

	제54회 총회 WCC 재가입 결의(144대 79)
1970	국민훈장모란장 수여(12월)[26]
1974	구속자를 위한 기도회 설교(제59회 총회, 9.23)
1975	전국기독교정의구현성직자단 창립(고문) (3.20)
	한국교회지도자협의회 창립(18개 교단의 지도자) (7.1)
1977	주한미군철군반대 한국기독교대책위원회 위원장(1977.3 – 1978.1)[27]
	한국기독교선교단체협의회 회장(1977.5.16 – 1985)[28]
	선교문제연구원 원장
1979	미국 지미 카터 대통령 면담과 인권발언(6.29)
1980	새문안교회 원로목사, 국가조찬기도회 참석(9.30)
	국가보위입법회의 위원(1980.10 – 1981.3)[29]
1981	숭전대학교 이사장(1981.12 – 1982.1), 숭전대학교 총장 (1982.1 – 1985)[30]

---

[26] 박정희 대통령은 강신명 목사에게 국민훈장모란장을 수여했고, 1972년 새문안교회 예배당 건립 때에 건축기금을 전달했다.

[27] 1976년 12월에 당선된 미국 대통령 지미 카터는 1979년 말까지 지상군 전투 병력 및 전투 지원부대를 철수시키려고 하였다. 강신명과 한경직 등은 미군철수를 반대하는 한국교계의 입장을 미국정부와 미국기독교계에 알렸고, 미국을 방문하여 교계와 국회, 언론과 접촉하였다. 주한 미군 3000여 명이 감축된 후 1979년 2월 철군계획은 중단되었다. 강신명은 박정희 정권의 반인권적 독재정치는 반대하였으나 반공정책과 친미정책을 지지하였다. 김명구, 위의 책, 326.

[28] 강신명 목사는 1968년에 자신이 설립한 한국기독교선교회를 포함하여 11개 선교단체를 하나로 모았고, 매년 일천만 원을 헌금했다. 김명구, 위의 책, 293 – 294, 298.

[29] 당시 신군부는 미국과 서방세계의 인정을 받기 위해 기독교의 지도자를 포섭하는 데 열성을 다했다. 그리고 NCC 그룹을 회유하는 데 애를 썼다.

[30] 강신명이 총장으로 부임하게 되는 배경은 숭전대학교 안에서 대전 캠퍼스 분리운동이 일어나고 있을 때였다. 숭실대학은 1970년 남장로회선교부에 속했던 대전대학교와 통합하

1982	마산창신학원 이사(1982.5 – 1985)
1984	조선일보사 주최, 평북중앙도민회 제정 종교부문 문화상 수여(5.5)
1985	서울장신대학교 광주 캠퍼스 신축교사 준공식(3.6), 소천(6.22)

여 '숭전대학교'로 개명하였다. 학생 자율화와 민주화의 바람을 타고, 1980년 3월 31일부터 대전캠퍼스의 분립을 요구하는 요구가 조직화되었다. 1982년 4월 28일 숭전대 이사회는 서울과 대전의 재단을 분리하기로 결정하였고, '숭전대학교'와 '한남대학교'가 분립되었다. 김명구, 위의 책, 340.

2. 한글 목사 강병주
〈기독공보〉(1973.10.13.)

홍연호(국립묘지관리소 목사)

한글이 반포된 후 지금까지 많은 한글학자 기독교인이 한글 보급운동에 그 생애를 바쳤지만 목사님으로서는 강병주 목사님만이 아닌가 합니다.

일찍이 강병주 목사님께서는 한 핏줄을 타고 이 강산에 태어나 이 한반도에 살게 된 우리 배달겨레는 고유한 겨레문화를 이루며 살아왔고 말씨가 흥하면 겨레가 흥하고 겨레가 쇠퇴하면 말씨가 쇠퇴하게 되어 겨레와 말씨는 흥망성쇠를 같이하고 생사존망을 같이하게 되는 법이라는 신념으로 한글 보급에 힘을 써 왔습니다.

목사님께서는 1919년 평양 신학교에 입학하시기까지 10년 동안은 고향인 경북 영주에 사립 보통학교를 설립하고 교육사업과 소채 재배법, 고구마 재배법, 일년감 재배법, 복숭아 재배법, 개량과 지붕개량으로 초가집을 없이하고 기와집으로 개양하고, 도로를 확장하는 등 오늘의 새마을운동의 선각자로 일을 하셨고, 3.1운동에 가담하셔서 8개월의 옥고를 대구 형무소에서 치르시기도 하셨습니다.[31]

평양신학교를 16회로(1923년) 졸업하시고 10년간 고향 영주에서 목회를 하시다가[32] 1932년 당시 조선 예수교 장로회 총회본부 종교교육부 교사양성과 업무를 맡아 일을 보시면서부터 총회 본부의 모든 서류와 서적을 한글로 고치셨고[33] 특히 1939년 제27회 총회에서 성경을 한글판으로, 개정 찬송가를 한글로(맞춤법에 맞게) 총회본부에서 출판하는 모든 종교서적과 기독교공보 등을 한글로 발간하도록 하는 데 주동역할을 하셨습니다.[34]

그리하여 한글 개혁판 성경이 나오고, 찬송가가 나오며, 그 밖에 모든 서적을 총회에서 발간하는 것은 한글판으로 펴낸 허다한 발간물(번역서 포함)은 민중교회에 중대한 공헌을 하였습니다.

서울 거리를 걸으시다가 상점의 간판이나 광고에 글자가 틀린 것을 보시면 그 상점에 들어가서서, 목사님께서는 필요 없으시지만 작은 물건 하나라도 사시고 글자가 틀렸으니 이렇게 고쳐 쓰라고 일러 주시고, 아버지께 보내진 자녀들의 편지를 받으시고는 꼭 빨간 글씨로 고치셔서 회답과 같이 보내시면서 우리글을 틀리게 쓰지 않도록 주의하라고 하셨다고 합니

---

31) 강병주 목사는 1920년대 문화통치 시대에 "영주읍내를 비롯하여 봉화읍이나 풍기와 같은 소읍 그리고 이웃골인 안동읍 같은 곳에 강사로 초청되어 강연을 했었다. 내가 알기에 나의 선친은 웅변가라기보다 열변가였다. 그래서 대중을 선동하는 것이었다." 강신명, "대부흥운동", 『강신명 신앙저작집 Ⅱ』, 554-555.
32) 풍기교회·명동제일교회에서 목회하였다.
33) 1932년 총회 서류를 한글로 사용하게 하였다.
34) 강병주 목사는 1933년 조선어학회에서 〈한글맞춤법통일안〉을 만들면서, 1934년부터 한글 맞춤법에 따라 성경, 찬송을 개정할 것을 주장하였으나 구어체 쓰기를 선호하는 교회 풍조로 인해 그 뜻을 이루지 못했다. 1952년에 개역한글 성경을 발간할 때 맞춤법에 따랐다.

다. (강신명 목사님 말씀)

해방 직후 배은희 목사님께서 고시위원장으로 계실 때 무보수로 고시위원회에 나가셔서 주요한 모든 서류를 한글로 고쳐 주시기도 하였으며 대동신문, 대한일보, 민중일보, 한국일보 등의 일간신문의 교정을 보기도 하였습니다.

한글학회회원으로서 큰사전 편찬의 실무로 기독교용어 전문위원으로 일을 보셨고, 1949년 8월 16일부터 23일까지 경기도 광주와 청주에서 교사와 유지들에게 한글계몽강습을 실시하기도 하였습니다.

목사님께서 한글 보급을 위하여 일을 너무 많이 하시는 관계로 외솔 최현배 선생님[35]은 "한글 목사"로 언제나 존중하셨던 것입니다.

지금의 기독교공보가 1954년 채기은 목사가 편집국장에 부임하자[36] 순 한글로 혁신함도 채 목사님께서 일찍이 강병주 목사님의 지도를 받은 영향이라 하지 않을 수 없습니다.

한글날을 맞이하여, 하나님의 말씀이 사람의 입을 빌어 나타날 때에는 소리에 의지하여 나게 됨으로 자연히 공간과 시간의 제한을 받게 되어 혹은 그 효과가 크지 못하게 되나 말씀을 소리 대신 어떠한 그림을 붙여 나타내게 된 것이 있으니 이는 곧 글입니다.

글로 말미암아 하나님의 말씀을 듣게 되며, 또한 이 글을 가지고 온갖

---

35) 외솔 최현배 선생(1894-1970)은 일제하 우리 문화의 진흥방안을 모색하다가 흥업구락부 사건(1938.5)으로 연희전문학교 교수에서 해직되었다. 1942년 '조선어학회사건'으로 구속되었다. 정부는 1962 건국훈장 독립장 수여하였고, 1968 건국훈장 독립장 추서하였다. 그는 새문안교회 집사로서 강신명 목사와 함께 신앙생활을 하였다.『우리말본』(1935),『중등조선어법』(1936),『한글의 바른 길』(1937),『한글갈』(1940) 등의 저서를 남겼다.
36) 〈기독교공보〉는 1954년 예장총회의 교단지로 인수되었고 현 〈기독공보〉의 전신이다.

이치를 캐내게 되며, 또 이것을 널리 전파하게 됩니다. 그러므로 이 글도 또한 거룩하고 오묘한 것입니다.

"하나님이 세상을 이처럼 사랑하사 독생자를 주셨으니 이는 누구든지 저를 믿는 자마다 멸망치 않고 영생을 얻게 하려 하심이라"(요 3 : 16)고 하신 하나님의 말씀을 글로 적어서 널리 우리에게 편 것이 곧 성서이니, 대한의 전교역자여 귀중한 하나님의 말씀을 틀리게 쓰거나 잘 모르는 이가 없이 모두 잘 익혀 바로 쓰고 읽어 동해물과 백두산이 마르고 닳도록 하나님의 보호를 받는 나라를 건설하라고 오늘 우리 전교역자는 물론 교인들에게 말씀하신 것입니다.

해제(解題)

강신명 목사는 부친 강병주(姜炳周) 목사의 묘비에 "교육가요, 또 기독교 목사요, 한글연구자시며 또 이것의 보급을 위하여 일생을 바치신 어른이었다"라고 새겼다.

강병주 목사는 경북 영주군 내촌면에서 태어났다. 그는 부친이 목수였고, 12세에 모친을 잃었다. 15세에 결혼하였으나 자식을 얻지 못하자 소실을 얻으려 했다. 부친이 승낙을 하지 않자 1907년에 승려가 되겠다고 해인사로 가던 중에 의병 난을 겪었고 여인숙 뒷문을 빠져나오면서 "하나님 살려 주시면 예수를 믿겠다."고 기도하면서 담을 넘었다. 그 후 고향 마을로 돌아와서 진주 강씨 집성촌이 있는 내매 마을에 내매교회를 설립하였다. 그 후 대구 계성학교 사범과에서 수학했고, 고향에 돌아와서 기독내명학교를 설립하여 교장이 되었다. 교육과 교회봉사의 일선에 서서 교회의 장로로, 마을 동장으로 동민들의 삶에 혁신을 가져왔다. 마을 사람들을 계몽하여 양잠을 하게 하고, 지붕을 개량하고, 농한기 젊은이들에게 새끼 꼬기와 가마니 치는 부업을 하게 하여 마을 경제를 재건했다. 또 낙화생, 고구마, 토마토 재배를 하게 하고, 야산을 개간하여 유실수를 심게 하였다.[37] 강병주 목사의 나라 사랑과 교회 사랑의 삶과 정신은 강신명 목사에게 가장 큰 영향을 주었다.

---

37) 강신명, "대부흥운동", 『강신명 신앙전집 Ⅱ』, 554-555.

02

강신명 목사의
목회철학과 영성

1. 음악과 신앙생활
「신학지남」(1937.11.)

여기서 말하는 음악은 종교음악을 가르침이다. 따라서 신앙생활이란 역시 나의 신앙생활상 (부족하나마 내가 주를 뫼시고 따라가는 동안) 체험한 바와 짧은 기간의 교역을 통하여 경험한 바를 토대로 하는 말이다.[1]

나는 음악을 전공하지 않았다. 물론 내가 신학을 공부하는 만큼 음악을 전공하지 않았다는 것은 알겠지만 — 그런 고로 전문적 지식은 그만두고라도 음악에 대한 상식이라도 가졌다고 할 수 없다. 따라서 나는 음악가를 평가하지도 않고 — 않고가 아니라 못하고 — 명곡에 대하여나 연주방법이나 기교에 대하여 운운하지도 못한다. 그러나 여기에 감히 붓을 들고 지면을 없이 하는 것은 우리들 기독신자들에게 있어서 신앙생활을 영위함에는 성경과 함께 제거하여서 안 될 것이 있다고 하면 다른 무엇보

---

[1] 이 글은 국한문 혼용체로 되었고 맞춤법도 옛 체이나 읽는 이의 편의를 위해 한문을 한글로 표현했고 옛 표현과 사투리는 현대어로 고쳤다. 따라서 원문인용에는 이 글을 사용하지 말아야 한다.

다도 그것은 신의 영광을 찬양하고 은총을 감사하는 찬송일 것이라고 나는 생각한다.

옥중에 있는 두 제자가 맘속 깊이 주의 주시는 평안함을 느끼게 될 때 저들은 찬송을 힘차게 부르지 않았는가? 주님은 앞에 쓴잔을 두시고도 찬미하고 감람산으로 가시지 않았는가? 질병과 고통과 환란과 핍박이 우리의 신변을 위협한다고 하더라도 우리는 어미닭이 병아리를 나래 아래 모음같이 주님이 우리를 지킬 줄 아는 고로 평안을 얻게 되고 찬미하게 된다.

주 날개 밑 내가 편히 거하네
밤이 어둡고 큰 바람부나
아버지께서 날 직힐 줄 아니
겁내지 않고 잘 쉬리로다

우리는 또 우리의 가는 길을 알지 못한다. 어디 가야 좋을지도 모르면서 알지 못하는 어떤 끝으로 가기도 한다. 우리 앞에 무엇이 기다리는지 우리를 해하려는 것이 있는지 나를 도울 자가 있는지도 모른다. 이런 때에도 참된 신자의 입에서는 찬미가 들리어 온다. 그렇다. 불신자들을 보라 저들은 욕심의 안개가 그 얼굴에서 떠나지를 않는다. 신자의 걸음은 가볍지만 저들의 걸음은 무겁지 않은가? 울창한 삼림, 우거진 수풀, 험한 길을 어두운 밤에 혼자 가는 어린아이와 같지 않은가? 그러나 신자에게는 태산준령도 탄탄대로와 같고 기암절벽과 깊은 골짜기도 이사야의 예언과도 같이 평지화한다. 그런 고로 생활이 명랑하다.

가는 길 험하고 위태하여도
　　아모대나 예수함께 잘 가네
　　아모대 아모대 겁낼 것 없네
　　아모대나 예수함께 가려네

　나는 교인을 심방하는 가운데 특히 병자들에게서 다음과 같은 사실 얼마를 발견하였다. 한 어머니는 나는 이제 죽을 터인데 찬미를 불러달라고 하였다. 우리의 부를 찬미소리가 그의 귀에 들릴 때 비록 우리들의 목소리가 거칠고 소리가 합하지 않았지만 그의 얼굴에서 말로 다할 수 없는 만족한 표정을 우리들이 발견한 것을 기억한다.
　또한 조그만 학생은 마지막 그의 임종시에 여호와를 3~4차나 부르다가 똑똑치는 못하나마 손을 저어가면서 기쁜 얼굴로 찬미를 부르고 운명하였다. 한 학생은 늑막염에서 폐렴으로 옮겨가서 죽게 될 때 찬송을 들리어 주기를 요구하고 마지막 유언이 성경과 찬송을 관속에 넣어 달라는 것이었다. 한 나이 많은 경건한 신자는 혀가 굳어져서 말을 할 수 없게 된 때도 "찬" "찬" 하므로 찬송을 가져다주니 받아서는 "성" "성" 하는 고로 성경은 마저 갖다 주니 성경찬송을 가슴에 품고 세상을 마쳤다. 이와 같이 신자들은 성경 말씀으로 양식을 삼고 찬송으로 저들의 찬을 삼아 왔다.
　보라, 과거 역사 가운데 찬송소리 한 마디로 얼마나 많은 영들이 주께 돌아왔으며 거룩하고 신성한 노래가 피곤한 영들에게 얼마나 많은 위안을 주었는지 문헌을 통하여 잘 알 수 있다.
　보라, 이 음악은 이 세상에서만 이러한 역할을 하는 것보다도 영원한 천국에서도 성악(聖樂)은 그대로 잔존할 것이 아닌가? 어린양의 보좌를 둘러선 24장로를 위시하야 구원함을 입은 수억만 성도들의 "할렐루야"[2]는 천국이 영원함과 같이 영원토록 계속될 것임을 묵시록을 읽는 사람은 누구나 부인 못할 것이다. 그런고로 오늘날 우리 교회에서도 음악보급을 힘쓰는 곳이 없지 않으나 전반적으로 힘쓰지 않는 것을 유감으로 생각한다. 원컨대 전선(全鮮) 교역자 제위께서는 과거의 성악(聖樂)보급을 힘쓴 줄 믿거니와 배전(倍前)의 노력이 있기를 바란다.

해제(解題)

이 글은 강신명이 평양신학교 학생으로 재학 중에 장로회신학교 잡지 「신학지남」에 기고했던 원고로써 그가 음악에 대해 신학적으로 이해하고 있는 내용을 알려 주는 내용이다.

강신명은 1934~1938년 사이에 평양신학교에서 공부하였다. 그의 음악활동을 보면 1932년에 『동요 99곡집』(평양 : 농민생활사)을 편집·발행하였으며, 1936년 1월에는 평양 합창협회를 조직하여 초대 회장에 취임했다. 같은 해 8월 15일에는 평양 백선행기념관에서 백림 올림픽 손기정 마라톤 재패 기념 음악회를 개최하여 검사에 의해 고초를 받았다.

1936년에 『아동가요곡선300곡』을 편집하였고, 1940년 일본에서 자필로 증보개정판을 발간하였다. 1937년에서 1946년 3월까지 선천에서 교회 연합성가대를 조직하여 여러 차례 헨델의 "메시아"를 연주하기도 하였다. 이렇게 강신명은 1932년부터 1946년까지 활발한 음악 활동으로 동

---

2) 요한계시록 4 : 4, 5 : 8-9, 7 : 9-12

요 100여 곡을 작곡하였다.

『아동가요곡선300곡』의 레퍼토리를 통해 볼 때 당시 교회의 주일학교에서는 예배(말씀, 찬양, 친교, 감사 등)를 위한 노래만을 가르친 것이 아니라 사회적인 교육과 계몽을 담당하고 있었다. 이 아동가요집은 전체 326곡 중에 주일학교 노래는 90곡이며 나머지 236곡은 일반 동요로 편집되어 있다. 실제로 작곡된 노래는 주일학교 노래보다 일반 동요가 더 많았다. 강신명 자신도 일반 동요를 더 많이 작곡했다. 그 당시 1930년대는 아동가요의 활성기였다. 강신명은 하기아동성경학교운동을 통한 "계몽에서 어린이들에게 가장 빠른 전달방법은 뭐니 뭐니 해도 노래를 통한 방법"이라고 언급한다.[3]

당시의 주일학교 노래는 민족주의 성향의 사회계몽적인 성격을 가지고 있었다. 주일학교의 특수성을 고려하여 생일 축하가, 신입환영가, 우승가, 교가 등도 수록하였다. 찬송가의 개념을 넘어 주일학교 전반의 모든 필요한 노래들을 수록했다는 면에서 찬송가, 동요집의 한계를 넘어선 종합적 노래집이다.[4]

---

3) 강신명, "국민계몽", 『강신명 신앙저작집』Ⅱ, 566.
4) 김광, "강신명의 아동가요곡선 300곡에 관한 연구"(서울 : 장로회신학대학교 교회음악대학원 석사논문, 1999) 참조.

2. 목회생활 23년의 회고
「기독교사상」(1958.12.)

......

내가 목회를 시작한 것이 1936년 1월이다. 처음 1년간은 신학교 졸업 반에 적을 두고 파트타임으로 평양 서문밖교회 유년주일학교를 위한 전도사 생활이다. 19세기 말엽에 프로테스탄트 선교사의 내한과 함께 교회설립과 성경공부는 다른 어느 선교지보다 한국은 특별한 나라라고 하는 것은 세계에 이미 알려져 있었거니와 사실 주일 학교운동도 상당한 역사를 가지고 있다. 그러나 이때까지 유년주일학교를 위한 목사나 전도사를 교역자로 채용했다는 말은 들어보지 못했다. 그러니 이때에 나의 목회생활의 출발은 처녀지와 같은 미개척 분야였던 것이다. 물론 이것은 한국교회에 있어서 유년주일학교 사업 그 자체가 처녀지라고 하는 것이 아님은 누구나 다 잘 알고 있다.[5] 그러나 이 분야를 위한 전임이든지 파트타임이든

---

5) 한국개신교회는 1913년 4월 19일에 조선주일학교대회를 덕수궁에서 개최하였다. 1915년 총독부가 〈개정사립학교법〉을 만들어 기독교학교에서 성경수업과 예배를 하지 못하도록

지간에 유급 교역자를 채용한 것은 처음이었던 것 같다.

실은 1920년 10월에 일본 동경에서 모였던 제8회 세계 주일학교대회는 한국교회와 특히 주일학교 사업에 많은 자극을 주었던 것이다. 그것은 1921년부터 매 4년에 한 번씩 전선주일학교대회[6]라는 명칭으로 모였던 것과 장로회 평양신학교에는 종교교육과를 병설하여 각 노회 종교교육 총무들을 몇 달씩 수삼 년간 교육하여 지도자 양성에 힘썼던 것을 봐서 알 수 있다. 대회만 하더라도 제1회, 2회 다 서울에서, 제3회는 평양, 제4회는 대구에서 모이고 제5회는 선천에서 모이기로 결정하고 준비하던 중 중일전쟁과 태평양 전쟁으로 인하여 오늘날까지 중지되고 말았다.

그뿐 아니라 1930년대에 이르러서는 장·감 두 교파에서는 각각 종교교육부 또는 교육국을 설치하여 전체 교회의 주일학교 사업을 활발히 하여왔던 것이다. 그러나 한 지교회로서는 지도자를 두어 가지고 주일학교 사업을 좀 더 효과적으로 한 일이 없었던 만큼 처녀지를 개척하는 나로서는 실패하였다. 그것은 주일학교 운영에 대한 전체적인 책임을 가지지 못한 곳에도 원인이 있겠으나 나 자신이 여기에 대한 충분한 예비지식을 가지지 못한 것과 연구가 부족한 탓이라고 하겠다. 한 주일에 주일학교 시간을 제외하고라도 세 번 예배를 보았다. 어린이 성가대를 조직하여 주일학교 시간과 세 번 예배시간에 노래를 부르게 하였다. 그런고로 이것은 또 연습시간이 필요했던 것이다. 그리고 토요일 오후에는 남학생들과 그룹 운동 같은 것을 시도하였으나 원만치 못하였다. 그 외에는 주교생들[7] 방에 병자가 있는 경우 방문하는 정도였다. 나는 이것은 나의 목회의 시작

압력을 가하게 되자, 한국교회는 아동주일학교 교육에 심혈을 기울이게 된다.
6) 전조선주일학교대회를 줄인 말
7) 주일학교 학생들

인 동시에 완전히 실패라고 보고 있다. 좀 더 할 수 있는 것이 있었던 것이 아닐까 생각한다.

그런데 나는 이 시작이요 또 실패의 제1년에 대하여 너무 많은 지면을 사용하였다. 그리고 다음으로는 노회의 시험을 거쳐 전도사 목사의 22년은 대강 목회의 실패한 것과 성공이라고까지 할 수 있겠는지 몰라도 좀 잘된 듯한 것을 생각하면서, 나의 목회 생활을 회고하면서, 현재도 목회하고 있는 방침을 적어볼까 한다.

아무래도 먼저 생각되는 것은 비록 나 딴에는 소명감을 느끼고 있기에 섰고 또 준비해 가지고 강당에 서면서도 양의 큰 목자장이 되신 예수님의 부탁이신 "양을 먹이라", "어린 양을 치라"고 하신 사실을 바로 이해하지 못했다는 것이다. 그렇기 때문에 교인 대중을 이해하지 못하고 자기 혼자서 자기 흥미에 도취되어서 설교하였던 것을 생각하면 지금 생각해도 얼굴이 붉어 오고 등에 식은땀이 날 지경이다. 말하자면 의사로서 진찰을 제대로 하지 못하고 처방을 바로 내리지 못했다는 것이다.

목사는 반드시 교인을 알아야 한다. 교인들 개인의 지적 수준과 그들의 직업과 그들의 가정환경 등을 잘 알아야 한다. 그렇지 않고는 진정 그들의 심령이 요구하는 양식을 제공할 수가 없다.

다음으로 나의 실패는 나를 위하고 나를 도와주는 사람을 너무 가까이한 것이라고 하겠다. 어떤 이가 교역자를 위하고 도와준다면 그것은 내가 교역자 되었기 때문에 그렇다는 것을 잊어버리고 내가 잘나고 내가 고와서 나를 위하고 도와주는 듯이 착각을 일으킨 것이라고 하겠다. 예수님을 태우고 예루살렘에 입성하던 나귀가 환영하는 군중을 보고 자기를 환영하는 줄 알고 자기 등에 모신 예수님을 잊어버린다면 그 아니 우습겠는가 말이다. 이것은 나의 실패인 동시에 많은 교역자들의 실패상이라고 할 수 있을 것이다.

여기에 대한 좋은 참고가 될 이야기가 있다. 내가 아는 어느 목사님이 목회하던 교회에 그 목사님과 같은 성을 가진 중년 과부 집사님이 계셨는데 그 후에 목사님은 목회 일선에서 물러나시고 그 지방에서 쉬고 계셨다. 그러니 한가한 시간에 이 쉬시는 목사님이 그 댁을 찾아가서 이야기하는 도중에 교회문제를 꺼내게 되자 그 과부 집사님이 목사님을 향하여 "종씨 목사님으로 오시는 것은 대환영이나 교회 일을 말씀하시려면 가십시오. 우리 교회는 새로 일 볼 목사가 오셨습니다."고 하였다는 것이다. 그런고로 목사는 전교회의 목사요 몇 사람의 목사가 아니다. 자기를 좀 잘 도와주고 잘 협조한다고 해서 다른 생각을 가져서는 안 될 것이다.

그리고 또 한 가지는 여자 교제 문제일 것이다. 남녀문제는 어느 사회에도 있는 문제라고 하더라도 특별히 교역자에게 있어서 가장 주의해야 할 문제다. 더욱이 교회 안에 있는 젊은 미망인들을 목사가 어떻게 대하느냐 하는 것이다. 경이원지(敬而遠之)하면 교인을 사람으로 취급 않는다고 하고 좀 더 친절히 대하면 남녀교제에 도가 좀 지나친다는 비난을 받게 되기가 일쑤다. 그렇기 때문에 바울은 60이 덜 된 과부는 과부명부에 올리지 말고 또 적당한 곳이 있으면 부득이한 경우를 제외하고는 재혼하는 것이 좋다고 말한 것 같다. 말하자면 목사는 참으로 목사의 입장에서 말하고 행한 것이 상대방은 이것을 달리 해석하여 마침내 문제가 생기게 되는 수가 있다.

서울에서 있었던 일이다. 어떤 교역자가 자기 교회에 나오는 젊은 여자 교우가 주일학교 교사일과 청년회니 노방전도회니 하는 등의 단체에 부지런히 따라 다니면서 봉사를 참으로 잘했다. 그런데 교역자가 알기에는 생활이 어려운 줄 잘 알기 때문에 그 여자의 일터를 물색하였던바 가능성이 있는지라 그의 모든 사정을 참작하고 그 사실을 알려 주기 위해 주일학교 선생준비 공부 후에 잠깐 보자고 한 것을 그 젊은 여자는 자기대로 불순한 생각을 가지고 있었던 모양으로 이것을 곡해하여 목사님이 나를 사랑한다고 단정하고는 목사님 댁을 찾아가서 사모님 노릇을 하겠다는 망상 끝에 정신이상증까지 난 것을 보았다. 그런고로 참으로 취급하기 곤란한 것이 교역자에게 있어서는 여성 문제이다. 종씨라고 가까이하기를 원한다. 사모님이 종씨라든지 학교 동창생이라는 구실로 접근하여 온다. 심지어 목사님과 동갑이라는 것도 구실을 만든다. 하여간 목사에게 있어서 여자 교제는 주의에 주의를 더하여야 한다. 같은 교역자의 입장이라도 상대방이 여자인 경우에는 조심해야 한다. 물론 여자 교역자인 경우에는 상대방이 목사님이라 하더라도 이는 목사라는 것은 보지 말고 상대방 또한 남자라는 것을 알고 조심하여야 실수가 없을 것이다. 흔히 친해지면 예절을 무시하는 경우가 있는데 친할수록 예의를 따르고 또 깍듯이 해야 한다.

    하고 싶은 말은 많지만 이미 지정된 지면이 다되었으니 목회 생활에 극히 주의할 한 가지는 돈 문제다. 황금은 선비의 마음을 흐리게 한다고 하거니와 교역자는 이 금전 거래가 명백해야 되는 동시에 경제문제에 있어서 태도를 선명히 하여야 한다. 이 문제에 있어서는 첫째로 빚을 지지 말아야 한다. 이것은 목사 부인의 현명한 협조가 절대로 필요하다. 목사나 목사의 가정에서 돈 꾸러 다녀서는 안 된다. 금전 거래에서 흔히 사람의 품이 깎여 버리는 수가 하나요 둘이 아니다. 수입 면을 생각하고 쓸 것을 잘 생각해서 처리함으로 교인들에게나 일반에게 돈을 꾸러 다니는 일이 없도록 해야 한다. 돈을 꾸게 되면 알지 못하는 사이에 사람이 비굴해지기 쉬운 것이다.

둘째로 빚을 꼭 져야 할 경우에는 거래에 있어서는 될 수 있으면 자기 교회원이 아닌 사람과 거래하고 신용을 엄격히 지킬 것이다. 사람은 돈 거래 해 보면 그 사람됨을 알 수 있다고들 한다. 그런고로 교역자가 신용을 잃어버린다면 목회를 할 수 없게 된다.

무엇보다도 나의 목회 생활을 회고해 볼 때 목사가 해야 할 일들은 의례히 하겠지만 특히 여자문제와 금전문제에 있어서 깨끗하면 그는 목회생활의 성공을 예기할 수 있고 이 두 가지에 철저하지 못하면 아무리 공을 세웠다고 하더라도 탑은 무너질 위험성이 많다는 것이다. 다른 문제들은 후일 기회로 미루고 우선 이 몇 가지만 적어 보았다.

3. 기독교학교에 대한 교회의 기대

「기독교사상」(1960.10.)

해방 전만 하더라도 기독교학교 하면 전국적으로 중학교가 열대여섯 정도에 전문학교가 넷밖에 없었으나, 오늘날은 교파와 직접 관계를 가지고 있는 학교와 설립자나 학교 운영주의 방침을 따라 교파와는 관련이 없이 독자적으로 기독교 정신에 입각하여 경영하는 학교들이 상당한 숫자에 오르고 있는 것을 볼 수가 있다. 우선 이러한 학교들에 대하여 교회 측의 한 사람으로서 감사의 뜻을 표한다.

먼저 나는 교회가 기대하는 바를 말하기 전에 교회 자체가 반성할 점을 말하여 두고, 그 다음에 기대하는 바를 말하는 것이 그리스도의 정신에 합하리라고 생각되어 몇 마디의 말을 적어 보기로 한다.

교회는 교회학교에 대하여 어떠한 태도를 취하여 왔는가? 하는 것이다. 여기는 사람에 따라 다르겠지만 전반적으로 무관심하였다고 하겠다. 학교는 학교 당국자들의 관여할 바라고 생각하고 상관하려고 하지 않았다는 것이다. 그리고 잘못하는 것이 있을 때는 시비를 일삼아 왔던 것이다. 엄밀히 검토하여 본다면 시비하는 것은 실상은 관심이 있다는 것이다. 나와 다소간 관계가 있다고 생각할 때, 또는 나의 기대하는 바와 같이 되지 않고 기대에 어긋났다고 생각되기 때문에 시비하게 되는 것이 인간의 심리상태라고 하겠다. 그런고로 관심을 가지고 있으면서도 너무 무관심하였다고 하겠다.

그렇게 태도를 취함에는 여러 가지 이유가 있을 것이다. 그중에 한두 가지만 들어본다면, 첫째로 "나 하나쯤" 하는 생각이 관심을 가지면서도 무관심하게 만들었다고 하겠다. 다른 사람들이 다 잘할 터인데 나 같은 것이야 참여 안 해도 될 것이 아니겠느냐? 하는 것이다. 이것은 특히 우리 민족사회에 있는 공통적인 현상이 아닌가 생각한다. 적극적인 것보다는 소극적으로 나가는 것이다. 그리하여 다른 사람들의 하는 일에 불평만을 토로하게 되는 것이다. 따라서 자기를 너무 과소평가하는 것이라고 하겠다. 자기 따위가 말해서 학교 당국자들이 귀를 기울여 줄까 하여 말하고 싶은 것이 많이 있고 건설적인 의견과 충고를 하여야겠다고 생각하면서도 하지 않는 것이다. 자기 자신은 이렇게 하였으면 좋겠다든지 이런 일이 기독교학교로서 마땅히 하여야 할 일이라고 생각되고 또 학교당국자들이 생각도 않고 있던지 혹은 생각도 못하고 있을 때 서슴지 말고 적극적으로 충고 권면할 것을 주저하는 소극적 태도 때문이라고 할 것이다.

둘째로 교회는 교회학교에 대하여 비협조적이었다는 점을 들고 싶다. 교회학교 일은 미션스쿨이라는 생각으로 한국기독교 초창기의 선교사들이 병원을 세우고 학교를 세워오던 것을 보아왔던 습성 때문에 오늘날도 선교사들이 학교를 세워 주겠지 하는 기대와 한가지로 기독교학교는 오늘날도 선교사들이 돈을 주어서 문제없이 경영해 나가고 있는 줄로 잘못 생각하고 비협조로 나가고 있다는 것이다. 그러나 세계 선교정책은 신 개척 선교지역에서는 선교부나 선교사들이 병원도 건립하고 학교도 세우며 또 이것들의 운영비까지라도 가져다 써 왔지만 이미 교회가 설립되고 총회가 조직된 곳에는 그 교회가 독자적으로 할 수 없는 부문과 힘이 모자라는 곳만을 돕는 것이 원칙으로 되어 있는 것이다. 그런고로 선교사들이 도와주어서 경영하는 줄 알고 있다면 이것은 오해라고 하겠다.

또 우리는 선교사들의 돈으로 운영되어 가고 있다고 하더라도 의무 감당이 없다면 권리를 주장할 수 없다는 사실을 상기하고 비록 선교부의 돈으로 운영되어 나가더라도 보다 더 나은 학교를 만들기 위하여 우리들의 힘을 거기에다 보태야 할 것이다. 선교사들이 우리의 일을 도와주는 것이며 결국은 우리의 자녀들을 교육하는 기관이 아닌가?

셋째로 교회가 반성해야 할 것은 우리 사회 일반 사조와 마찬가지로 유명한 학교나 관립이나 공립학교를 제일로 알고 있다는 것이다. 관존민비의 고루한 사상이라고 할 수 있는 옛 생각을 버리지 못한 증거라고 하겠는데, 이것은 그리스도인들 자체도 인격존중의 관념이 희박하든지 없다는 증거가 아닐까? 이것은 교육이라는 것을 이해하지 못한다든지 혹은 교육의 기본이념을 망각한 것이라고 하겠다. 사람 되는 길을 닦는 것이 되어야겠는데 그렇지 못하고 좋은 학교, 일류학교를 나오면 진학과 출세가 잘 된다는 그릇된 생각에서, 심지어는 돈을 써서 무리를 해 가면서 이름 있는 소위 일류학교에 자녀들을 보낸다는 것은 결과적으로 봐서 그들의 자녀들에게 돈이면 제일이라든지 빽만 든든하면 문제가 없다는 등의 인간을 길러내는 것이 되고 불의와 부정을 감행하면서도 목적만 달성하면 되지 않느냐 유의 인간을 만들어 내는 것밖에 없다고 하겠다. 이상 두세 가지점만이라도 교회나 그리스도인들이 반성하고 시정하여야 학교 측을 향하여서도 할 말이 있을 것이 아닌가 생각한다.

다음으로 우리는 본론인 교회가 학교에 기대하는 것이 무엇인가를 말하려고 하는데, 물론 나 자신의 사견에 불과한 것이요 교회회의를 거친 어떤 결정된 안건들이 아니니만큼 일반적으로 동감되는 점도 있겠지만 전연 반대적인 경우도 없지 않으리라고 생각한다. 기독교학교도 학교라는 것을 잊어서는 안 될 것이다. 학교이니만큼 학교로서의 모든 조건을 갖추어야 할 것이다. 이 학교는 교회학교이니만큼 모든 신자의 자녀들은 반드시 이 학교로 와야 한다고 말하기 전에 먼저 학교로서의 시설 면이나 내용 면에 충실을 도모하여야 할 것은 논할 여지가 없거니와, 한 걸음 더 나아가서 기독교학교이니만큼 그리스도께서 세상의 빛이신 동시에 그리스도인들을 가르쳐서 세상의 빛이라고 하였으니 그리스도인들은 어느 면에 있어서든지 빛이 되어야겠다. 그러므로 교육면에 있어서도 일반사회학교들보다는 시범이 되리만큼 모든 면에 충실 제일주의로 나가야겠다. 아무 학교하면 일반이 말하기를 좋은 학교라고 할 수 있도록 해야겠다. 시설의 완비, 교사진의 충실, 교육방침의 확립, 전인교육(全人敎育)의 완성을 볼 수 있어야겠다. 기형적이고 변태적인 기관이 아니라 어디까지나 정상적이면서도 충실하고 우수한 학교를 만들어야 하겠다. 다른 학교와 비교하는 것도 경쟁하는 것도 좋지만은 기본원칙과 표준에 도달하도록 힘쓸 것은 물론이거니와 학교 자체의 설립의 이념을 살리기 위하여 힘쓰며 목표달성을 위하여 최대노력을 하여야겠다. 우리 인간들의 습성에서 좋지 못한 한 가지는 흔히 남과 비교하여 보는 것이다. 그리하여 최선의 길을 택하지 아니하고 차선(次善)의 길을 택하여 이만하면 남에게 뒤떨어지지 않는다는 식으로 흔히 생각하고 일하는데 그리스도인의 경우는 그렇지 않은 것이다. 언제나 우리는 하나님을 상대로 하는 만큼 하나님의 기대하시는 표준 곧 최선을 다하여야 할 것이다. 이사진이나 교사진에서 혼연일체가 되어 목표를 달성하기 위하여서 마땅히 하여야 할 일이라고 생각될 때는 있는 재력과 성의를 기울여야 할 것이다. 다른 학교들도 다하지 않는 것을 우리만이 할 것이 무엇이냐? 식으로 나가는 것은 최선의 길을 걷는 것이라고는 말할 수 없지 않는가? 물론 재력이 부족한 것을 억지로 하라는 것은 아니다. 할 수 있는 것을 하지 않는다는 것은 우리 기독교 입장에서 볼 때 역시 일종의 죄라고 볼 수 있는 것인데 이는 각자의 신앙 양심이 증명하고 있음을 누구나 다 알고 있을 것이다. 이렇게 해서 나가면 가장 좋은 특색 있는 교회학교가 될 수 있고 또 좋은 학교가 된다면 무엇 때문에 신자들이 저들의 자녀를 불신학교나 관공립학교로 보내겠는가?

둘째로 기독교학교라는 것을 기억하여야겠다. 물론 학교 운영 책임자들이 이것을 잊어버렸다는 것은 아니다. 그러나 학교에 교목을 두고 매 주일 두세 차례나 혹은 매일 기도회를 가지고 한 주일에 두세 시간씩 성경을 가르침으로써 교회학교의 구실을 다하였다고 생각지는 않는가? 그밖에도 기독학생회나 기독청년회 같은 것이 있어서 학생들이 신앙운동을 하고 있는 것도 사실이지만은 그것을 가지고 기독교학교로서 할 일을 다한 줄 알아서는 안 된다는 말이다.

마치 그리스도인들 가운데 교회에 부지런히 출석을 하고 세례까지 받고 또 한 걸음 더 나가서 교회의 직분까지 맡게 되면 교인으로 완전무결한 것같이 생각한다면 아직 그리스도인으로서 미완성품이라고 말할 수 있는 것과 마찬가지가 아니겠는가? 혹은 말하기를 나는 전도회에도 가입하였으며 청년회니 절제회니 등등의 모든 단체 활동에 충실한 것을 자랑할는지 알 수 없지만 그것은 신자들의 교회생활 혹은 활동의 한 부분에 불과하다는 것을 우리들이 명백히 알고 있는 바가 아닌가?

그러므로 기독교학교는 기독교학교로서의 모든 조건을 구비해야 된다는 것은 말할 필요도 없거니와 무엇보다도 더 필요한 것은 정신문제라고 하겠다. 물론 기독교 정신이라고 해서 뚜렷하게 글자 몇 자를 써 가지고 현액(顯額)을 하여 걸어둔다든지 성경구절을 기록하여 표시하고 있는 학교들도 없지 않아 있는 것을 가끔 볼 수 있기는 하지만, 내가 느끼고 말하는 것은 그것이 아니라 정신인 만큼 글자나 말로 표현하기는 곤란하다고 하겠다. 무엇보다도 정신은 생활에 반영되어야 한다는 것을 모든 교육자들은 잘 알고 있다. 적어도 그들이 교육자의 자의식이 명백하다면 말이다. 이렇게 말하는 것은 기독교학교에 무슨 행사가 있을 때나 집회가 있어서 가면 그 학교가 기독교적이라고 하는 것을 느끼는 일도 전연 없는 것은 아니지만 대개로는 일반 사회학교와 다름이 없을 뿐만 아니라 도리어 반기독교적인 공기를 느꼈기 때문이다.

무슨 행사에 있어서 국가의식과 마찬가지로 기독교 의식은 좋게 말해서 엄숙히 집행된다고 하더라도 그리스도를 본받고 따라간다는 정신을 발견하기에 곤란하였기 때문이다. 이 문제는 다음과 같은 면을 생각할 수 있다. 학교의 경영주, 즉 재단이사회 측이나 설립자의 의도와 학교의 실제 운영 면을 책임진 이들 사이에 협조가 부족하든지 없을 때에 나타나는 현상이라고 하겠고, 다른 하나는 경영자 측과 운영책임자 사이에는 서로 협조가 잘 되나 학교운영 책임자나 간부들과 일반 교직원들 사이에 외관상으로는 협조가 되고 있는 듯하지만 정신적인 단결이 부족하거나 없을 때 나타나는 현상이 아닌가 생각한다. 그렇기 때문에 어느 학교 하면 누가 무엇 때문에 세웠는가? 하는 것을 먼저 생각할 것이다. 실상 정신적으로 잘 단결한다면 솔직하게 말해서 시설이나 기타, 다른 면에 있어서 다소간 불미하고 미비된 점이 있다고 하더라도 극복하고 나갈 수 있다고 본다. 또 우리는 그러한 실례를 보기도 하였다.

이미 우리는 전항에서 설립자나 이사회는 최대기능을 발휘하여 최선의 학교를 만들기 위하여 노력할 것을 말하였거니와 여기서는 주로 실무진영 곧 학교운영 책임자와 교직원들이 건교(建敎)의 정신에 입각하여 최대 노력을 해야 한다는 것을 말하고자 한다. 요사이는 대학을 나오고도 취직이 어렵다는 말을 많이 하고 또 그것이 사실인 것도 우리들은 잘 안다. 그렇기 때문에 그 학교가 어떤 학교라는 것보다는 그저 직장으로만 생각하는 폐단이 많다. 이것은 비단 교육면만이 아니고 한국사회 전반적인 현상인 것 같다. 관청 같은 곳은 자기의 전문한 분야가 아니라 할지라도 빽이라는 괴물의 힘을 빌리고 또는 돈이라는 요물의 힘을 빌려서 자리를 잡고 앉아서 행세를 부리니 자연 밑천을 뽑아내기 위해서 뇌물을 주고받게 되는 것이 아닌가? 그러나 교육기관은 자기의 전공한 것이 아니면 할 수 없다. 그러나 자기의 사상과 배치가 되고 자신의 신앙과 상합되지 않더라도 직장을 가져야 한다는 의식에서 취직을 구하여 기독교학교에 와서는 외면상 학교의 방침에 순응하나 실제 학생들과 접촉할 때에는 어떤 기회에 한두 마디 의식적으로든지 무의식적으로든지 간에 던지는 말은 감수성이 많고 반항정신이 강렬한 청소년 피교육자들에게는 일생을 좌우하는 큰 영향을 끼치게 된다는 것은 교육에 관심을 가지는 사람은 다 잘 아는 사실이 아닌가 한다. 그렇기 때문에 적어도 그가 교육자라는 자의식이 있다면 학문을 사고파는 사람이 아니라 인간들의 운명을 다루는 사람이라는 것과 인격적인 책임 있는 교육을 해야 한다는 것이다. 자신의 신념과 배치된다고 생각하면 자신이 그 자리를 물러날 수 있는 인격자가 되어야 한다는 것이다. 또 그가 인격적 교육자라면 물러나지 않는다고 하더라도 학교 운영자와는 적극적인 협조는 할 줄 알아야 할 것이다. 속담에 한 마리의 미꾸라지가 온 물을 흐린다고 하거니와 무책임하고 비인격적인 한 사람의 교육자로 말미암아 학교의 기본정신을 흐린다던지 학교의 정신적인 건설을 파괴할 수는 없는 것이 아니겠는가? 건설은 힘들고 파괴는 쉬운 것이다. 그런고로 교직원들이 직업의식으로써 학문을 팔고 있다는 생각을 버리고 내일의 이 나라를 두 어깨에 메고 나갈 참 사람 곧 새 사람들을 교육한다는 영광스러운 천직 완수에 일치단결하여 일로매진해야 한다고 생각되기 때문에 이 말을 하게 된 것이다.

셋째로 최근에 많이 듣는 이야기는 "교회학교도 마찬가지다" 하는 것이다. "그래 무엇이 마찬가지냐?" 하고 물어보면 입학할 때에 신입생에게 받아드리는 것이 일반학교와 무엇이 다르냐는 것이다. 이것은 학교경영자의 입장에서 볼 때는 할 수 없는 일이라고 말할 것이다. 또 그것이 사실이다. 이미 이사회 측에서 할 일을 말하였기 때문에 여기서는 길게 언급하기를 피하려고 한다. 그러나 몇 마디만 더 말하고자 하는 것은 "기독교학교 이사회는 재단을 확립하라"고 말하고 싶다. 그래서 운영비의 일부는 학생들의 월사금 학비 부담으로 하겠지만 실제 재단수입으로써 운영에 원활성을 가지도록 해야 한다. 남의 학교에서 받는 대로 받지 우리 학교라고 유별나게 안 받고 가르쳐 줄 것이 무엇이냐고 하는 생각은 마땅히 버려야 할 것이다.

그리고 학교운영 책임자들도 남의 학교에 지지 않겠다고 다른 학교와 경쟁적으로 무엇을 한다, 무슨 건물을 세운다 하여 학부형들의 부담을 과중하게 하지 않아야겠다. 이렇게 되는 가운데 피교육자들의 받는 이상은 어느 교사는 누가 지었고 어느 건물은 몇 학년의 돈으로 지었다고 생각하게 될 때에 결국 학교 당국자는 인가장 하나 가지고 장사하고 있다는 인상 밖에 받지 않는 결과에 이르게 될 것이다. 학교교육을 통하여 상학이나 경제학 강의를 하지 않았다고 하더라도 결국 피교육자들을 장사꾼으로 나쁘게 말해서 장돌뱅이를 만든 것이 아닌가? 이 장사 행위가 불여의(不如意)할 때 수단 방법을 가리지 않는 폭력배 깡패만을 만들어 내는 결과밖에 무엇이 더 있는가 하는 것이다. 나는 이 문제에 대하여 기독교학교 이사회나 학교운영 당국자들은 많은 연구가 있어야 한다고 생각한다.

마지막으로 한 가지만 더 쓰기로 하겠다. 그것은 기독교학교 근본 진로 문제다. 대개로 한국의 기독교학교는 몇 대학을 제외하고는 거의 전부가 인문계통의 학교다. 해방 후에 새 교육제도와 아울러 그 방침은 한국 실정에 맞는 학교를 세워야 한다는 것이었으나 그렇게 출발하였던 학교들까지도 동란 이후에 거의 인문계통으로 변경한 것을 보게 된다.

그러나 정부에서 하는 학교들을 보면 그 지역을 따라서 농업학교, 상업학교, 공업학교 등으로 알맞게 배치 설립한 것을 보게 되나, 교회계통 학교들은 그 시설과 자본관계라고도 볼 수 있겠지만 농촌이나 공장지대까지라도 거의 예외 없이 인문계통으로 하여 대학교 입학시험 준비학교라는 강한 인상을 받게 된다.

그뿐만 아니라 현재 한국의 단과대학별로 볼 때 120여 대학에서 매년 수만 명의 학사님들이 대학의 문을 나서게 되는데 그중에 취직률은 1할 5부(15%) 내지 1할 8부(18%) 가량 되며 군에 입대하는 학사님들까지 합쳐서 3할 정도 밖에 되지 않는다고 한다. 그러니 매년 학사실직자만 1만 5천 명 정도가 늘어가는 셈이다. "일하기 싫으면 먹지도 말라"는 성경교훈을 가지고 있는 교회는 실업자 양성소가 부족해서 여기에 학교를 경영하고 있느냐는 말이다. 학교 몇을 가지고 있어 봤자 거기에서 직업을 가지는 사람은 천이 못 되는데 거기서 나온 실업자는 거의 기하급수로 늘어가고 있지 않는가? 생각할 문제라고 말하지 않을 수 없다.

이제는 교회학교는 왜 학교를 하는가 하는 문제를 재고할 때가 왔다고 생각한다. 여기서 나는 도시에 있는 기독교학교는 실업교육을 위한 방향으로 전환해야 된다고 생각한다. 남학교는 남자에게 적당한 것으로, 여학교는 여자에게 적당한 것으로 학생들로 하여금 일인일기(一人一技)의 기술교육을 시켜야 할 것이다. 학생들에 따라서는 학업 성적은 좋지 못하더라도 기술면에는 우수한 학생도 있다. 예를 든다면 목공, 철공, 원예, 이발, 양복, 양화 등은 남학생들에게 적당한 것이겠고, 양재, 편물, 타자(打字) 같은 것은 남녀 간에 다 할 수 있으나 여자들에게 더 좋은 것일 것이다.

좌우간 이것은 문외한(門外漢) 같은 내가 말할 것이 아니고 학교 당국자들이 실제 교육에 종사하고 있는 이만큼 연구하면 얼마든지 있을 것이 아니겠는가? 거기에 따라서 농촌과 공장지대나 산간지대에서는 역시 그 지역사회의 요청이 무엇인 것을 알게 될 것이다.

요는 교육을 통하여 하나의 개성이 자주독립성을 가진 인간이 되어야 할 것이다. 따라서 기독교학교인 만큼 모든 사람은 하나님 앞에서 동등하다는 것과 일에 귀천이 없다는 것을 충분히 인식케 하는 동시에 선악에 판단을 정확하게 할 수 있도록 해야겠다고 생각한다.

해제(解題)

이 글은 강신명 목사의 기독교교육 철학을 잘 보여 준다. 그는 어려서부터 교육자이며 목사였던 아버지 강병주 목사를 통해 기독교교육의 중요성을 깊이 자각하고 있었다. 또한 월남하여 동흥중학교 교장으로서 기독교교육 일선에서 일을 한 경험도 가지고 있다.

이 글에서 강신명 목사는 교회와 기독교학교 양쪽에서 필요한 부분을 지적하였다. 먼저 교회는 기독교학교에 대해 전반적으로 무관심하고, 비협조적이고, 선교사를 의존하면서 교육에 재정적 의무를 다하지 않는 점, 그리고 명문·공립학교를 우선하고 있는데 이것은 출세주의 가치관에 물들어 있기 때문이라고 지적한다.

기독교학교들의 과제는 첫째 시설, 교사의 질, 교육방침, 전인교육에 최선을 다해야 한다고 말한다. 기독교 이름을 걸고 기형적, 변태적으로 학교를 운영하는 기관들이 있기 때문이다. 둘째 기독교 정신을 삶에 반영할 수 있는 교육을 하라는 것이다. 셋째 기독교학교는 재단을 확립하고 학교를 이용해서 돈벌이를 해서는 안 된다고 지적한다. 넷째 직업교육을 시키라고 한다. 끝으로 기독교교육은 하나님 앞에 모두가 평등하고 직업에 귀천이 없다는 정신을 가르치고, 자주독립적인 개성을 가진 인간을 만들라고 한다.

4. 하나님의 것과 가이사의 것

「기독교사상」(1962.6.)

　이 민족의 침략이나 지배 통치하에 있는 민족들에게는 언제나 남다른 문제들을 가지고 있었고, 또 그 문제들의 해결을 위하여 한결 더 애써 왔던 것은 우리 민족의 경험을 통하여 잘 알고 있는 사실이다. 그중에도 히브리 민족의 역사는 지리적 여건이 우리들과 비슷한 관계로 우리 민족의 역사와 공통되는 점이 상당히 많다고 하는 것을 성경 역사에서 찾아볼 수 있다고 하겠다. 그런고로 성경 역사에 나타난 히브리 민족의 감정은 긴 설명이 없이도 우리들의 감정과 잘 통하고 이해할 수가 있다고 할 것이다.

　예수 그리스도의 출현은 로마제국의 통치하에 있던 유대인들에게는 큰 충격을 가져 왔던 것이다. 더욱이 예언자들의 메시아 예언은 저들이 음으로 양으로 큰 기대를 가지고 기다렸던 만큼 분명히 유대사회에 파문을 일으켰던 것이 사실이다. 메시아가 오신다면 정치적으로 해방의 그날이 올 것이 아니겠는가? 시온산성 위에 우뚝이 서 있는 저 아름다운 예루살렘은 메시아의 도성이 될 것이 아니겠는가? 그런고로 대중은 자유의 꿈을 그리면서 예수 그리스도에게 큰 기대를 걸고 열광적으로 환영하고 따랐다고 생각하겠다.

이와는 반대로 예수 그리스도의 출현을 의아하게 생각하면서 그렇게 달갑게 생각지 않는 사람들이 있었다. 그들은 소위 이스라엘의 선생들이다. 예수 그리스도의 출현으로 말미암아 자신들의 지반이 흔들리기 시작한 까닭이라고 하겠다. 전통을 팔고 권위를 가지고 대중 앞에 군림하던 그 지반이 흔들리게 될 때에 이스라엘의 선생의 명예와 민족의 지도자의 권위라는 그 무형한 것에 사로 잡혀 있던 저들은 예수 그리스도에게 대하여 호감을 가질 수가 없었던 것이다. 뿐만 아니라 한걸음 더 나아가서 적개심까지 품게 되었다고 하겠다.

또 이들과는 범주를 달리하면서도 행동의 통일을 꾀하는 사람들이 있었다. 그것은 정복자 로마와 합작하여 정치적으로나 종교적으로 때를 만났다고 날뛰는 무리들이 곧 그 사람들이다. 그들에게는 민족이라는 말은 거추장스러운 장애물로 밖에 생각되지 않았던 것이다. 더욱이 하나님을 두려워한다든지 그 뜻을 생각한다는 것은 무능한 약자들의 잠꼬대로 밖에 들리지 않았던 것이다. 저들은 목적을 위해서는 수단 방법을 가리지 않고 온갖 기회를 이용하는 사람들이라고 할 수 있을 것이다.

예수 그리스도의 인기 좋은 권능의 역사가 이러한 무리들의 비위를 거슬렀다고 하는 것은 명약관화의 사실이었던 것이다. 그의 명성이 높아지고 대중의 환영이 크면 클수록 저 무리들의 적개심과 증오감도 도수를 더하게 되었던 것이다. 이것이 예수님의 전도말기에 있어 왕자적 예루살렘 입성으로 노골화하였다고 볼 수 있다. 심리적으로 생각해 본다면 예루살렘 입성과 대중의 열광적 환영은 이 이상 더 방관할 수는 없다고 단안을 내렸던 것이라고 하겠다.

　이스라엘의 선생의 지위를 보전하려는 바리새인들과 정치적으로 현실주의자들인 헤롯당들은 평소에는 개와 고양이와 같이 정치 종교문제에 있어서 정반대적인 저들의 입장과 태도를 버리고 합세하여 예수 그리스도를 제거하려고 했던 것이다. 예수님을 시험하여 올무에 몰아넣어 책잡을 량으로 세 바치는 것으로 시험하였던 것이다. "가이사에게 세를 바치는 것이 가하니이까 불가하니이까" 하고 예수님의 대답을 요구했던 것이다. 가이사에게 세를 바치는 것이 옳다고 하면 이스라엘 민중의 인망(人望)을 잃을 것이 뻔했다. 그것은 우리들의 감정이 잘 이해할 수 있는 것과 같이 일반 유대 대중들은 가증한 로마의 압제를 싫어하고 원망하고 있었던 까닭이다. 말하자면 남의 얼굴을 보고 진리를 말하지 않는다고 비판을 받게 될 것이요, 또 가이사에게 세를 바치지 말라고 한다면 대적하는 무리들이 로마정부에 고발하여 역적이나 반역자로 규정 규탄하고 십자가에 못 박게 할 것이 아니겠는가. 이렇게 진퇴양난의 궁지에 몰아넣어 책을 잡아 없애 버리려고 하였던 것이다.

　역사를 통하여 살펴본다면 사람은 언제나 자기 생각하는 것 이상으로 남을 생각하거나 이해하지 못한다는 것이다. 그 결과 모든 것에 자기 자신이 척도가 되어버리고 만다. 우리가 잘 아는 바와 같이 바리새인들은 이스라엘 민족 가운데서 가장 종교적인 인물이었다. 남달리 깨끗하게 살려고 하고 경건하게 살며 하나님의 율법과 계명대로 살겠다고 하여 여러 가지 까다로운 방법까지 제정해 가면서 옳고 바르게 살아 보겠다던 사람들이다. 그런데 저들은 언제부터 그렇게 되었는지 알 수 없으나 자기들은 율법의 수호자요 따라서 율법의 까다로운 조문에 비춰보더라도 책잡힐 것이 없는 완전한 사람으로 자처하게 되었고, 그러니 자연 자기는 잘났노라고 뽐내게 되고 거만하게 행동하게 되었던 것이다.

예수님의 비유 가운데서도 볼 수 있는 것과 같이 바리새인은 하나님 앞에 나가서 기도하는 가운데서 자기 자랑만 했지 참말 기도다운 기도는 드리지 않았던 것이며, 또 그러한 기도는 공염불에 지나지 않는다고 예수님께서도 말씀하셨던 것이다. 그러면서 이 바리새인은 세리를 볼 때에 자기와 비교하여 그 정도가 어떠하다는 것을 말하였던 것이다. 나는 저 세리와 같지 않다고 하여 세리의 생활은 자기 표준에 도달하지 못한 것을 지적하였던 것이다. 보라 저가 얼마나 거만하게 기도하였는가를 성경을 봐서 알 수 있는 것이 아니겠는가?

"하나님이여 나는 다른 사람들 곧 토색 불의 간음을 하는 자들과 같지 아니하고 이 세리와도 같지 아니함을 감사하나이다. 나는 7일에 두 번씩 금식하고 또 소득의 십일조를 드리나이다." 하면서 모든 영광은 자기에게로 모든 불의와 죄악은 다른 사람들이 저질렀다고 기도의 형식을 빌려 선전했던 것이라고 하겠다. 그러니 하나님께서 이러한 기도 아닌 기도로 자기를 선전하는 독백을 받으실 리가 없을 것은 물론 구역질나서 토하여 내칠 수밖에 없는 것이라고 하겠다. 저는 분명히 하나님의 존재를 인정하였고 기도의 형식을 준수했으나 그러나 무형한 하나님의 것을 가로채는 오만불손한 일을 하였다고 하겠다.

그리스도인들이 흔히 세상에서 비애국자라는 말을 듣기 쉽다. 예수님을 시험하는 자들이 예수 그리스도에게 대하여 그러한 생각을 가졌었다. 사도들도 또한 그러한 오해를 받아왔으며, 기독교의 역사가 또한 이것을 말하고 있다. "이 사람들이 다 가이사의 명을 거역하여 말하되 다른 임금

곧 예수라 하는 이가 있다 하더이다"(행 17 : 7)고 비난받은 것은 비단 사도들이 당했던 것만은 아닌 것이다. 예수 그리스도의 복음이 전파되는 곳마다 그러한 비난과 오해를 받아왔던 것이다. 그 이유는 다른 데 있는 것이 아니고 다음과 같은 곳에 있을 것이다. 하나님을 알지 못하고 믿지 않는 사람들은 사람들의 외모를 무서워하고, 권력자 앞에서 그 신념을 주장하지 못하는 반면에 그리스도인들은 사람의 중심을 보시는 하나님을 두려워하고 진리는 진리라고 그 어디서나 그 누구의 앞에서라도 굴하지 않고 주장하기 때문에, 종종 권세 잡은 사람들과도 충돌하게 되고 그렇게 생각하게 된 것이라고 보는 것이 정당한 견해가 아니겠는가 생각한다. 이것은 분명히 하나님의 것을 하나님의 것으로 알아서 하나님께 드리는 정당한 태도라고 할 것이다.

우리들은 자신을 가리켜서 그리스도인이라고 하며 때로는 성도라고 한다. 또 오늘 한국에는 이러한 사람의 수가 이백만이라고 흔히들 말한다. 따라서 이 많은 사람들은 굉장한 건물들을 지어 가지고 하나님을 예배하고 있다. 그것이 예배당이다, 성전이라, 성당이라고 불리고 있다. 또 훌륭하고 장중한 순서로써 예배가 진행되고 미사가 드려진다. 그러나 가만히 엄밀하게 검토해 볼 때 하나님의 것이 하나님의 것으로 인정을 받고 쓰여지고 있느냐 할 때 의문을 가지지 않을 수 없다. 물론 성도들의 많은 성금이 교회에 바쳐지고 있음을 부인하지 않는다. 그러나 그것이 참으로 하나님의 것으로서 바쳐지고 있느냐 하는 말이다.

그리스도인은 정부의 보호를 받고 살아가느니만큼 정부를 지지해야 한다. 비신자보다 더 적극성을 가지고 할 것이며 눈가림을 할 것이 아니다. 이 말은 정치적인 것과 사회적인 것을 기독교가 혼합하자는 것은 물론 아니다. 때로는 그러한 것과는 대결하고 반대하면서라도 적극 참여하여 나라가 바로 되고 잘 되게 하는 것이 실은 하나님의 것을 하나님의 것으로 바치는 길이 아닐까. 그리스도인이 이 지상에서 생을 가지고 있는 이상 조직이나 법에서 물러설 수는 없는 것이다. 그렇기 때문에 그 안에서 하나님의 뜻을 실현하고 하나님을 영화롭게 할 것이다.

그러나 가이사의 것은 가이사에게 바치는 것이 생활 전부가 아닌 것을 기억해야 할 것이다. 반드시 하나님의 것을 하나님께 바치는 것을 잊어서는 안 된다. 하나님의 것을 하나님께 바치는 것은 반드시 가이사에게 바칠 것도 포함되고 있으며, 또 포함되어야 하며 가이사의 것이나 하나님의 것이 데나리온이나 렙돈에 국한할 것이 아니요 보다 더 높은 차원에서 생각할 것이다.

해제(解題)

마태복음 22장 15~22절을 본문으로 한 설교내용이다. 특히 4·19 혁명과 5·16 군사정변의 혼란 가운데서 강신명 목사는 교회와 국가의 관계에 대해 신학적 입장을 밝힌 글이다.

강신명 목사는 프린스턴 신학교 석사과정에서 "1910년부터 1945년까지의 종교와 정치문제"를 주제로 논문을 썼다. 그는 일제하 정교관계 문제에 대해 연구했고, 그 관점은 이승만, 박정희 대통령시대에도 이어졌다.

이 글을 보면 인간은 모두가 자신을 척도로 삼고 행동한다. 메시아가 왔을 때, 정치적 해방을 꿈꾸는 혁명세력도 있고, 메시아가 종교적 기득권에 위협이 되고, 경제적 기득권에 위협이 되기 때문에 죽이려는 자도 있다. 그래서 바리새인과 헤롯당은 예수를 죽이는 데 협력한다. 그리스도인들은 세상권력보다 하나님을 더 두려워하기 때문에 종종 세상권력이 하나님의 것을 바치라고 요구할 때, 권력과 충돌하게 된다. 그러면 어떤 태도로 살아야 하는가?

"그리스도인은 정부의 보호를 받고 살아가는 만큼 정부를 지지해야 한다. …… 때로는 그러한 것과는 대결하고 반대하면서라도 적극 참여하여 나라가 바로 되고 잘 되게 하는 것이 실은 하나님의 것을 하나님의 것으로 바치는 일이 아닐까? …… 그러나 가이사의 것을 가이사에게 바치는 것이 생활 전부가 아닌 것을 기억해야 할 것이다. 반드시 하나님의 것을 하나님께 바치는 것을 잊어서는 안 된다."

5. 나는 성서를 이렇게 본다
「기독교사상」(1964.6.)

첫째로 나는 어릴 때 시골에서 자라면서 아직 정규의 학생이 되기 전 아버지께서 국문을 가르쳐 주시고 요한복음을 읽기 시작했다. 그때로부터 나의 신앙생활의 부침(浮沈)과 한 가지로 변천은 있었으나 나의 일과로 읽고 있다. 처음에는 한 장씩 읽던 것을 교역을 하면서 석 장씩 읽다가 한 칠 년 전부터는 다섯 장, 지나간 수삼 년 동안은 매일 일곱 장씩 읽고 있다.[8] 그리고 최근에 또 한 가지 버릇이 생겼는데 그것은 여행할 때는 열 장도 스무 장도 읽기를 위주로 한다.

둘째로는 성경 말씀을 읽는 가운데서 주님의 음성을 듣고자 힘쓴다. 일찍이 선지와 사도들에게 성령으로 역사하여 하나님의 계시를 수록하여 우리에게 전하여 준 이만큼 같은 성령이 역사하여 이 말씀에서 오늘도 말씀하여 주시는 하나님의 음성을 듣고자 힘쓴다는 말이다. 이렇게 읽음으

---

8) 1957년경부터 매일 5장을 읽고, 1960년 이후 매일 7장을 읽고 있다.

로 나는 성경에서 새로운 교훈을 받게 된다. 활자화된 죽은 글을 읽는 것이 아니라 살아 있는 글, 활자화한 계시의 배후에서 여전히 살아서 역사하시는 주님의 음성이 들려오는 것을 듣게 된다. 따라서 성서 이야기는 한갓 이야기로 끝나는 것이 아니라 오늘 우리에게 시대적인 교훈을 들려준다는 말이다.

셋째로는 설교를 위하여 성경을 보게 된다. 이러한 때는 대체로 설교를 듣는 교인 가운데 나 자신을 두게 된다. 심방을 통해 교인들의 심령 상태를 보지만은 그것은 나 아닌 다른 사람 말을 생각하는 것이 아니고, 나 자신을 그 대중 속에 하나로 생각하고 필요한 말씀을 읽고 설교를 작성하게 된다. 다시 말해서 오늘 내 심령이 어떠한 위치에서 무엇을 요구하는지를 살펴서 거기에 필요한 설교를 준비하고 내 영혼이 갈급하게 기대하는 말씀을 찾고 읽는다는 것이다.

이 말은 다른 말로 표현한다면 나의 길잡이로 생각한다는 것이다. 사실 성경 말씀에서 우리 생활법칙을 찾을 수가 있다. 주의 말씀을 늘 묵상할 때, 이 말씀이 생의 법칙이 되어 실족치 않게 하는 것을 알게 된다는 것이다. 이와 같이 나는 이 말씀에서 길잡이를 찾는다는 말이다.

해제(解題)

이 글은 강신명 목사의 영성 생활을 엿보게 한다. 목회는 성경과 설교와 심방이 연결되어 있다. 강신명 목사는 삶 속에서 성경탐독의 훈련이 철저했고, 나이가 들수록 더 성경을 많이 읽었다. 첫째, 그는 일과로 성경을 보았다.

"처음에는 1장씩 읽다가, 목회하면서 3장씩 읽고, 7년 전부터 5장 읽고, 지난 3년간은 7장 읽고, 여행 때는 10~20장을 읽는다."

둘째, 그 말씀을 통해 현실을 해석하고 적용하였다. 셋째, 설교를 위해 말씀을 읽을 때 내가 교인들과 하나가 되어 그 말씀을 해석하게 되면 내 영혼이 갈급하게 찾는 말씀을 찾아서 읽을 수 있었다. 끝으로 말씀이 생의 법칙이 된다.

6. 복음화 운동
〈기독공보〉(1975.12.13.)

3백 교회 개척이란 깃발을 들고 이 나라 복음화를 위하여, 총회는 "선교하는 교회"라는 표어 아래 전국교회에 총궐기 총진군할 것을 선포한지도 어언 1년의 세월이 흘러갔다. 제59회 총회 결의가 있은 지 1년 후인 지난 9월 전남 광주 제1교회에서 모였든 제60회 총회에 보고된 바에 따르면, 3백 교회는 안 되지만 약 2백70교회 정도를 개척하고 있다는 것이다. 처음 이 운동을 시작할 때 많은 분들이 잘될까? 하는 의아심을 가졌으나 이만한 성과가 있다는 보고가 있은 다음, 대다수의 사람들이 말하기를 역시 교회는 다르다는 등 하면 된다는 자신을 갖게 되었다고 하였다.

이러한 보고를 받고 총회는 3백 교회 개척운동은 본래 1년으로 끝나는 것이 아니고 선교 100주년을 향하여 선교하는 교회로써의 방향 설정이라고 하겠다. 그래서 이 운동은 계속하기로 하는 동시에 선교 백 주년이 되는 1985년에 가서는 우리 교단의 교회 수는 5000이고, 신자는 백만을 셀 수 있도록 하자고 결의하였다.

생각해 보건대, 우리 교단의 선교운동은 본래 교단이 설립당시부터 선교에 힘을 써왔다는 것은 우리들이 잘 알고 있거니와 생각을 돕기 위하여 다시 한번 간추려 본다면, 1907년 처음으로 일곱 명의 신학 졸업생을 목사로 안수하고, 처음으로 노회를 조직하면서 그 기념으로 제주선교를 시작하면서 이기풍 목사를 선교사로 파송하였으며, 1912년에는 그동안 노회 아래 대리회를 두었던 것을 노회로 체제를 바꾸면서 총회를 조직하였는데 이때에 총회는 외국선교의 덕택으로 우리가 복음을 받고 교회가 이만큼 성장하였으니 이제 우리 교단도 은혜를 보답하는 의미에서 총회창립기념으로 산동 선교를 하기로 작정하였고, 제1차로 김영훈, 박태로, 사병순, 세 분 목사를 파송하였고, 그 후에 이대영, 박상순, 방효원 세 분 목사가 계속 파송되었으며, 방지일 목사와 김효순 전도사를 파송하여 1951년 중국 대륙이 완전히 공산 치하에 들어가 선교를 더 계속할 수 없어 마지막으로 방지일 목사가 홍콩을 거쳐 귀국하던 1957년에 중국 본토 선교는 중지되었다.

1930년 일본이 만주로 진출하면서 옛 청나라 후손을 황제로 추대하고, 만주제국을 세우자, 총회는 여기에 관심을 갖고 1937년에 최혁주 목사를 만주국에 선교사로 보냈고, 여전도회대회에서 유안심 전도사를 만주선교사로 파송하였던 것이다.

일제치하에 있어서 선교사업은 총회와 여전도회 대회 산하에 있던 교회와 여전도회가 혼연 일체가 되어서 이 선교 사업을 추진하고 진행하여 왔으나 해방 후의 선교운동은 그렇지를 못하다고 하겠다. 1955년도에 한경직 목사가 총회장으로 봉사하던 때, 태국선교를 시작하여 영락교회가 최찬영 목사를 뒤이어서 대구 천우사 신임복 장로가 단독부담으로 김순일 목사를 선교사로 파송하였으며, 중국 본토 선교가 불가능한 현 단계에서 자유중국 대만에 선교사 파송 요청이 본토에서 대만으로 옮겨온 이들 간에 논의되어 새문안교회 허봉락 장로가 단독 부담으로 계화삼 목사를 대북에, 그리고 여전도회전국연합회에서 상해에서 대만으로 오신 정성원 여사를 선교사로 파송하기에 이르렀다. 그와 함께 브라질로 이민 간 교포 상대로 김계용 목사를, 멕시코에는 우상범 목사를, 여전도회전국연합회 보증 아래 기독교학교연합회와 새문안교회가 공동으로 시작하였으나 우 목사가 부임한 후 실지로 새문안 단독으로 일본에는 연동교회에서 양 목사를, 대구 삼덕에서 이 목사를, 여전도회, 서울 동, 서 세 연합회가 정영희 전도사를 파송하였고, 이보다 앞서 이상근 목사가 이끄는 대구선교회는 신임복 장로의 사업이 부진하여 김순일 선교사의 선교비가 문제가 되자 인계하여 계속 추진하다가 김순일 선교사가 본 총회를 이탈한 후 박창환 목사를 인도네시아에 파송하여 도왔으나 박 목사의 귀국으로 과중한 부담으로 인한 뒷수습을 위해 해외 파송은 중단되었고 대구 삼덕교회가 단독으로 서정원 목사를 문서 선교사로 인도네시아에 파송하여 현재에 이르고 있으며, 여전도회연합회에서는 정성원 선교사의 후계자라고도 할 수 있는 박성태 목사를 이곳에 초청하여 신학대학에서 1년간 훈련한 후 파송하여 현재 고웅에서 일하고 있으며, 인도네시아에는 김윤석 목사를 파송하여 일하고 있다. 그리고 평신도회전국연합회에서는 월남에 박성준 목사를 파송하여 약 5년간 일하였으나 월남정국의 변화와 자체선교의 조달이 어려워 중지 상태에 있다.

    우리가 다 잘 알고 있는 선교 사업을 무엇 때문에 장황하게 늘어놓고 있느냐고 질문하실 분이 계실는지 모르나, 나는 이렇게 과거와 현재를 살펴봄으로써 무엇인가 잘못된 것을 찾아서 선교하는 교회로서의 자세를 바로하자는 것이다. 해방 이전의 선교사업은 분명히 우리 교회의 일이었다고 할 수 있다. 물론 선교사의 생활비를 어느 지방이 특별히 책임지기도 하였으나, 그러나 총회적으로 볼 때, 또 전국 개체교회에 보고된 대로는 이 선교는 전체 교회의 일이었고 모든 교회 각 지교회 여전도회가 훈련 하나로 움직였다고 할 수 있다. 그러나 해방 후 많은 일을 하였고 또 하고 있는 것이 사실이나, 그러나 어디까지나 특정교회의 사업이요, 어떤 개인이나 개인 단체의 일이요, 우리 총회 일이라고는 보이지 않는 것은 아무도 부인할 수 없는 사실이라고 하겠다. 나는 과거 실무진에다 여러 번 충고할 일이 있었거니와 여기 또다시 이 글을 통하여 말씀하는 것은 선교 사업을 어떤 개 교회 사업으로 추진할 것이 아니고, 어디까지나 전체 교회 즉, 총회의 일이 되어야겠다는 것이다. 구체적으로 감사주일헌금의 십분의 일을 전도비로 내는 것도 좋지만 근본 교회예산에 반영을 시켜 많던지 적던지 간에 총회 산하에 있는 2천7백 교회가 가담하는 선교사업이 되도록 하자는 것이다. 어느 지교회가 어느 선교사를 파송하였다고 하는 자본주의적 잠재의식이 깔려 있는 선교사업은 지양하고 어디까지나 하나님의 교회가 하나님의 선교를 해야 할 것이 아니겠느냐? 하는 것이다.

해제(解題)

이 글은 강신명 목사의 선교신학을 보여 준다. 한국교회는 선교하는 전통이 있는 교회였다. 그 선교는 총회적 차원, 연합회적 차원에서 모든 교회가 합심하여 전개되어 왔다. 하지만 해방 이후 한국의 경제가 성장하고 교회가 부유해지면서 선교가 총회적 사업이 되지 못하고 개인적인, 개

교회적인 사업이 되었다고 강신명 목사는 개탄한다. 그는 "자본주의적 잠재의식이 깔려 있는" 경쟁적인 선교사업은 하나님 선교를 망치는 것이라고 보았다. 선교는 특정교회의 사업이 아니라 전체 교회(총회)의 사업이 되어야 한다는 것이다.

7. 나의 장벽을 헐고
   우리의 광장으로

「월간목회」 36 (1979.8.)

새문안교회 강신명 목사
탐방자 신동일

……

문 목회자는 항상 바쁘고 또 휴일이라 해도 제대로 쉴 틈이 없는 것으로 압니다만 목사님의 휴일은 언제이며, 어떻게 보내십니까?

답 휴일이란 건 있을 수가 없지요. 그런데 나는 월요일부터 금요일까지는 사무실에 나오는데 수요일 오후엔 저녁 예배 준비 때문에 집에 들어가고 토요일은 구상했던 설교문을 정리하는 날이지요.

문 연중 휴가는 쉬실 수 있으십니까?

답 대개 목회자들이 여름철에 3주 정도 쉬는데 내 경우엔 혹 해외에 나갈 일이 있으면 이 휴가대로 맞추어 나갑니다.

문 건강 관리를 잘 하셔야 하겠습니다.

답 특별한 건강 관리를 하는 것은 없고 그저 저녁에는 일찍 쉽니다.

문 목사님의 취미생활과 특기를 좀 속하여 주십시오.

답 축구와 야구, 농구, 이 세 가지를 많이 했었고, 가끔 테니스도 했습니다만 지금은 할 틈도 없고, 학생 시절에는 학교가 권장하는 육상 중에서도 중거리를 주로 했습니다. 시골서 자랄 때는 강에 나가서 수영도 하고 그랬지요.

문 지금까지 이렇게 건강하신 비결이 바로 그것이었군요. 목회하시는 동안은 취미 생활은 하시기가 힘드셨을 텐데…….

답 요즈음은 전혀 시간이 없고 영락교회에 있을 때까지는(25년 전) 청년들과 등산도 같이 하곤 했었지요.

문 목사님께서 목회의 길을 가시게 된 처음 동기는 무엇이었습니까?

답 내가 12살 되는 해 그러니까 삼일운동이 일어난 다음해입니다. 김익두 목사님께서 우리 고향 교회에 오셔서 사경회를 하셨는데, 뭐라고 꼭 집어서 말할 수는 없지만 '나도 목사님처럼 복음 전하는 사람이 되었으면' 하는 생각을 했지요. 그리고 집회 한 주일을 마치고 목사님 떠나실 때 교인들이 모두 나와서 약 5리쯤 배웅을 하곤 했었는데 나도 따라 나가면서―그때 왜 그렇게 서러운지―눈물을 흘리던 일이 생각하는데…….

문 목사님께서는 토요일에 설교준비를 하신하고 하셨는데 목사님께서 설교준비하시는 과정을 말씀해 주십시오.

답 설교를 늘 염두에 두고 있으니까 일주일 내내 머리 속에 구상을 하는 셈이지요. 좋은 생각이 떠오르면 메모도 하고요. 그리고 주석도 보고, 제목이 정해지면 그 제목에 따른 방향으로도 생각해 보지요. 그렇게 하다가 토요일에는 일단 원고지에 정리를 합니다. 그리고 정리한 원고는 그 다음 주일에 바로 설교하는 원고가 아니고 2~3주 후에 할 설교 원고가 됩니다.

문 2~3주 후의 설교를 늘 염두에 두고 준비하시는군요.
답 교회력이 있으니까 교회의 절기를 염두에 두고 앞으로 해 나갈 설교를 구상하는 것이지요.
문 강단에서 설교하실 때는 어떻습니까?
답 2~3주 전에 준비해 둔 설교문이니까 그동안 되풀이해서 읽고 또 정리하면서 설교의 요점을 간추릴 수 있지요. 그래서 설교를 할 때는 청중의 반응을 보면서 포인트 중심의 설교를 합니다. 수식어는 그때그때 달라질 수가 있습니다.
문 원고는 철저하게 준비하되 원고에 매이지 않는 설교를 하시는군요. 그런데 지나치게 원고에 매달리거나 아예 원고를 쓰지 않고 설교하시는 분들도 있잖습니까?
답 원고를 무시하는 것은 좀 문제가 있고 원고를 쓰지 않고도 머리가 좋아서 설교하는 도중에 핵심에서 이탈되지 않으면 괜찮겠지요.
문 누구에게나 장단점이 있습니다만 목사님께서는 자신의 단점을 어떻게 보십니까?
답 내 약점은 과단성이 없는 것이지요. 결단해야 할 때 못하는 경우가 있지요.
문 사실 과단이 지나치면 독단이 될 수 있지 않습니까?
답 독단은 문제가 되지요. 대개 독단과 과단을 혼돈하고 있는데, 나는 용기 있게 결단하지 못하는 부적한 점이 있는 것 같아요.

문 　겸손의 말씀이십니다. 목회하시는 데 목사님의 장점이었다고 생각하시는 점을 말씀해 주십시오.

답 　그 한 가지는 하나님께서 나에게 비교적 좋은 기억력을 주셨다는 건데, 예를 들면 교인들의 가정을 심방할 때 그 가정의 식구들을 일일이 기억함으로 친숙해질 수 있는 것이지요. 또 한 가지는 아까 말한 내 약점이면서 장점이라고 생각되는데, 나는 내 개인적인 일에는 약하지만 공적인 일이나 보다 큰일을 위해서는 과감히 결단합니다. 개인적으로 오해를 받더라도 물러서지 않습니다. 결국 그러다 보면 오해를 받고 또 적이 많아지게 마련인데 아직 나는 크게 적을 만들지는 않은 것 같습니다.

문 　앞으로 목사님께서 더 연구하시고 싶은 분야가 있습니까?

답 　이제 곧 은퇴하게 되니까 은퇴 후에도 가능하면 선교 문제에 대해 국내, 국제 선교 문제들을 더 알아보고 싶어요. 현재 내가 선교단체협의회에 관여하고 있으니까요.[9]

문 　요즈음 큰 교회들이 동남아를 비롯하여 세계 각 곳에 선교사를 파송하고 있지 않습니까?

답 　나는 본래부터 개교회주의 선교를 원치 않고 선교단체를 중심으로 한다든지 혹은 교단별로 하든지, 그래서 모든 교회가 동참하는 선교가 되었으면 합니다.[10]

---

9) 강신명 목사는 1977년 5월부터 1985년 작고할 때까지 "한국기독교선교단체협의회 회장"을 맡았다.

10) "앞으로 10년간의 나의 회고"(「기독교사상」 1961.3.)와 "복음화 운동"(〈기독공보〉 1975.12.13.)에서 일관된 선교관을 피력했다.

……

문 목사님께서는 신학교육에 애쓰시는 것으로 압니다. 신학교의 장래를 어떻게 보십니까?

답 나는 신학교 운영 자체에 대해 다른 각도에서 이야기하고 싶은데, 그것은 각 교단별로 신학교를 운영하되 노회와 교회가 신학교 운동에 직접 참여해야 한다고 보는 것이지요.

현재 신학생들이 일반 대학생들과 거의 비슷한 경비로 공부해야만 하고 또 신학교 공부와 목회 현장, 즉 한국교회 현실 사이에 문제점이 있는데 이런 점을 보완해야 한다는 뜻입니다. 그래서 내가 주장하고 싶은 것은 교단 내의 큰 교회들은 한 전공 분야의 교수 한 분씩을 담당하는 책임(후원)을 지고 — 그렇게 되면 각 전공 분야의 교수로 고루 갖출 수 있지요. — 또 노회에서는 신학생을 보낼 때 철저하게 심사하여 보낼 것이며, 보내는 학생이 졸업할 때까지 학비 일체를 노회가 담당해야 하겠지요. 그래서 방학이 되면 노회에서는 일꾼이 필요한 곳에 신학생을 보내서 일하도록 합니다. 그리고 교회에서는 봉사하는 신학생이 목회현장을 주관적인 입장에서 볼 수 있도록 준 당회원으로 참여하게 기회를 주어야 한다고 봅니다.

그렇게 되면 학생은 학비를 걱정하지 않고 공부할 수 있고, 또 봉사 현장에서 일어난 문제들을 강의실에서 혹은 교수와 상담을 통해서 풀어나갈 수 있을 것이라고 봅니다. 그렇게 되면 보다 실질적인 교육이 될 뿐만 아니라 신학교는 교회에 필요한 신학교, 교단과 호흡을 같이하는 신학교가 될 것이며 나아가 교회를 이끌 수 있는 신학 교육이 될 것으로 봅니다.
문　목회하시는 동안 보람을 느끼신 때는 언제였으며 특별히 괴로움을 느끼신 때는 언제였습니까?
답　내가 선천북교회에 부임해 갔던 때의 일이 가장 괴로운 때였지요.[11] 그때 그 교회에는 목회자 청빙 문제로 당회원과 제직들, 그리고 온 신도들의 분규가 일어나 혼란 중에 있었지요. 그때의 내 나이가 갓 서른인데 그 고충이야 말로 할 수 없었지요.
　　　나는 하나님께 매달려 기도하면서 일하는 가운데 교회가 정상을 회복하게 되었지요. 그러니까 선천교회 분규 사건 시절이 제일 괴로운 때였고, 또 그 사건의 해결이 원만하게 됨으로 제일 보람을 느낄 수 있었지요.
문　역시 가장 괴로운 것과 가장 기쁜 것은 가깝게 있는 셈이군요.
답　괴로움을 겪어야 기쁨을 맛볼 수 있는 것이지요.
문　좋아하시는 성구와 자주 부르시는 찬송은 어떤 것이 있습니까?
답　요한복음 12 : 24과 갈라디아서 2 : 20을 좋아합니다.
　　　그리고 찬송을 다 좋아하지만 특별히 괴롭고 어려운 중에 부르던 찬송은 '날 구원하신 예수를'(196장)였고, 그 후에 '주 안에 있는 나에게'(455장)와 '나의 기쁨 나의 소망되시며'(82장)를 주로 불렀고, 최근에는 '저 장미꽃 위의 이슬'(499장)을 많이 부르는 편입니다.

---

11) 1937년 선천북교회 담임목사 백영엽이 수양동우회 사건으로 투옥되기 직전 아오야마(青山)학원 출신 김덕준 전도사를 담임목사 후보로 추천하였다. 그러나 1938년 10월 26일 이광수와 백영엽 등 동우회 회원들은 보석 출소 후에 '사상전향회'를 가지면서 일본 천황에게 충의(忠義)를 다짐하고, 일제의 국책 수행에 최선을 다한다고 결의했다. 북교회는 이것을 보고 백영엽 목사의 추천을 거부하고 선천남교회 김석찬 목사가 추천한 32세의 젊은 강신명을 담임으로 선택하였다. 김명구, 위의 책, 105-109.

문 목사님께서는 성공적인 목회를 하셨는데, 후배 목회자에게 한 말씀하여 주십시오.

답 무엇보다도 목회자는 소명감이 확실해야 하겠습니다. 그리고 사람을 보면서 일하지 말고 하나님 편에 표준을 두고, 하나님께서는 우리로 어떻게 일하게 하시나를 생각하며 일해야 할 것입니다.

또 한 가지, 요즈음 이상한 풍조가 있는데…… 월급부터 따지거나 하지 않아야 하겠어요. 내가 일할 일터인 줄 알았으면 일해야지요. 일하는 자에게는 하나님께서 필요한 대로 채워 주십니다.

문 목사님은 대외 활동도 많으시지요?

답 지도자협의회에 작년과 금년의 대표가 되어 있는데 이제 임기가 다 되었지요. 지도자협의회는 지난번 철군 반대 문제로 시국 대책위원회가 모였던 것이 발전된 모임이지요. 시국 대책위원회가 모였을 때 각 교단 대표급들이 모였는데 교회가 분열된 후에 처음으로 모이게 되었고 또 자연스런 대화의 광장이 되었지요. 그래서 '우리 서로 만나는 것이 좋겠다' 해서 생겨나온 것이 지도자협의회이지요.

문 한국교회 문제점이 많이 있습니다만 몇 가지만 지적해 주십시오.

답 한국교회는 연합정신이 약합니다. 개 교회는 잘되는데 교단은 약하지요.

내 생각에는 큰 교회, 작은 교회 할 것 없이 십일조를 교단에 내어놓고 교단을 중심으로, 교단을 통해서 무슨 일을 하는 것이 옳다고 생각됩니다. 그것은 교단 자체가 튼튼하고 또 통일성 있고 일관성 있는 운영을 하게 되면 각 교회가 개 교회를 지나치게 내세우는 일도 적을 것이요, 나아가 교회의 분열이 방지된다고 보는 것이지요. 그런데 이것을 작은 교회에서 더 반대하는 것 같아요. '예산도 적은데 십분지 일을 떼고 나면 어떻게 예산을 짜느냐' 이거지요. 그러나 교단에 십분지 일이 모여서 각 교회에 혜택이 돌아갈 때 작은 교회가 도움을 받을 수 있게 마련인데…… 교단이 잘 안되니까 점점 더 개교회주의로 나아가게 되는 것이지요.

문 한국교회는 연합정신이 참으로 필요하다는 것을 모두가 느끼면서도 잘 안 되는 것 같습니다. 이 기회에 특별히 목사님께서 동역자들에게 하시고 싶은 말씀을 해 주십시오.

답 아까 하던 이야기와 연결된 이야기입니다만, 한국교회의 문제이건 목회자 개인의 문제이건, 모든 문젯거리는 인간 중심으로 무슨 일을 하기 때문에 생겨나는 것이라고 봅니다. 그래서 나는 내 생각만 내세우지 말고 남을 이해하자는 것입니다. 상대방의 실수나 수치스런 일까지도 이해해 주자는 거예요. 그러면 문제는 없어집니다. 내 입장만 내세우고 고집하게 되면 점점 장벽만 쌓여질 것이고, 내가 이해하고 협조하면 자연히 장벽은 없어지고 연합 정신도 생겨날 것입니다.

문 오늘 말씀 감사합니다.

답 감사합니다.

해제(解題)

이 글은 강신명 목사의 목회철학을 여러 측면에서 살펴보게 해 준다. 이 글은 1979년 8월에 「월간 목회」에 실렸고, 『나의 목회는 이렇다』(월간 목회사, 1985)에 다시 개제되었다. 이 글에서 새문안교회와 관련된 부분을 생략하고 게재하였다.

휴가, 건강 관리, 취미생활에 대한 질문에서 강신명 목사는 특별한 내용으로 답하지 않는다. 그저 교회목회를 늘 우선으로 여기는 전통적 보수 교회 목회자의 상을 보여 준다.

강신명 목사의 설교준비 내용은 충격적이다. 그는 2~3주 전에 설교원고를 다 마치고 되풀이해서 읽으면서 설교의 요점을 간추리고, 설교 때는 청중의 반응을 살피며 포인트 중심의 설교를 한다고 말한다. 원고에 충실하면서도 원고에서 자유로운 설교학 원론의 모범이다.

자신의 장점과 단점에 대해서 강신명 목사는 개인적인 부분에는 결단을 잘 못하는데 공적인 것과 큰일에 대해서는 과감히 결단하고 물러서지 않는 단호함이 있다고 말한다. 또한 그는 당시 새문안교회 전 교우들의 이름을 외우는 비상한 기억력을 가지고 있었다.

은퇴 이후 계획에 대해서 강신명 목사는 개교회주의 선교를 극복하고 교단 차원에서 혹은 선교 단체 차원에서 연합적 선교를 하는 데 기여하고 싶어 했다.

1979년도 강신명 목사의 신학교운영의 방식에 대한 비전은 큰 교회들이 교수를 지원하고 노회가 신학생들의 학비를 책임질 수 있도록 해서 양

질의 목회자를 훈련하여야 한다고 보았다. 강신명 목사의 신학교육의 꿈은 한국교회 현실에서 아직도 멀게만 느껴진다.

강신명 목사가 가장 좋아하는 성경구절은 "한 알의 밀"(요 12 : 24)이다. 그는 1962년 서울장로회신학교의 교장으로 부임하여 운영을 책임지면서 이 구절을 학교의 교육목표이며 건학이념으로 삼았다. 또 갈라디아서 2 : 20을 선호하는 구절로 뽑았다. 후배 목사에게 당부하는 것은 소명감이다. 물질에 팔려 일하지 말고 주어진 일터에서 성실하게 일하면 하나님이 채우신다는 확신이 있었다.

강신명 목사가 지적하는 한국교회의 가장 큰 문제는 연합정신의 부족이었다. 그래서 교단을 튼튼하고 통일성 있게 운영할 것을 강조하였다. 그는 연합정신을 일으키는 방법으로 상대방을 이해하고 상대방의 잘못도 이해해 줄 것을 제안했다. 그래서 강신명 목사는 통합과 합동의 분열 이후에 상대방 교단을 비난하지 않았고 문제점을 말할 때도 한국교회 전체의 문제라고 언급하였다.

8. 교회갱신과 새신자 교육
〈기독공보〉(1980.2.2.)

1. 교회란?

하나님의 백성, 구약시대의 교회(카알-회중), 신약시대의 교회(에클레시아). 헌법 정치 제2장 7조 교회의 정의에서는 하나님이 만민 중에서 자기 백성을 택하여 그들로 무한하신 은혜와 지혜를 나타내신다. 이 무리를 가리켜 교회라 한다. 이 무리가 하나님의 교회요 예수의 몸 된 성령의 전이다. 이 무리는 과거, 현재, 미래에 있는 성도들인데 이를 가리켜 거룩한 교회라고 한다.

2. 갱신이란?

새롭게 한다는 것이다. 제대로 제구실을 못하게 되어서 그대로 둘 수 없기 때문에 새롭게 해야겠다는 것이다. 현재 상태로는 만족할 수 없는 것을 그대로 두고 볼 수 없다는 것이다. 그대로 방치하면 쓸모가 없을 뿐 아니라 완전히 무용지물이 되고 말기 때문에 새롭게 쓸모 있는 것으로 만들어야겠다는 것이다.

3. 과거 교회의 모습

역사적으로 히브리 민족역사는 제정일치적이었다. 신정국가였다. 교회는 나라와 분리된 것이 아니었다. 국민생활은 교회생활과 분리해서 생각할 수 없었다.

이러한 히브리 민족의 정치적인 방면에서 되는 것은 교회생활, 신앙생활의 다른 면이라고 할 수 있다. 신앙생활이 바로 되지 않았을 때, 국가적으로, 정치적으로 위기와 불행이 닥쳐왔던 것을 볼 수 있다. 혼란과 비극이 몰아쳐 왔던 것이다. 이러한 때에는 선지자와 사사와 그리고 정치적으로 강력한 지도자의 출현과 훌륭한 군주들의 과감한 영단으로 개혁운동을 전개함으로 갱신과 복구의 날을 맞이하였던 것이다. 그리스도 교회의 2000년 가까운 역사를 살펴보더라도 그 규모의 차이는 있으나 훌륭한 신앙과 용감한 생활로 타락되어 가는 교회를 새롭게 하였던 것이다.

그것이 신조를 통하여서, 제도를 통하여서 되어졌고 때로는 문화 예술로 되었던 것이다. 그리고 다시 계시된 말씀 따라 되기도 했던 것이다.

4. 오늘의 교회 모습

세계적으로는 행동의 복음 운운하며 교회의 신앙운동과 정치운동과 사회운동을 분간할 수 없으리만큼 되어 있고, 나라 안에서는 교세 확장과 진리 수호라는 이름 밑에 교회의 참된 모습을 찾아 볼 수 없는 실정이 되어버렸다고 하겠다. 물가고나 재료구입난도 외면하고 교회 건축의 붐이 일고 있으며, 다른 한편 새로이 건축되는 아파트 단지에는 같은 빌딩에 두

세 교회의 간판이 붙어 있어서 도시문제연구소나 사회개발연구원 같은데서 이와 같은 교회 난립 상을 구멍가게식 교회라고 지칭하고 있으니 생각해 볼만한 것이라고 하겠다.

교회는 교회의 특징이 있어야 할 것은 물론이지만 그와 함께 교회의 임무가 제대로 수행되고 있느냐? 하는 것이 문제가 된다. 맘모스 교회에서 성도의 교제가 되는가? 구멍가게식 교회가 그 지역사회에서 빛과 소금의 사명을 다하였느냐는 것이다. 거기다가 한국동란과 4·19 학생의거, 5·16 군사혁명으로 격변하는 사회변동에 수반되는 혼란기를 틈타 기독교라는 미명 아래 독버섯처럼 일어난 사이비 종파들과 안으로는 성령의 은사가 치병과 방언의 전부인 양 강조, 역설함으로써 교회의 참된 모습을 찾아보기 힘든 것이 오늘의 실정이 아니겠는가? 거기다가 건전한 교회로 자처하는 교단까지라도 보수와 진보라는 이름으로 분열에 분열을 거듭해 왔고, 거기는 구원이 "있다" "없다"고 하여 새로이 교회를 찾는 사람들을 당혹케 하고 있음이 오늘의 실정이라고 하겠다.

이와 같이 실정을 감안하여 볼 때, 새신자 교육에 앞서서 교회가 갱신되어야겠다. 교회가 교회로서 참모습을 되찾기 전에는 사람들이 교회를 찾아오지도 아니하겠지만 교회로 나와서 구원을 얻으라고 말할 수도 없을 것이 아니겠는가?

그런고로 교회는 교회의 정의를 밝히면서 교회의 주가 되신 하나님께서 예수 그리스도 안에서 우리를 위하여 예비하신 구원의 은총을 입어야 하고 그리스도를 머리로 한 그의 지체로써의 위치를 확인하고 그 사명이 무엇인가를 분명히 하고 부르신 자의 부름에 합당하게 하여야겠다.

다음으로 교회다운 교회로 참모습을 드러내게 된다면 사람들은 교회를 찾아오게 될 것이다. 이렇게 교회를 찾아오는 사람들에게는 언제나 가장 기본적인 문제들을 간단명료하게 알려 줘야겠다.

먼저 인간의 참된 모습을 보여 주고 다음으로 죄인들에게는 구원이 필요한 것과 그 구원자는 죄인일 수는 없는 것을 밝혀야 할 것이다. 그렇게 되면 구세주는 죄인이 아닌 분이 되겠는데, 하나님께서 제2위가 되시는 성자 예수를 구세주로 세상에 보내셨으며 예수는 세상에 오실 때 죄 없는 몸으로 오시기 위해 동정녀의 몸을 빌려 성령으로 잉태되고 탄생하셨다는 것을 밝혀 줘야 하는 것이다. 죄 없는 사람만이 죄인의 죄를 대속할 수 있음과 예수님이야말로 이러한 분이라는 것을 분명히 알려 줘야 하는 것이다.

다음으로 사도신경이나 성경 소요리문답과 같은 것을 쉽게 강해하여 우리 믿음의 내용과 골자를 분명하게 파악시킬 필요가 있다. 사도신경이 예수님을 모셨고 또 그의 교훈을 전파하도록 사명을 받고 있던 사도적 신앙고백인 것을 분명히 하므로 새신자들[이] 기독교의 기본적인 교리가 무엇인가를 알게 됨으로 이단사설의 유혹을 받더라도 미혹을 받지 않을 것이다.

이와 같이 교회가 새로워져서 교회의 머리요, 또 주가 되시는 예수님의 모습을 밝혀 보여 준다면 사람들은 자연 예수 그리스도를 사모하고 경배하기 위하여 교회를 찾아오게 될 것이다. 그리하여 이 교회를 찾아오는 사람들에게 예수를 소개하고 구주로 영접하게 할 수 있을 것이다.

그리고 한 가지 꼭 기억해야 할 것은 최근 한국교회의 대형화이다. 그래서 다른 교회에 나가는 사람을 자기 교회로 끌어가는가 하면 한편, 목사와 교인 사이는 멀어져 가고 있다는 것이다. 교인과 목사 사이만 멀어져

가는 것이 아니라 새 교인이 온다고 하더라도 미처 돌보지 못하고 아는 체하지도 않으며, 즐겨 반겨 주지 못하고 있다는 것이다. 새신자가 진리 파악이 되어 있다면 문제가 되지 않지만 새신자이기 때문에 우선 인간 푸대접을 받게 될 때 다시 찾을 마음이 없어지지 않겠느냐는 것이다.

해제(解題)

이 글은 강신명 목사의 개혁사상을 잘 보여 준다. 그는 우선 현실에서 교회의 본래의 모습을 찾기 어려운 점을 지적한다. 정치운동과 신앙운동을 구분하기 어려운 신학, 교회의 무질서한 난립, 이단 사이비 종파의 번성, 성령을 치병과 방언으로만 강조하는 현상, 보수와 진보로 분열되어 구원시비를 벌이는 교회 등이다. 이런 상황에서 새신자 교육보다 교회 갱신이 더 시급한 것이다. 교회는 본래의 모습을 회복해야 새신자들이 교회를 찾게 된다. 그리고 교회는 새신자들에게 인간의 참된 모습, 죄인에게 구원이 필요한 것, 예수 그리스도만이 대속자임을 알려주어야 한다. 그 다음 사도신경과 소요리문답을 교육하여 교리의 골자를 알려 주어야 한다. 강신명 목사는 대형교회의 문제점은 타 교회 교인을 자기 교회로 데려가지만 목사와 교인 사이, 교인과 교인 사이가 멀기 때문에 인간적 푸대접을 받으면 곧 교회에서 멀어진다는 것을 지적한다. 강신명 목사는 목사가 자기 양들에 대해 구체적으로 알아야 한다고 강조한다. 그래서 한경직 목사는 강신명 목사가 세상을 떠난 후에 '선한목자'였다고 칭했다.

9. 양을 아는 목자
『나의 길 목양의 길』(서울 : 소망사, 1984)

문 목사님은 많은 사람들이 성공하신 목회자라고 합니다. 목사님 자신은 그 주된 원인을 어떻게 말씀하실 수가 있습니까?

답 나는 목회에 성공했다고 결코 생각지는 않는다. 나는 그저 묵묵히 강단을 지켜왔을 뿐이다. 그러나 오늘에 나를 특징지어 말하라면 나는 심방위주의 목회를 했던 것이다. 양을 알지 못하고는 양을 돌볼 수 없는 줄로 알고 열심히 양들을 돌아보았다.

목회는 자기의 강단에 우선 충실해야 한다. 1년에 50주 이상은 자기의 강단을 지켜야 한다고 생각한다. 월요일 나가서 금요일 돌아오는 목회자를 주일 강단을 지켰다고 말하는 것이 아니다. 일요일을 교회와 더불어 생활할 때 한 주일을 돌보는 목회자인 것이다. 다음에는 충실한 설교준비를 위해 노력했다. 1주일을 목말라 기다리는 양들에게 신선하고 기름진 말씀으로 먹여야 하는 것이 목자의 사명이기 때문이다. 나는 설교의 전달에 특출난 재주가 없었다. 웅변도, 구변도 변변히 못하였다. 때문에 메시지의 내용에 더욱 온 힘을 쏟아 준비하는 것이다.

문 목사님의 설교 계획, 준비, 선포는 어떻게 이루어지고 있습니까?
답 설교계획은 크게는 장기적 계획을 연초에 세운다. 먼저 교회력에 의해서 고난, 부활, 감사, 성탄 등의 절기에 따른 계획과 그리고 국가적 민족적 절기, 국제적 의미를 갖는 날들, 즉 인권선언일이라든가 세계대전 등에 따른 시의 적절한 메시지를 계획한다. 단기 계획은 교회행사에 따른 분기별, 월별 행사 등에 의한 전반적 계획을 세운다.

이 골격화된 연중계획에 따라 특별설교들이 준비되고 일반설교는 성경을 상고할 때와 성도들의 생활을 바라보면서 준비된다. 제목이 정해지고 성경본문이 결정되면 무엇보다 성경본문을 충실히 명상하고, 주석 등의 해석을 참고로 하는데 학구적 주석보다 목회중심적 주석을 참고로 한다. 강단에서의 설교는 성서강해는 아니기 때문이다. 무엇보다 메시지는 심플해야 한다. 나는 대체로 화요일과 수요일에 제목과 본문을 정하고 목요일에는 대소지를 나누고 금요일까지는 설교원고를 전체 작성한다. 그리고 토요일 오후부터는 외출을 하지 아니하고 명상과 기도하는 가운데 작성된 설교원고를 완전히 나의 것으로 간직한다.

강단에서의 선포는 원고에 의하지 않는다. 대소지의 골격만을 따라 할 뿐이고 그것에 붙여진 살은 나에 의해서 붙여진 것이므로 자연스럽게 다시 나에 의해서 청중에게 전달되어야 하기 때문이다. 때문에 청중을 보면서 선포되며, 그 반응을 예의 주시하면서 어려운 말씀과 용어는 쉽게 해석해 가면서 행한다. 특히 나는 성서원이나 필요 이상의 외국어를 사용하지 않는다. 청중들 중에 한 두 사람이라도 그 용어의 뜻을 이해치 못하는 사람이 있다면 이는 만족한 설교가 되지 못하기 때문이다. 그러나 특수한 대상, 즉 대학생 모임이나 특수층의 신앙강좌일 때는 무리 없이 인용될 수 있을 것이다.

문 목사님께서는 당회(기획위원회), 제직회, 건축위원회 등의 운영에 어떻게 대처하고 계십니까?

답 교회의 모든 회의는 철저한 민주적 방식에 의한다. 이는 장로교회는 민주적 방식의 정치를 가지는 교회이기 때문이고 능률적이기 때문이다. 정규적인 회의의 의안은 그때그때 처리하는 것을 원칙으로 하지만, 중요한 안건은 충분한 설명을 하여 회원들로 하여금 깊이 생각하도록 한다. 의안이 중요할수록 충분한 시간을 주어 조급히 처리하지 아니하고 다음번에 다시 의논하기로 한다. 무엇보다 목사의 의견을 절대화시키지 아니한다. 당회원 수준이 나의 생각에 미치지 못한다 하더라도 무리하지 아니하고 기다린다.

제직회는 주로 계도(啓導)하는 방향으로 진행한다. 이는 처음 임명된 회원들도 많이 있고 교회생활에 익숙치 못한 사람들과 여자 회원들이 많기 때문이다. 때로는 잠자코 있는 것이 미덕인줄 아는 여자 집사에게도 동의나 제청을 하도록 기회를 준다.

건축위원회는 처음 계획하고 준비할 때부터의 위원으로 시공까지 끌고 가기에는 좀 타성적 경향이 있으므로 어느 정도의 시기에 가서는 확대하여 활성화를 기할 필요가 있다. 이는 새로운 아이디어를 기대할 수 있는 계기도 되는 것이다.

목회자는 건축위원 위에 있는 것도 아니고, 건축 위원도 아니다. 다만, 원 설계대로 건축되는가, 결정된 사항대로 잘 진행되는가를 점검하는 정도이고, 설계라든가 기본 계획에 의견을 내어 장단점을 설명할 뿐이다.

건축을 위해 우리 교회는 부흥회를 하지 않았다. 다만, 건축비를 위해 담당 위원이 홍보하고 모든 교인이 자기 의무를 감당하게 하였다. 특히 세례받은 교인들로 하여금 교회의 주인의식을 갖게 하여 자신의 교회를 건축한다는 생각을 갖게 하는 것이 중요하다고 본다.

문 한국교회의 오늘을 어떻게 보시며, 내일을 위해 방향제시를 하신다면 그것은 무엇입니까?

답 한마디로 한국교회는 병들었다고 본다. 특히 목회자들이 자기 과시나 필요 이상의 경쟁의식을 갖는 것은 매우 안타까운 일 중에 하나이다.

도시 대교회화는 마땅히 검토되어야 한다. 한 개의 교회의 교인이 300명 정도이면 무슨 일이든 할 수가 있다고 본다. 선교사업이든, 봉사사업이든, 구제사업이든, 크다고 잘하는 것만은 아닌 것이다.…… 현대교회가 맘모스화되는 것은 위험한 일이다. 교회란 인간적으로 운영되기 때문에 어느 시기에 가서는 급속히 약화될 수도 있기 때문이다. 현대 서구의 대교회들의 비참하게 황폐된 모습을 우리는 잘 관찰하고 있는 것이다. 그러므로 나는 지역에 알맞게 교회가 배치되고, 교인도 그 지역에 있는 교회에 소속되어 섬기는 것이 바람직하다고 생각한다.…… 그러므로 모든 교회들이 균형 있게 발전되어 노회적으로, 총회적으로 어떤 사업을 할 때, 큰 교회 몇 군데에 중요한 사업을 떠맡기는 사례가 생기지 않게 되어, 모든 교회가 고르게 지역사업과 선교사업 등에 참여할 수 있게 될 때 교회가 교회로서의 보람을 느끼는 것이다. 또한 대교회는 자연 그 규모가 크기 때문에 교회를 유지하는 데에만도 막대한 경비가 들어가는 결과가 되어 선교와 교육과 구제에 그만큼 손실이 되기 때문이다.

문 목양의 길을 가시는 한국의 목회자들에게 꼭 하시고 싶으신 한 마디는 무엇입니까?

답 "한 알의 밀이 땅에 떨어져 죽지 아니하면 한 알 그대로 있고 죽으면 많은 열매를 맺느니라"(요 12 : 24). 목회자는 교회에서 재정에 절대 관여해서는 안 된다고 생각한다. 목회자는 어디까지나 목회중심, 목양중심의 사명을 감당해야 한다. 자기 과시가 없는 성실한 목회자가 되어야 한다. 교회의 어떤 유행에 따라 목회하지 아니하고, 복음중심에 따라 한 알의 밀이 땅에 떨어져 썩는 것같이 순교의 정신으로 목양의 책임을 감당해야 한다. 대접받는 일에 즐거하지 말고, 겸손하게 하나님의 종의 위치를 고상하게 수행하여야 할 것이다.

03

총회장 강신명 목사

1. 총회장 당선소감
〈기독공보〉(1963.9.23.)

부족한 사람이 총회장 당선에 다만 감개무량할 뿐이다. 우리 교회가 아직도 분열 상태에 있는데 가급적 같은 신앙노선에서 어떻든 모든 오해가 쉬이 풀려지고 합해지는 길이 열리기를 바란다. 민족의 당면문제를 생각할 때 교회가 하나가 되어 난국타개의 선봉을 서야만 될 줄 안다. 미력이나마 주시는 능력으로 충성을 다함으로 성총회가 맡겨준 사명을 다하기를 기약하겠다.

해제(解題)

강신명 목사가 총회장에 당선된 후 가장 첫 번째 과제로 언급한 것은 장로교의 분열을 극복하고 일치하는 것이었다. 두 번째로는 민족의 당면과제로 보았던 것은, 공산주의 위협에 대처하는 것과 5·16 군부세력의 집권 준비 시기에 민주화의 문제였다. 이런 때에 교회가 일치하여 난국타개의 선봉이 되는 것을 과제로 보았다. 강신명 목사에게 있어서 중심 과제는 언제나 교회와 민족이었다.

2. 교단전통에 대한 해명서
⟨기독공보⟩(1963.11.25.)

1963년 11월 4일부터 ⟨크리스찬신문⟩ 제141호 2면 하단에 기재된 이수현, 정규오, 안용준 씨 명의로 "교단전통 및 교단등록에 대한 성명서"에 대하여 아래와 같이 밝힌다. 이런 것은 차라리 대답을 하지 않는 것이 좋으나 저희는 이 말 같지 않은 것을 법정에 증거 서류로 제시할 목적으로 이런 성명을 하였기 때문에 부득이 몇 마디로 해명하는 바이다. 먼저 밝혀둘 것은 총회장이라고 하는 이수현 씨는 대전총회는 구경도 못했을 뿐 아니라 여러 해 동안 총회 총대노릇을 못하다가 분열 후에 이름난 분이요, 안용준 씨는 고신 측 사람으로 대전총회까지는 우리 총회에는 그림자도 없던 분이다.[1]

이런 이들이 무슨 교단의 전통 운운하며 성명을 냈는가 하는 것이 이

---

1) 대전총회는 1959년 9월에 연동 측과 승동 측으로 분열된 제44회 대한예수교장로회 총회를 말한다. 1960년 9월 고신과 승동 측이 합동하였고 1963년 9월에 고신이 다시 분립하여 교단을 환원하였다. 이때 상당수의 교회가 고신으로 환원하지 않고 합동에 잔류하였는데 안용준 목사는 그들 중에 한분이었다.

해하기 곤란하다. 그러나 일단 저희의 글이 지상에 발표되었으니 몇 마디로 해명코자 한다.

1) 교단 전통에 대하여

대한예수교장로회 전통을 찾으려면 여러 가지 증거를 필요로 한다.

첫째, 대한예수교장로회를 누가 세웠으며 분열될 때까지 같이 있던 이들이 어느 쪽을 대한예수교장로회로 인정하느냐? 하는 것이다. 1884년에 들어온 미국북(연합)장로회, 1892년에 들어온 미국남장로회, 1889년에 들어온 호주장로회 3선교회가 지금까지 강신명 총회장 측과 계속하여 한 교단 안에서 일하고 있고 저희 중에 이수현 씨 측과 일하는 이는 한 선교회도 없다는 사실이다.

둘째, 대전총회 총대 287명 중 280명이 출석하였다고 본다. 경기노회 총대 32명을 접수하는 문제로 투표한 결과 124명(강신명 측)대 119명(이환수 측) 기권 5명으로 강신명 측 32명을 받았다. 그러면 총수는 280명이다. 경기노회 총대 중에는 강신명 측이 30명 이환수 측이 2명이므로 결국 강신명 측이 124명, 이환수 측이 121명, 기타 5명으로 봄이 정당하다. 총회총대 과반수는 141명으로 강신명 측이 13명이 초과하고 이환수 측이 20명이 부족하다.[2]

---

[2] 이 부분은 통계상의 오류가 있다. 제44회 총회에는 경기노회 총대는 전부 28명이었다. 명단 가운데 정기노회 측(이환수)과 임시노회 측(강신명)을 놓고 총대들이 투표하여 119대 124로 기권 5로 임시노회 측 총대명단을 받기로 하였다. 임시노회 측 총대 명단 28명에는 이환수 측이 2명, 강신명 측이 26명이었다. 따라서 기권표 5표를 제외하면 강신명 측은 150명이고 이환수 측이 131명이 된다.

경기노회 총대명단 목사 : 강신명, 김덕수, 한경직, 전필순, 유호준, 이태준, 용희창, 고윤

그뿐 아니라 33노회장 중 경기, 한남, 충북, 군산, 김제, 순천, 목포, 제주, 전주, 마산, 경남, 경동, 경서, 경중, 경안, 강동, 황동, 평양, 평서, 안주평동, 평북, 용천, 함남 24노회장이 강신명 측에 있고, 충남, 대전, 전서, 전남, 강원, 황남, 황해, 전북 8노회장이 이환수 측이며 함북노회는 교회도 없는 노회였다. 24노회장의 명단을 공개하라고 하면 언제나 공개하겠다.

셋째, 대전총회는 노진현 사회 하에서 정회가 되지 않았다. 280명 총대 중에서 154명이 정회에 반대하였고 121명이 찬성하였는데 어떻게 가결이 되었겠는가? 대전총회의 불법은 횡포요 자유당의 개헌파동보다 더 악하다. 이런 불법을 하였기 때문에 노진현 회장 이하 임원은 154명에게 불신임을 받았고 대전중앙교회 양화석 씨는 우리를 예배당에서 축출했기 때문에 대전에서 총회장소를 얻을 수 없어서 부득이 서울 연동교회로 올라와 계속총회로 모인 것이다. 연동교회는 제44회 계속총회인 것이다.

넷째, 총회장은 아무 독재권이 없다. 회의를 소집한 후 사회하여 모든 결의를 짓는 것뿐이다. ① 정치 30조 2항에 회장의 집권에 대하여 아래와 같이 기록되었다. "회장은 그 회를 대표하며 그 회가 허여(許與)한 권한 안에서 회원으로 회칙을 지키게 하고 회석의 질서를 정돈하며 개회폐회를 관장할 것이요. 순서에 의하여 회무를 지도하되 숙의한 후 신속한 방법으로 처단하고 각 회원이 다른 이의 언권을 침해치 못하게 하며 회장의 승낙으로 언권을 얻어 말하게 하되 의안 문제의 범위 밖에 탈선되지 않게 하고 특별사정이 발생하여 회의 질서를 유지할 수 없는 경우에는 회장이 비상

봉, 이성규, 이영희, 최중해, 김세진, 정기환, 이대영 / 장로 : 서병호, 진석오, 강만유, 유익, 이규석, 김봉충, 유지수, 강신규, 정용태, 이광옥, 석석진, 전홍경, 표재환, 허봉락(한영생 대리) 「대한예수교장로회총회 제44회회록」, 19.

정회를 선언할 수 있다."② 정치 26조 제6항에 총회의 소집에 대하여 아래와 같이 되어 있다. "총회는 매년 1회로 정예로 회집하되 예정한 일시에 회장이 출석치 못할 때는 부회장 혹 전회장이 개최하고 신회장을 선거할 때까지 시무할 것이요. 각 총대는 서기가 천서를 접수 점명한 후부터 회원권이 있다."③ 장노회 각 치리회 보통의회 규칙 제2조에 다음과 같이 되어 있다. "작정한 때에 성수가 회집하였으되 회장이 불참하였으면 총대 중 최후 증경회장(부회장까지)이 불참될 때는 회원 중에서 최선 장립된 자가 임시회장이 되어 개회하고 신회장이 취임할 때까지 시무한다."④ 동규칙 제3조는 다음과 같다. 작성할 때 성수가 회집하지 못하였고 2, 3회원만 내회하였으면, 다시 회집할 처소와 일치를 그때에도 성수가 회집하지 못하였으면 성수가 집회될 때까지 전 규례대로 행한다. 연동에서 모인 계속총회는 총대도 과반수가 모였고, 사회도 증경총회장 전필순 씨가 하였고, 총회를 소집한 것이 아니라 계속총회이므로 소집절차나 회원성수로나 불법이 없는 합법총회인 것이다.

2) 이수현 씨 측에 묻는 말

① 대전총회에서 하는 것을 본 일이 있는지요? 대한예수교장로회에서 회장하던 이가 회장 고퇴를 가지고 가면 회장권이 있고, 서기가 인장을 가지고 가면 서기권이 있는지요? 장로교회는 회의 결의로 모든 것을 처결하는 것이다. 묻노니 그 고퇴가 어디서 나왔는지 아는가? 고퇴는 김준호 장로가 깎아 준 것이고, 인장은 안광국 목사가 서기 때 새긴 것이다. 창립총회 때 고퇴와 인장은 다시 찾을 길이 없는데 고퇴나 인장에 무슨 신통

한 것이 붙어 있는 줄로 아는가?[3] 1957년에 이수현 목사는 군산 개복동 교회 교인 일부를 데리고 나가 창고 하나를 얻어 예배를 보고 군산중앙교회라고 하였다. 이 목사의 논법으로는 개복동교회 목사가 교인 얼마를 데리고 나갔으니 개복동교회라고 해야 할 것이 아닌가? 개복동교회는 못가지고 나가고 대한예수교장로회 전통을 가지고 나갔다고 하니 아마도 착각이 생긴 모양이다.

② 노진현 씨는 불신임을 받았고 또 그렇지 않다고 해도 경기노회 총대건도 해결되었으니 11월 24일까지 총회를 끌고 갈 이유도 없고 권리도 없다.

③ 경기노회 총대는 124대 119표로 받기로 결정이 되었다. 회원권도 주었다. 경기노회 총대문제로 11월 24일까지 정회할 이유는 없지 않은가?

④ 자연인 전필순 목사의 사회아래 불법집단 운운하였고, 자연인 한경직 목사 사회아래 무법총회 운운하였는데 이수현 씨는 자연인이 무엇인지

---

3) 고퇴(叩槌)는 장로교회의 의회기구인 노회와 총회에서 의사를 진행하기 위해 사용하는 의사봉이다. 고퇴의 기원은 1907년 9월 17일 독(립)노회 첫날 노회장으로 당선된 마삼열(마펫) 목사에게 노회 절차의원 편하설 목사가 은으로 십자를 세기고 청홍으로 태극을 머리에 입히고 은으로 띠를 두른 '고퇴'를 드리는 데서 시작되었다. 게일과 한석진은 의사봉의 이름을 고퇴라고 정했는데 그 뜻은 나무 망치 "퇴"에 두드릴 "고"를 결합한 것이다. 그 뜻은 두드리는 나무망치라는 뜻이다. "맛치를 맛치 아니라고 일흠을 택하면 교만할까 하야 나무맛치 퇴자를 택하"였다. 「예수교장로회대한노회록」 제1회(1907), 7, 16.
1912년 장로교 창립총회는 7개의 노회를 상징하는 7가지 색깔의 나뭇조각을 엮어서 새고퇴를 제작하였다. 「조선예수교장로회 총회회의록」 제1회(1912), 31-32.
이 고퇴는 1942년 제31차 총회 이후 서기 목사의 월남으로 분실되었다. 그리고 1946년 6월 12일 남부 총회에서 새로운 고퇴를 제작했고, 1959년 합동과 통합이 분열되는 대전 총회의 때에 주요 임원들이 합동으로 분열되면서 고퇴는 합동 측으로 갔다. 통합 측에서는 1962년 9월 20일 고환규 장로의 가족이 새로운 고퇴를 헌납하였다. "고퇴"는 교권이 교만하면 안 된다는 뜻으로 신앙의 선조들이 지은 이름이다. 또한 교권은 개인에게 있는 것이 아니라 교회 전체에 속한 것이다.

모르는 모양이다. 묻노니 이수현 씨는 법인인가? 재단법인 이수현 씨가 총회장이란 말인가? 자신이 법인인지 자연인인지 대답하시라.

⑤ 불신임 받는 노진현 씨의 사회로 한 것이 무슨 권위가 있는가? 대전총회 총대 과반수가 모이지 못한 승동 집회가 무슨 총회가 성립되는가? 이제라도 과반수의 총대명단을 제시할 자신이 있거든 제시하라. 일일이 검토하여 반박하겠다.

⑥ 새문안에서 동합 총회를 한 것은 승농 측의 불법을 깨닫고 다시 통합하여 한 총회 안에 있겠다는 이들과 중립을 취한 이들에게까지 일할 기회를 준 것뿐이다. 순천노회, 목포노회, 김제노회, 경서노회, 경중노회, 충남노회 등 많은 교회가 통합에 같이 참예하여 일하고 있지 않은가?

3) 증명

어떤 사람이든지 부모가 제자식이라고 하고 아는 이들이 그 사람의 아들이라고 하고 또 아들 자신이 자기 아버지라고 하면 이것은 어김없는 사실이다. 대한예수교장노회를 세워 육성한 3선교부가 현재까지 있으면서 자기들이 세운 대한예수교장로회의 전통을 시인하고 일제 때부터 같이 나려온 감리회, 성결교, 구세군 등의 교파가 역사적 대한예수교장노회임을 증명하고 분열당시에 총회 산하에 있던 연세대학교, 숭실대, 계성대, 여자대학, 대전대학을 위시하여 30개에 가까운 교육기관 의료기관이 역사적인 우리 총회 아래 있다고 하면 이것이 곧 정통이 되는 증거이다. 자연인 이수현 씨가 아무리 소리쳐 보아도 대한예수교장노회 전통은 강신명 총회장에게 [있음을] 부인하지 못할 것이다.

4) 교단 등록에 대하여

교단 등록은 1963년 8월 9일부로 이기혁, 강신명 명의로 되었다. 이수현 씨 측은 9월 23일까지 등록이 안 되었다고 승통 측에서 투쟁위원회까지 조직되어 떠들어 댔다. 그런데 9월 19일부로 등록이 같은 이름으로 되었다니 우스운 일이다. 9월 19일에 등록이 되었으면 투쟁위원회는 무엇 때문에 만들었으며 등록사건으로 연좌 데모한다는 소문은 왜 났는가?

또 같은 이름으로 둘이 될 수 있는가? 대한민국도 하나요, 문교부도 하나요, 민주공화당도 하나요, 대한예수교장노회도 하나다. 어떻게 두 개의 같은 명칭이 등록이 될 수 있는가? 그것도 이름이 같기 때문에 2년을 끌다가 바른 판단으로 등록을 해 주고 다시 같은 이름으로 등록해 준 것을 합법적이라고 보는가?

그러므로 본 교단은 9월 8일부로 서울고등법원에 문교부 장관을 상대하여 그 나중 등록사건에 대한 행정조처의 불법성을 지적하고 즉시 등록 취소할 것을 요구하는 행정소송을 제기 중에 있다는 것을 밝혀 둔다.

1963년 11월
대한예수교장로회 총회장 강신명 서기 김광현

3. 평신도 운동에 기대한다
〈기독공보〉(1963.12.16.)

해방된 조국에 새봄이 왔다고 기뻐하던 것도 잠깐이요 미·쏘 양군의 분할 진주가 결과적으로는 해방 20년이 다 되어가는 오늘까지 국토분열의 쓴잔을 마시고 있다. 이것은 삼천만 동포의 한스럽게 여기는 일이다.

그보다도 더 한스러운 것은 마음의 삼팔선으로써 동족끼리 의사소통이 되지 못하고 믿는 사람끼리 성도의 교제가 제대로 되지 못하며 교단과 교단 사이에 교통이 잘 되지 않는다는 것이다. 우리들의 공통된 신앙고백에 있어 대개로 주일 예배에 불리워지는 사도신경에 "성도가 서로 교통하는 것과" 하는 그대로 서로 교통함이 없고 그 길이 끊어진 것이 한스럽다는 것이다.

그런데 최근 수 년 동안 평신도 운동이 일어나면서 세계적인 평신도 운동과 보조를 맞추어 나가면서 그리스도인 본연의 위치를 찾고 사명을 수행하려고 하는 것은 분명히 기쁜 현상임에 틀림없다고 하겠다.

과거 40여 년 동안 우리 교회 안에서 면려회 운동이 평신도 지도자를 얻는데 많은 공헌을 하였다고 하는 것은 천하가 다 알고 있는 사실이거니와 이제 면려회의 연장단체라고 할 수 있는 장년 면려회가 그 체계와 목표를 일신하여 명실공히 평신도 운동으로 나간다는 것은 때에 알맞는 운동이라고 하겠다.

우리의 운동은 흔히 조직에 그치고 마는 경향과 폐단이 많다. 그러나 이 운동은 지나간 수삼 년 동안 많은 진통을 거쳐서 된 것이며 앞으로 많은 기대를 가질 수 있다고 생각한다. 따라서 이 운동이 소기에 목적을 달성하고자 하면 반드시 좋은 프로그램을 가져야 할 것이다. 체제를 잘 정비한다고 하더라도 좋은 프로그램을 갖추지 못한다면 결국 한두 번 참석하다가 떨어져 나가기 마련이다. 지나간 때 면려회가 우리나라에 처음 소개되던 일을 회상해 보라. 그것은 회원 하나하나가 순서에 동참하게 되어 있었다. 그렇기 때문에 회원마다 책임감을 가지게 되었고 또 의무도 잘 감당하였던 것이다. 그와 한가지로 대외적으로 좋은 프로그램을 가졌다. 교회 안과 밖을 막론하고 그 시대에 있어서 필요한 일들을 시행해 왔던 것이다. 그런고로 그 가치를 높이 휘날릴 수 있었던 것이라고 생각한다. 물론 오늘은 많은 변천이 있으니 만큼 꼭 같은 프로그램이 요구되는 것은 아니다. 하지만 오늘은 오늘대로 급격히 변천하는 이 사회에서 평신도로서 그리스도의 증인 노릇을 할 것이 얼마든지 있는 것이다.

많은 연구와 노력으로써 오늘 한국교회 문제와 나아가서는 사회문제에 적극 참여하여 많은 공헌이 있기를 바란다.

해제(解題)

강신명 목사의 평신도 신학사상은 어린 시절 경험했던 기독청년면려회 운동과 기독청년운동을 통해 자라났다. 강신명은 13살에 소년면려회 회장직을 맡았다. 그는 면려회 활동에 대해 다음과 같이 말한다.[4)]

> 이 젊은이들은 자신들의 신앙향상을 위해서 통상예배를 보는 것이었다. 그 순서는 지금도 생생하게 기억이 된다. 매주 통상예배에 쓸 성구와 주제가 주어지면 돌아가면서 토론하고 간증을 했다. 약 30분간 예배하는 가운데 처음 찬송과 마지막 찬송 인도를 각각 다른 사람이 했다. 기도하는 것도 한 사람이 긴 기도를 다 하지 않고 미리 주어진 문제에 대하여 한두 마디씩 몇 사람이 계속 기도를 하게 하여 각 회원들이 하나님의 말씀을 증거하는 훈련을 쌓게 하였다. 이러한 청년운동은 토론회도 가지고 웅변대회도 하여서 자신들의 의사를 자유롭게 표현할 수 있도록 하는 것이었다.
> 한편 테니스나 축구 등의 운동을 장려해서 그 기백을 살려 주고 힘을 길러 주었다. 그 당시 많이 불려지던 노래가 "인생아 권세 있느냐? 있으면 살고 없으면 죽는 것만 못하다"였던 것만 보아도 얼마나 자유를 추구했었는지 알 수 있다.

그는 1952~1953년 프린스턴 신학교에서 공부할 때 학장 맥케이(John Mackay)를 통해 에큐메니칼 신학을 배우면서 평신도 신학 사상을 접했을 것으로 보인다. 그것은 WCC 제1차 암스테르담 총회(1948)는 '평신도'에 관심을 가졌고, 제2차 에반스톤 총회(1954)에서는 제6분과를 "평신도 :

---

4) 강신명, "국민계몽", 『강신명 신앙저작집 Ⅱ』, 565.

소명 속의 기독교인"이라는 명칭 아래 독립적으로 논의하였기 때문이다. WCC가 평신도운동에 관심을 기울이게 된 것은 WCC 보세이 에큐메니칼 연구소 초대소장(1948–1955)으로 활동한 네덜란드 선교신학자 핸드릭 크래머(Handrik Kraemer, 1888–1965)의 공헌이 컸다. 그는 1958년에 『평신도 신학』을 출판했다.

한국에서는 해방 이후 청장년 평신도 운동이 부활하였으나 여러 차례 장로교 교단분열로 활성화되지 못했다. 1961년 2월 한국기독교연합회(NCCK)가 평신도국을 설치하고 각 교단 평신도 지도자들을 초청해서 평신도운동의 새로운 이해를 도왔다. 크래머의 책은 유동식 교수에 의해 1963년에 번역되었다.

1960년에 한국기독교연합회(NCCK) 총무를 역임했던 강신명 목사는 에큐메니칼 차원에서 일어나는 평신도운동을 잘 알고 있었고 예장 통합교단 안에 평신도운동을 활성화시키려는 노력을 하였다. 강신명 목사는 〈기독공보〉(1962.1.15.)에 "면려회약사"를 기고하여 평신도운동의 중요성을 강조했다. 그리고 총회장이 되어 "평신도 운동에 기대한다"는 글을 썼다.

이 글에서 민족분단 상황에서 장로교회의 교회분열이 성도 간의 교제를 끊어 놓은 현실을 아파한다. 그리고 면려회의 연장선상에 있는 평신도 운동이 한국교회의 분열을 극복하고 사회문제 해결에 기여할 수 있기를 기대하였다.

강신명 목사는 1962년에 서울장로회신학교의 교장직을 맡아서 학교를 통해 평신도 지도자와 목회자를 양성하려는 목표를 가지고 있었다.

> 더욱이 요즈음에 있어서, 일선장병과도 같은 평신도들의 사회참여가 높이 부르짖게 된 이 마당에 있어서, 우리 교회는 기설된 교회의 목회자를 공급하는 데만

멈출 것이 아니라 한걸음 더 나가 사회 각 방면 각 분야에 널려 있는 직장을 가진 평신도들의 신학적 훈련이 절실히 필요한 것입니다.5)

1965년 대한예수교장로회(통합) 제50회 총회는 "기독청년면려회"를 "대한예수교장로회평신도회 전국연합회"로 개칭하였다. 그 후 평신도회라는 용어는 12년간 사용되었으나 1977년 제62회 총회는 남전도회 전국연합회로, 1979년에는 남선교회 전국연합회로 명칭을 변경하였다.6)

---

5) 「서울장로회신학교 요람」(1964년), 1.
6) 정병준, "한국교회사에 나타난 평신도", 『하나님 나라를 위한 평신도』, 대한예수교장로회 총회평신도지도위원회 편(서울 : 한국장로교출판사, 2016).

4. 교단의 환원과 귀일을 촉구한다

〈기독공보〉(1963.12.23.)

　기쁜 성탄절을 맞이하면서 총회 산하에 있는 이천여 교회 40만 성도들 위에 하나님의 풍성하신 축복이 함께하사 평화와 번영이 있기를 빌어 마지않는다.
　돌이켜 생각해 보건대 베들레헴 적은 동리가 가이사 아구스도의 영을 따라 옛 고향에 호적하려 모여든 사람들로 인하여 들끓던 소란도 멎어지고 밤은 깊어가서 조용한 때에 자기의 직책을 따라 들 밖에서 양 떼를 지키던 목자들에게 나타나 기쁨의 좋은 소식을 전해 주던 주의 사자가 오늘 성도들의 가정을 찾아와 같은 소식을 전해 주었으면 오죽이나 좋을까 생각이 든다. 오늘 우리의 주위는 목자들이 들 밖에서 깊은 밤중에 외롭게들 깨어 있으며 양 떼를 돌본 것과 같은 환경에 처해 있는 것이다.
　철학자들이 현대를 가리켜서 고독의 때라고 말하고 있다. 전후에 인구는 격증하여 군사정부가 가족계획을 부르짖게까지 되었다. 사람은 거리가 비좁으리만큼 많다. 그러면서도 사람마다 고독을 느끼고 있다. 한 가정 안에서 아버지와 아들, 어머니와 딸, 이렇게 같이 살고 있으면서도 대화가 성립되지 않고 마음의 고독을 느끼고 있는 것이 숨길 수 없는 우리의 실정이라고 하겠다.

또 오늘 우리의 세대를 불안의 시대라고 한다. 사실 불안한 시대다. 보라 사람마다 사람을 경계한다. 사람이 찾아온다든지 혹 오다가 만나게 되더라도 그가 우리의 동족이라든지 같은 그리스도인이라는 생각보다도서 사람이 나에게 무슨 손해라도 입히지 않겠는가 하는 생각부터 먼저 하게 된다. 솔직히 말해서 사람이 무섭다는 것이다. 그래서 사람을 믿을 수가 없어 의심하고 사람 만나기를 꺼린다. 그 뿐 아니라 집집마다 문단속을 단단히 한다. 집 담장을 높인다. 그래도 시원치 않아 철조망을 두르고 사나운 개를 몇 마리씩 두어서 도적을 막아 보겠다고 한다. 마음 놓고 살 수 없는 세상이라고들 한다. 또 그것이 사실이다. 백주에 강도가 집을 턴다. 은행을 습격한다. 사람을 죽인다. 가족을 몰살시킨다. 어린이를 유괴해 간다. 잔인하게도 어린이들의 생명을 빼앗는다. 참으로 불안한 세상이다.

그런고로 좋은 소식이 그립다는 것이다. 만인이 다 함께 기뻐할 소식이 몹시도 그립다는 것이다. 주의 사자가 저 베들레헴 들 밖에서 양 떼를 지키던 목자들에게 전해 주는 "온 백성에게 미칠 큰 기쁨의 좋은 소식이" 몹시도 그립다는 말이다. 주의 사자와 한가지로 나타나 하나님을 찬송하던 천군과 천사의 노래가 이 땅 위에 아니 오늘 우리나라 위에 그대로 실현되기를 바라 마지않는다.

"지극히 높은 곳에서는 하나님께 영광이요 땅에서는 기뻐하심을 입은 사람들 중에 평화로다." 이러한 노래가 그립다는 것이 아니라 그 노래 그대로의 세계가 이루어지기를 기다려 마지아니한다는 말이다.

그러면 누가 이러한 세계를 만들 것이냐고 할 때 우리는 서슴지 않고 세상의 구주로 강림하신 예수 그리스도를 믿는 그리스도인들의 할 일이라고 하겠다. 산상보훈에서 볼 수 있는 바와 같이 "화평케 하는 자는 복이 있나니 저희가 하나님의 아들이라 일컬음을 받을 것"이라고 예수님께서 말씀하신 그대로 우리들 그리스도인은 하나님의 자녀 된 이만큼 화평케 하는 사명이 있다. 본래 예수 그리스도의 가르치심은 언제나 실천이 따랐고 교훈과 함께 친히 본을 보여 주셨던 것이다. 골로새 편지에서 바울 사도는 예수 그리스도에게 대하여 다음과 같이 증거 하였다. "그의 십자가의 피로 화평을 이루사 만물 곧 땅에 있는 것들이나 하늘에 있는 것들을 그로 말미암아 자기와 화목케 되기를 기뻐하심이다." 또 고린도후서에는 "누구든지 그리스도 안에 있으면 새로운 피조물이라 …… 저가 그리스도로 말미암아 우리를 자기와 화목하게 하시고 또 우리에게 화목하게 하는 직책을 주셨다."고 하였다. 그러니 그리스도인들은 화목하게 하는 자인 것이다.

우리 교회는 이러한 의미에서 이미 제47회 총회 때에 다음과 같은 합동원칙을 제정통과 시켰던 것이다. 즉 "우리는 독선적이고 편협한 신앙의 고집과 태도를 지양하고 역대 교회의 전통적 신앙고백인 사도신경과 웨스트민스터 신앙신조에 입각한 세계장로교회가 지향하는 노선과 긴밀한 유대를 맺고 삼위일체신관을 고백하는 다른 교회 교우와 성도의 교제를 돈독히 하고 저들과 연합하여 시대적으로 부과되는 공동사명을 완수할 것을 목적으로 하는 범위 안에서 분열된 형제들과의 통합의 길을 모색한다"는 것이 몇 차례에 걸친 분열의 상처를 입은 대한예수교장로회 총회가 교역자와 평신도를 막론하고 원칙이 없고 일정한 정견을 가진 것이 없이 교권을 노리는 무리들의 주도권 장악을 위해 수단과 방법을 가리지 아니하는 감언이설과 양두구육의 선전에 또다시 현혹됨이 없을 뿐만 아니라 우리의 노선을 밝힘으로 대담히 갈 길을 달려가기로 기치를 선명히 하였던 것이다.

이것이 희년을 맞이했던 제47회 총회가 채택 통과시킨 통합원칙이다. 제2희년을 바라보고 출발한 우리 교단은 이러한 통합원칙을 따라 계속적인 운동이 있어야 한다. 별달리 위원선정이 없다고 하더라도 독선적인 요소를 상대방에서 찾기 전에 먼저 자아 속에서 찾아내고 제거하고 나아가서는 같은 신앙신조를 가지고 같은 정치체제를 갖춘 교단들과의 합동은 절대지상의 과제라고 하지 아니할 수 없다. 실은 통합도 합동도 아니고 환원귀일이 더 바른 표현일 것이다.

그것은 누구나 숨길 수 없는 사실은 대한예수교 장로교회가 네 갈레 다섯 갈레로 나눠졌으나, 그러나 그 어느 파라도 신앙신조를 개정한 것은 전연 없다. 단지 교회행정에 있어서 정치의 약간 수정이 있을 뿐이다. 그런고로 너나 할 것 없이 하나님께서 교회를 향하여 주신 지상과제를 위해서는 우리의 경우에는 통합이니 합동이니 하는 것보다는 환원귀일이 우리의 걸어갈 길이라고 생각된다.

혁명을 거듭하고 제2공화국 제3공화국의 탄생까지 보게 된 오늘날 그리스도인의 사회참여가 많이 논의되는 마당에 있어서 사회는, 민족은, 교회를 도외시하고 또 [교회는] 백안시당하고 있다. 사회정의를 말하고 복지사회 건설을 목표하는 사람들이라도 교회의 소리에 귀를 기울이지 않는다. 그 뿐만 아니라 자체의 통일과 연합을 먼저 가지라고 반박까지 하고 있다. 이때에 우리 교회는 먼저 신앙으로 단결하고 나아가서는 평화의 복되고 기쁜 소식을 세상에 전해야 하겠다.

평화의 복된 소식을 전하며 오는 한 해에 있어서 우리의 교회는 주어진 사명과 세워진 원칙을 따라 통합에도 환원과 귀일로의 영광스런 해가 되기를 바란다.

해제(解題)

1963년 강신명 목사가 총회장으로 있던 시기 합동교단에 의해 총회는 송사에 휘말리게 되었다. 강신명은 성탄절 메시지를 통해 예수 그리스도의 화해사역을 우주론적 기독론(Cosmic Christology)의 관점에서 설명한다.[7] 예수 그리스도는 단순히 인간과 하나님 사이의 화해만을 이룬 것이 아니고, 땅과 하늘에 있는 모든 만물을 하나님과 화해하게 하시는 중재자라고 하는 관점에서 설명한다. 그리고 그리스도인들은 새로운 피조물로 화목하게 하는 직책을 받았다고 하는 점을 강조한다.

1961년도부터 장로교 재통합에 참여하는 장로교단의 중진들 사이에서 "합동"이라는 말 대신에 "귀일"이라는 표현을 사용하기 시작했다. 그것은 장로교회가 본래 하나였기 때문에 본래의 상태로 돌아간다는 의미가 있다.

강신명 총회장은 성탄절 메시지를 통해 우리 교단의 정체성을 분명하게 밝힌다. 1962년 제47회 희년총회에서 우리 교단은 교단합동의 원칙을

---

7) 우주론적 기독론은 1961년 인도 뉴델리 WCC 총회에서 독일 루터교 신학자 조셉 지틀러(Joshep Sittler)가 골로새서 1장 20절을 근거로 전개한 기독론이다. 그는 계몽주의 이래 교회가 은총에서 자연의 영역을 배제하고 은총을 인간 역사와 도덕의 영역에 한정시켰다고 비판했다. 강신명 목사가 에큐메니칼 진영에서 언급하는 우주론 기독론을 인지하였는지는 알 수 없지만, 그는 성경을 통해 자연스럽게 가져온 것으로 보인다.

아래와 같이 정했다.

> 우리는 독선적이고 편협한 신앙의 고집과 태도를 지양하고 역대 교회의 전통적 신앙고백인 사도신경과 웨스트민스터 신앙신조에 입각한 세계장로교회가 지향하는 노선과 긴밀한 유대를 맺고 삼위일체 신관을 고백하는 다른 교회 교우와 성도의 교제를 돈독히 하고 저들과 연합하여 시대적으로 부과되는 공동사명을 완수할 것을 목적으로 하는 범위 안에서 분열된 형제들과의 통합의 길을 모색한다.

이것을 풀어서 설명하면 통합교단은 사도신조와 웨스트민스터 신조를 지닌 세계장로교회의 노선을 함께 유대하며, 삼위일체 신관을 가진 다른 교단의 성도들과의 친교를 돈독히 하여 에큐메니칼 정신으로 협력하고, 배타적인 관점에서가 아니라 시대적 공동사명을 완수하려는 목적 안에서 분열된 형제들과의 통합의 길을 모색하는 것이다.

그러면서 NCC 탈퇴를 재통합의 조건으로 내세우는 사람들에 대해서 강경한 입장을 취했다. "원칙이 없고 일정한 정견을 가진 것이 없이 교권을 노리는 무리들의 주도권 장악을 위해 수단과 방법을 가리지 아니하는 감언이설과 양두구육의 선전에 또다시 현혹됨이 없을 뿐만 아니라 우리의 노선을 밝힘으로 대담히 갈 길을 달려가기로 기치를 선명히 하였던 것이다."

5. 희망의 새해를 맞이하면서 벌거숭이가 되자

〈기독공보〉(1964.1.6.)

1964년의 새해를 맞이하면서 전국에 계신 40만 성도 여러분 위에 하나님의 크신 축복이 임하기를 빌어 마지아니한다.

돌이켜 생각해 보니 지나간 1963년은 통쾌한 일도 있었으나 그러나 그것보다도 슬프고 어둡던 일이 더 많았던 것이다. 핵금지 조약이 체결된 것과 백악관과 크레므린 궁 사이에 직통전화가 가능케 되었다고 하는 것은 개인과 개인 사이에 나라와 나라들 사이에 대화가 되지 아니하고 장벽이 자꾸 높이 쌓아지는 이때에 있어서 새로운 대화의 길이 마련되어 간다는 것을 보여 주고 있다는 것을 생각할 때 마음속에서 솟아나는 기쁨을 느끼게 된다는 것이다.

그런가 하면 그보다도 우리의 마음을 흐리게 한 것은 월남에서 일어난 사태와 함께 전진하는 세대의 상징과도 같은 미국 대통령 케네디 씨의 피살 사건 등이라고 하겠다. 물론 이것은 그 뛰어난 사건의 실례에 지나지 않는 것이고 그 밖에도 세계적으로 유혈의 참극이 일어나고 있다는 것은 우리의 앞을 흐리게 하고 있다. 이렇게 밝고 어두움이 서로 엇바뀌면서 흘러간 지난 한 해 가운데서 우리들 그리스도인들의 주목을 끈 것은 로마 가톨릭교회 교황 요한 23세의 서거와 후임 바오로 6세의 등장으로 인하여 바티칸 공의회가 보다 더 대담한, 보다 더 적극적인 결의를 가져왔다는 것이다. 지금까지 갱정[개신]교회인 신교도들을 향하여 열교라고 말하고 이단시하던 태도를 지양하고 분열된 형제라고 불렀다고 하는 것과 결혼문제의 문호를 개방하였다는 것들과 함께 일반교도들이 알아듣지 못하는 라틴말로 의식집행을 그만두고 각각 그 모국어로 집례하게 하였다는 것은 분명히 대혁신이요 비약이라고 하겠다.[8] 우리 신교와 달리 그 장엄하고 이해하지 못하는 말로 하는 미사를 비롯하여 성례를 집행하는 데 매력을 가졌다면 가졌다고 할 수 있는데, 그것을 포기 지양하고 각 나라 각 방언 속으로 파고드는 운동을 목표한 것이라고 하겠다. 그런데 우리의 교회는 어떠한가 생각해 보자. 아직도 우리는 고루하고 편협한 생각에 사로잡혀서 잠꼬대를 하고 있지는 않은가? 우리는 성신을 받아서 예수의 증인으로서의 능력을 소유하고 있는가? 예수님은 승천직전에 이스라엘의 회복의 때를 묻는 사도들에게 예루살렘을 떠나지 말고 성신 받도록 기다리라고 하였다. "성신이 너희에게 임하시면 너희가 권능을 얻고…… 내 증인이 되리라"고 말씀하셨던 것이 아닌가. 우리는 장로 교인으로서 충실해야겠다. 그리고 한걸음 더 나아가서 그리스도의 사람이 되어야겠다. 그리고 우리는 길이 되신 예수님을 통하여 아버지 하나님께로 나아가서 꾸밈없는 하나님의 진실된 아들과 딸들이 되어야겠다.

---

8) 강신명 목사는 제2차 바티칸 공의회(1962-1965)에서 일어나는 변화에 대해 깊은 관심을 가지고 지켜보고 있었다.

예수님은 그의 제자들에게 어린아이와 같지지 아니하면 하나님의 나라를 유업으로 얻을 수 없다고 하셨다. 어린아이가 되어야 한다. 벌거숭이가 되어야 한다. 모든 전통과 의식과 허례를 훌훌 벗어 버려야 하겠다.

가만히 생각해 보라. 하나님 앞에 우리가 서게 될 때 로마가톨릭교회처럼 베드로나 마리아의 중개가 필요치 않은 것이 아닌가? 그러니 우리 신교도들도 루터나 칼빈이 아니요 웨슬레가 아니다. 오직 예수님을 의지하고 하나님 앞에 나아갈 수가 있는 것이 아닌가? 그렇기 때문에 우리를 둘러싸고 있는 거추장스러운 겉옷도, 속옷도 다 벗어버리고 벌거숭이 알몸뚱이로 주님 앞에 나아가자. 꾸밈없는 가식 없는 진실 된 하나님의 자녀의 본 모습을 도로 찾는 이 한 해가 되자. 우리가 장로교인 된 것으로 구원 얻는 것이 아니요, 칼빈 선생의 발자취를 따를 것이 아니라 오직 예수 그리스도만 따를 것이 아닌가? 그런고로 모름지기 우리는 먼저 꾸밈새 없는 벌거숭이가 되어 주님 앞에 나아갈 수 있어야 할 것이다. 벌거숭이가 되어지이다. 그래서 예수님을 옷 입을 수 있도록 하여야겠다. 보라 예수 그리스도를 옷 입은 바울사도의 생애가 어떠하였는가? 그의 과거의 자랑스럽던 모든 것은 다 없어지고 오직 예수 그리스도만이 그의 생의 전부가 되었고, 그래서 그는 온갖 고생을 다 겪으면서도 계속적으로 복음을 전하였고, 세계선교 사업의 터전을 마련하였다. 그런고로 오늘 우리들도 그리스도의 참된 증인이 되기 위하여 먼저 어린아이들의 벌거숭이 시절로 되돌아가야 하겠고, 거기다가 예수 그리스도를 옷 입듯 함으로써 옛 모습을 완전히 지워버리고 예수 그리스도의 증인으로서 새로운 모습을 갖추어서 계시된 복음의 좋은 증인이 되어야 할 것이다. 나라 안에서 이 복된 소식을 기다리는 사람들, 나라 밖에서 기다리는 사람들, 특히 동남아세아와 아프리카와

남아메리카가 우리의 선교사를 기다리고 있다. 마치 마게도냐 사람이 바울사도에게 나타나서 구하던 것과 같이 와서 구원하여달라고 외치고 있는데 우리는 그들에게 금도 아니요, 은도 아니요, 오직 예수 그리스도만 줄 수 있어야 할 것이다. 그런고로 먼저 자기에게서 아무것도 자랑할 것이 없는 벌거숭이가 되자는 것이다.

　새해를 맞아 주의 은혜가 늘 함께하시기를 보면서 이 글을 끝낸다.

해제(解題)

　강신명 목사는 장로교인으로 충실하자고 하면서 장로교 정체성을 강조한다. 하지만 예수 그리스도의 사람이 되는 것을 더 중요하게 생각하였다. 강신명 목사는 17세기 교파절대주의 시대의 장로교 정통주의보다는 복음주의적 장로교회를 더 선호하고 있는 것이다. 바울이 예수를 위해 모든 것을 배설물로 여기는 것처럼 복음을 위해 벌거숭이가 되자고 강조하면서, 예수의 복음의 증인으로 선교에 열중하자고 제안한다.

6. 한국교회의 자기비판과 반성

제49회 총회개회예배 설교(창 3 : 1 - 14)
〈기독공보〉(1964.10.3.)

……

오늘 본문을 통하여 여러분은 단지 하나님의 말씀에 불복종하고 거역한 인간의 모습을 한번 보시기를 바랍니다. 하나님이 금하신 실과를 따 먹은 저 아담과 하와가 무화과 나뭇잎 아래 숨어서 치마를 만들어 몸에 두르고 또 여호와 하나님이 동산에 임재한 음성을 듣고 동산 나무 가지에 숨어 있는 모습을 생각해 보시기 바랍니다.

여호와 하나님은 아담을 부르시며 "네가 어디에 있느냐"고 물으셨을 때 "내가 하나님의 소리를 듣고 두려워하여 숨었나이다" 하고 대답했습니다. 하나님께서 인간에 대한 요구와 기대가 어긋났을 때에 자주 자주 이런 형식으로 질문하신 것을 찾아볼 수 있습니다.

……

여호와께서 가인을 향하여 "네 아우 아벨이 어디 있느냐?" 하시며 질문하셨습니다. 하나님의 명령을 거역하고 불순종한 아담과 하와는 그 책임을 남에게 전가시키기 위하여 변명하고 핑계를 대더니 이제 가인은 한 걸음 더 하나님에게서 멀리 떠나 있음을 볼 수 있습니다. …… 오히려 "내가 알지 못하나이다"하고 항거하였던 것이었습니다. 우리들의 경험으로 분명히 알 수 있는 것은 인간은 언제나 변명을 하고 핑계를 대고 구실을 붙이는데, 그것은 그의 양심이 그 행동이 잘못되었다는 것을 지적하기 때문입니다.

……

한 가지 실례를 더 찾아봅시다. 열왕기상 19장에 있는 하나님의 사람 엘리야의 이야기올시다.

……

갈멜산 상의 극적인 승리와 기손강 가에서 올린 개가도 잠깐이요 이러한 모든 보고를 들은 이세벨이 "내가 내일 이맘때에는 정녕 네 생명으로 저 사람 중에 한 사람의 생명과 같게 하겠다"고 말하자 생명을 위하여 도망한 엘리야의 모습을 발견할 수 있습니다. …… 그는 다시 남방으로 사십 주야를 가다가 하나님의 산 호렙까지 가서 굴속에 들어가 유하게 되었습니다. 바로 여기서 여호와 하나님은 엘리야를 향하여 "네가 어찌하여 여기 있느냐?"하고 말씀하셨습니다. 이러한 질문에 대한 엘리야의 대답은 "내가 만군의 하나님의 여호와를 위하여 열심히 특심하오니 이는 이스라엘 자손이 주의 언약을 버리고 주의 단을 헐며 칼로 주의 선지자들을 죽였음이오며 오직 나만 남았거늘……"이었습니다.

오늘 우리는 나만이 복음에 충실하였고, 나만이 주님의 몸 된 교회를 충성스럽게 지켰고 교회의 안팎으로 오는 모든 시련을 받고 또 참아가면서 진리의 수호자로서의 임무를 완수하였다는 자부심은 없습니까? 내 교회, 내 교단, 내가 관계하고 있는 기관이 그 가시밭 험한 길을 걸어오면서도 이만큼 자라오게 한 것이 내 힘이라고 알고 모르고 간에 자부하고 자랑하지는 아니하였습니까?

여호와 하나님께서는 이 시간에도 "네가 어디에 있느냐?", "네 아우는 어디 있느냐?", "네가 어찌하여 여기 있느냐?" 하시며 말씀하고 계시는 것을 생각해 보았습니까?

"네가 어디 있느냐?" 하시는 것은 우리들 자신이나 우리의 교회가 여호와 하나님께서 기대하고 찾으시는 그 자리 그 위치에 있지 못하고 있기 때문에 하시는 말씀이 아닙니까?

"네 아우가 어디 있느냐?"는 말씀은 우리는 응당 우리의 형제와 같이 있어야 할 터인데 그렇지를 못할 뿐만 아니라, 우리의 형제의 수호자가 되어야 할 것인데 그렇지 못하고 도리어 형제를 헐뜯고 결국은 가인의 후예로서 아벨의 후손을 없애 버리려고 꾀하는 우리에게 향한 하나님의 말씀인 것입니다.

그러면서 우리는 엘리야와 같이 나는 교회의 수호자요 진리를 사수하고 하나님을 위한 유일한 충성자로 자처하고 동굴 속에 들어가 있지는 않은지요. 그 결과로 하나님께서 "네가 어찌하여 여기 있느냐?"라고 말씀하시는 것이 아니겠습니까?

여기서 우리는 주님의 죽으심을 기념하는 상 앞에서 부르심을 입어 복음의 증인으로서의 우리의 위치를 한번 생각해 봅시다. 우리는 다 같이 1964년 이라는 시간 위에 한국이라는 지역 안에서 그것도 국토가 양단된 가운데 2천6백만이라는 동포들 가운데서 부르심을 받았습니다.

또 우리는 급격히 변천되어 가는 세상에 살고 있습니다. 꿈은 현실로

화하여 우주를 누가 먼저 점령하느냐 하는 문제로 경쟁하는 세상에 살고 있습니다. 거기다가 전도의 대상인 인구의 증가는 굉장합니다. …… 예수님 당시 전 세계의 인구는 3억에 불과하던 것이 1963년 통계는 30억 선을 넘어서고 있습니다. …… 이 현상대로 가면 주후 2천년에는 70억이 됩니다. 사망률보다 출산율이 3% 더 된다고 합니다.

……

이 비율대로라면 매년 1천5백만 명의 새신자를 얻어야 합니다. 그러나 전 세계적으로 이런 결과를 얻지 못합니다. 엘리야는 동굴에서 나와서 할 일이 있습니다. 하사엘, 예후에게 기름을 붓는 일입니다.

가인이 아벨을 지켰어야만 했던 것같이 오늘 우리들의 할 일도 명백한 것입니다. 하나님과의 교통, 형제와 동포를 구호하고 말씀 전하여 복음화하는 것이 아니겠습니까.

변천하는 순간 언제 종말이 올지 모르는 사실을 기억하여 주님께서 물으시는 그 질문에 회피하지 말고 전가도 말고 "내가 여기 있나이다" 하고 겸손한 대답이 있어야 하겠습니다.

해제(解題)

이 설교는 1963년 9월 24일 제49회 총회 개회예배에서 행한 설교이다. 이 총회가 열리기 전 9월 3일 통합과 합동의 인사가 만나서 장로교 일치를 논의하였다. 그 직후 합동 측은 통합 측 교회에 유인물을 보내 "NCC 탈퇴거부가 일치를 막고 있다"고 선전했다. 이로 인해 통합총회 지도부는 분노했고 감정이 상했다. 이 설교는 이런 배경 속에서 교회의 진정한 화해와 일치를 생각하며 선포되었다.

강신명 목사는 하나님께서 아담과 가인과 엘리야에게 질문하셨던 3가지 질문 "네가 어디에 있느냐?" "네 아우 아벨이 어디 있느냐?" "네가 어찌하여 여기 있느냐?"를 통해 한국 장로교회의 자화상을 비판하고 반성할 것을 촉구하였다. 하나님의 요구와 기대에 부흥하지 못하는 모습, 형제의 수호자가 되지 못하고 형제를 공격하고 헐뜯는 모습, 그리고 세상에서 도피하여 동굴에 들어가 있으면서 스스로 충성되었다고 자만하는 한국교회의 모습을 반성하고 있다. 한국교회의 할 일은 "하나님과의 교통, 형제와 동포를 구하고 복음을 전하는 것"이다. 응답은 "내가 여기 있나이다."이다.

04

강신명 목사의 에큐메니칼 비전

1. 옛적같이 새롭게

(계 2 : 1-7, 애 5 : 21)

〈기독공보〉(1959.1.19.)

......

저 눈물의 선지자 예레미야는 유대 민족이 이민족의 침략을 받기 전에 아름답고 화려하던 것을 생각할 때 이제 눈앞에 전개되는 사실은 너무도 비참하여 "슬프다 이 성이여 본래는 거민이 많더니 이제는 어찌 그리 적막히 앉았는고. 본래는 열국 중에 크던 자가 이제는 과부 같고 본래는 열방 중에 공주 되었던 자가 이제는 조공 드리는 자가 되었도다"(애 1 : 1)하면서 거듭거듭 탄식하였던 것을 볼 수 있습니다. 말하자면 종살이 하는 민족수난기에 있어서 저들은 자유하던 그 옛날이 참으로 좋았던 것입니다. 그렇기 때문에 저는 "여호와여 우리를 주께로 돌이키소서. 그리하시면 우리가 주께로 돌아가겠사오니 우리의 날을 다시 새롭게 하사 옛적같게 하옵소서"하고 그의 애가를 기원으로 끝낸 것을 볼 수 있습니다.

오늘 본문 가운데서도 소아시아 일곱 교회 가운데서 중심적이요 가장 중요한 위치에 놓여있는 에베소가 그 시초발족(始初發足)에 있어 여러 가지

면에 있어 귀하고 아름다운 교회였으나 그러나 이제 여러 10여 년의 세월이 흘러감에 따라 그 옛날의 귀하고 아름다운 모습을 잃어버리고 말았기 때문에 오른 곳에 일곱 별을 붙잡고 일곱 금 촛대 사이에 다니는 이가 책망하시면서 잃어버린 것을 찾기 위하여 "어디서 떨어진 것을 생각하고 회개하여 처음 행위를 가지라" 권면한 것을 볼 수 있습니다.

모든 일에 있어서 어디서 어찌하여 그 귀하고 아름다운 것을 잃어버렸는지? 그 은혜스런 지위에서 떨어졌는지를 생각하고 밝힌다고 하는 것을 원상 복구하는 데 힘이 되고 과오와 실수를 청산하고 새로운 출발을 하는 데 도움이 되는 것은 더 말할 필요가 없다고 생각합니다.

이스라엘의 선지 엘리사 때에 된 이야기올시다. 선지학교의 생도 수는 많고 그 거처는 협소하여 저들은 서로 의논하고 엘리사를 모시고 요단으로 가서 벌목하여 가지고 와서 선지학교를 증축하기도 하였던 것입니다. 그런데 그중의 "한 사람이 나무를 벨 때에 도끼가 자루에서 빠져 물에 떨어진지라. 이에 외쳐 가로되 아하 내 주여 이는 빌려 온 것이니이다." 하면서 하나님의 사람 엘리사 앞에 나와서 탄식을 하게 되었던 것입니다.

이것을 본 하나님의 사람은 그를 향하여 "어디 빠졌느냐?"고 묻고 그 자리를 알고는 나무 가지를 베어 물에 던져 도끼를 떠오르게 하여 그 사람으로 하여금 취하게 하였다는 이야기가 열왕기하 6장에 있습니다.

이와 같이 어디서 잃어버렸는지를 바로 알아야겠습니다. 선지학교의 생도가 그 도끼가 어디에 빠진 것을 바로 알 수 있었기 때문에 도끼를 쉽게 도로 찾을 수가 있었습니다.

누가복음 15장에 있는 저 유명한 탕자의 비유에서 보더라도 흉년든 그 땅에서 궁핍하게 된 탕자가 돼지우리 곁에서 돼지 먹는 쥐엄 열매를 손에 쥐고 자기의 가련하고 비참한 신세를 탄식할 때 저는 신세타령으로 일삼지 않고 자신이 당하고 있는 오늘의 비극은 양식이 풍부한 아버지의 집을 떠나 온 것임을 깨닫고 저는 아들의 대우를 받을 자격을 상실하였기 때문에 아들이 아니라도 품꾼의 하나가 되어도 아버지의 집으로 돌아가야 한다는 것을 깨닫고 돌아감으로써 모든 것을 회복하게 되었던 것이 아니겠습니까! 그러므로 처음 것을 도로 찾아 옛날같이 은혜스런 생활을 새롭게 하기 위하여서는 먼저 어디서 은혜가 떨어졌는지 살펴보아야 한다는 것입니다.

오늘 손에 일곱 별을 붙잡고 금 촛대 사이에 다니시는 예수 그리스도께서 에베소 교회를 보실 때 저들의 행위와 수고와 인내는 가상할 만한 것이었습니다. 저들은 악한 자들을 용납하지 아니하였고, 자칭 사도라 하되 아닌 자들을 시험하여 그 거짓된 것을 밝히 드러내었으며, 주의 이름을 위하여 환난에 참고 견디었습니다. 말하자면 에베소 교회는 진리사수와 신앙보수에 특별하였던 것을 주께서 인정하셨습니다. 그러는 가운데 저들은 제일 귀한 처음 사랑을 잃어버렸습니다. 가장 순결하고 깨끗한 첫사랑을 잃어버렸던 것입니다. 그러므로 어디서 떨어졌으며 잃어버렸는지 생각하고 찾아보라고 주께서 권면하셨던 것을 볼 수 있습니다.

교리가 귀하고 신조가 소중하지만 예수 그리스도 안에 계시된 사랑은 더욱 귀하다는 것입니다. 예수 그리스도의 십자가 위에서 나타내신 사랑은 더욱 더 귀함을 보여 주고 있습니다.

오늘 한국교회가 에베소 교회와 같은 입장에 처하여 있는 것은 아닐까요? 금년이 바로 선교 75주년에 해당하는 해인데 1934년 선교 50주년 희년을 지낸 이후 25주년을 맞이하면서 지나간 4반세기 동안 자유주의 신신학을 방지하여 온다는 동안에 교회는 확실히 처음 사랑을 잃어버린 것이 아니겠습니까?

성경도 제대로 읽거나 연구하지도 아니한 교인들의 입에서 아무개는 신신학 아무개는 자유주의니 이단이니 하는 말을 아무거리낌이나 주저함이 없이 함부로 탕탕 말하고 있는 것은 무엇보다 이 처음 사랑을 잃어버렸다는 증거가 아닐까요? 벌써 5, 6년 전 이야기올시다마는 신학생들 가운데서 어린 학생들이 가장 건전하고 온건한 보수주의 선생을 이단이니 신신학이니 하고 떠들었다는 이야기를 듣고 나는 놀라는 정도가 아니라 언어도단이라고 말하지 아니할 수 없었습니다.

이러한 일들을 한마디로 단언해 말한다면 이는 분명히 진리보수의 지나친 열심이 신학의 제1과도 공부하지 못한 사람들이 보수적인 교수를 심판하리 만큼 사도가 어지러워지고 사랑이 식어졌다는 것을 말하는 것이라고 생각지 아니할 수 없습니다. 그러므로 옛적같이 새롭게 은혜스런 교회가 되기 위해서는 잃은 것을 도로 찾아야 하겠습니다. 처음교회가 가지고 있던 우리 한국교회의 아름다운 전통을 다시 회복하여야겠습니다만 신학을 모르면서도 신학을 아는 체하는 병통을 없애야 하겠습니다.

자기만이 예수 믿는 사람이요 다른 사람은 다 잘못 믿는 것처럼 생각지 말고 교역자가 참다운 크리스천이 되어야 하겠거든 하물며 우리들 평신도들이겠습니까? 그러므로 우리는 먼저 오늘 우리의 신앙 태도의 반성과 회개가 있어야겠습니다. 그리고 20세기의 오순절 예루살렘 교회로 세계의 알려진 한국교회는 정말 예루살렘 교회의 그 귀하고 아름다운 모습을 회복하여야 하겠습니다. 아니 우리의 새문안교회가 먼저 이 은혜를 회복해야겠습니다.

그러면 예루살렘 교회의 은혜스런 고귀한 모습은 무엇이었던가요? (1) 날마다 마음을 같이하여 성전에 모이기를 힘썼고 (2) 성찬과 애찬을 기쁘고 순전한 마음으로 가졌으며 (3) 하나님을 찬미하고 경배하였고, (4) 저희가 날마다 성전에 있든지 집에 있든지 예수는 그리스도라 가르치기와 전도하기를 쉬지 아니하며, (5) 재산과 소유를 팔아 각 사람의 필요를 따라 나눠 주기를 힘썼던 것입니다. 이것만이 우리 교회의 부흥의 길이라고 믿어서 이것을 목표로 하고 나아가기를 바랍니다.

해제(解題)

이 설교는 1959년 1월 초 새문안교회에서 하였다.

엘리사의 생도가 자기가 도끼를 빠뜨린 장소를 정확히 알았고, 탕자가 자기가 돌아가야 할 곳을 정확히 알았기 때문에 문제를 해결할 수 있었던 예를 사용하였다. 또한 요한계시록의 7교회 중 에베소 교회는 진리사수·신앙보수에는 열심을 내었으나 첫사랑을 잃어버려 책망을 받은 사실을 상기하면서 이것을 한국교회에 적용하여 설명하였다.

한국교회는 1934년부터 보수주의 대 자유주의 신학논쟁이 시작되었다. 한국의 보수주의는 주로 선교사들로부터 이어받은 것이고 일제 시대를 거치면서 세계교회와 단절을 경험한 근본주의 신학전통이었다. 1950년대에 들어와서 박형룡 교수를 중심으로 한 평양신학교 전통을 수호하려고 하는 보수 세력과 세계 에큐메니칼 운동과 교류하려고 했던 세력들 사이에 갈등이 벌어졌다. 특히 1958년 장로회신학교 교장 박형룡 교수가 3,000만 환을 사기 당한 후 교장직에서 실각하게 되자, 박형룡을 지지하던 NAE(한국

복음주의협의회) 그룹은 WCC 에큐메니칼 운동을 가리켜 용공, 신신학, 단일 교회를 추구한다거나 공산주의, 자유주의, 천주교와 일치를 추구하는 운동이라고 선전하면서 한경직, 안광국 등 에큐메니칼 지지자를 매도했다. 이런 분위기 안에서 신학이 무엇인지 알지 못하는 평신도들까지도 자신들의 지도자를 신신학자로 매도하는 분위기가 일반화되어 버렸다.

강신명 목사는 교리를 수호한다는 명목 아래 그리스도의 사랑의 공동체를 파괴한 행위를 교회 분열의 주 원인으로 보았고 그 첫사랑을 회복하는 것이 교회의 본질을 회복하는 길이라고 보았다.

2. 나의 증인
「기독교사상」(1960. 3.)

"땅끝까지 이르러 내 증인이 되리라"(행 1 : 8).

아가야의 서울 고린도에 있는 하나님의 교회는 세운지 얼마 되지 않아 분쟁이 일어났다. 저들은 다 각각 바울파와 아볼로파 그리고 게바파로 나뉘었다. 누구보다도 이 소식을 듣고 놀라고 슬퍼한 사람은 바울 사도였다. 바울은 제2차 전도여행 시에 아덴으로부터 이곳에 와서 1년 반을 유하며 예수 그리스도의 복음을 전하였다.

바울은 자기의 사명과 고린도의 실정을 아울러 생각할 때에 "사람의 말과 지혜의 아름다운 것"으로 하지 아니하였던 것이다. 그는 자기 자신이 누구인가를 명백히 하였고 "예수 그리스도와 그의 십자가에 못 박히신 것 외에는 아무 것도 알지 아니하기로 작정"하였던 것이다.

그런데 이제 고린도에 있는 하나님의 교회 안에서 바울에게 속한 자가 있다는 것이다. 그러므로 놀랄 수밖에 없었으며, 참으로 슬펐던 것이다. 그래서 바울은 이러한 신앙태도를 시정할 필요성을 느끼고 붓을 들게 되었다. "그리스도께서 어찌 나뉘었느뇨? 바울이 너희를 위하여 십자가에 못 박혔으며 바울의 이름으로 너희가 세례를 받았느뇨?" 아니라는 것이다. 그리스도는 한 분뿐이며, 우리의 구원을 위하여 십자가 위에서 대속의 죽음을 하신 이도 예수 그리스도 외에 없으며, 또 있을 수도 없다. 그런고로 바울은 "나는 심었고, 아볼로는 물을 주었으되 오직 하나님은 자라나게 하셨나니, 그런즉 심는 이나 물주는 이는 아무 것도 아니로되 오직 자라게 하시는 하나님뿐이니라"고 말씀하였던 것이다(고전 1, 2, 3 참조).

유대인들이 예루살렘에서 제사장들과 레위인들을 요한에게 보내어 "네가 누구냐?"고 묻게 된 것은 세례 요한이 요단강 부근에서 죄 사함을 받게 하는 회개의 세례를 전파하자, 모든 사람이 죄를 자복하고 요단강에서 요한에게 세례를 받게 된 까닭이었다. 거기에는 바리새인과 세리, 그리고 군병들도 사죄함을 얻기 위하여 요한의 지도를 받았다.

요한은 진정 사죄의 길을 찾는 세리와 군병들과 대중에게는 친절을 보였으나 가면을 쓰고 나온 바리새인들을 향하여는 세례 주는 것을 거부할 뿐만 아니라 "독사의 자식들아 누가 너희를 그르쳐 장차 올 진노를 피하라 하더냐"(누가 3 : 7)고 책망하면서 무슨 심판에 대비하여 회개하는 것이 급선무인 것을 말하였다.

아마도 이러한 눈부신 세례 요한의 활동은 이스라엘의 구속자 메시아를 기다리는 사람들의 주의를 끌게 되었던 것이다. 그리하여 유대인들은 예루살렘에서 제사장들과 레위인들을 파견하여 그 실정을 조사 보고하게 하였다. 그들이 "네가 누구냐?"고 물을 때에 요한은 저들의 생각하는 바를 알았는지라 "나는 그리스도가 아니라"고 대답하였다.

출세와 영달을 꿈꾸는 사람들에게 천재일우의 절호의 기회였다. 전후 한국에 있어서 각계각층에 "내로라"는 부족이 우후죽순처럼 일어나는 이 사회에서 생각도 할 수 없는 일이다. 일반 사회는 그만두고라도 교회 안에서도 제각기 자기긍정에 눈이 붉어 돌아가는 꼴이란 차마 못 볼 노릇이 아닌가? 세례 요한은 "나는 아니라"고 그 입장을 명백히 하였다. 그리스도의 선구자 엘리야도 예언자도 아니라 "주의 길을 곧게 하라"고 광야에서 외치는 자의 소리라고 하였다. 뒤에 오시는 그러나 실상은 자기보다 먼저 계신 자 그리스도를 증거 하기 위하여 아무 반응도 기대할 수 없는 광야의 소리라는 것이다. 얼마나 담담한 태도인가? 조그마한 욕망도 그에게는 없다. 그의 존재까지도 부정하고 있다. 소리! 그 형체를 볼 수 없고 손에 잡을 수도 없다. 사람의 입에서 한번 외친 다음, 넓으나 넓은 광야에서 산울림도 되지 않는 영원히 그 형제를 찾을 수 없는 소리가 요한 자신이라고 하였다(요한 1 : 19 – 28 참조).

예수님은 분명히 그의 제자들에게 먼저 성령의 능력을 받아서 "나의 증인"이 되라고 하셨다. 오직 성령만이 십자가 위에서 수욕의 죽음을 당하신 예수는 "살아계신 하나님의 아들이요 그리스도 주시라"고 증거하게 하신다.[1] 부활하신 예수는 이스라엘 민족 대망의 메시아이심을 밝히신다.

오순절 성령강림 이전의 사도들의 생각은 언제나 자기중심이었다. 그래서 자기의 영달을 위한 도구처럼 그리스도를 생각하였기 때문에 출세를 목적하고 그리스도를 이용하려 하였고 이용가치가 없을 때 팔아먹고, 버리고, 달아났던 것이다. 그러나 성령 받은 후 저들은 증인으로 충성을 다하였다. 심지어 환난과 핍박을 참고 견디었고 순교와 죽음도 달게 받았던 것이다.

---

1) 고린도전서 12 : 3

우리는 그리스도의 증인이다. 그러므로 자기 스승이나 자기 학교나 그룹이나 심지어 교파의 증인도 아니다. 이것은 참일까? 내가 예수 그리스도의 증인이라는 것이?

해제(解題)

강신명 목사는 1960년 3월에 이 글을 「기독교사상」에 투고했다. 이 글이 쓰인 시점은 제44회 총회(1959년 9월) 이후 연동 측과 승동 측 사이에 재합동운동이 실패하고 1960년 2월 27일 새문안교회에서 연동 측, 중립 측, 3개 선교부가 연합하여 통합총회를 확립한 직후이다.

교단분열을 경험하면서 강신명의 에큐메니칼 사상은 구체적으로 목회와 신학교육에서 나타나게 된다. 그는 바울이 자기는 심는 사람이고 아볼로는 물 주는 사람에 불과하다고 자기부정을 하였음을 강조한다. 또 세례 요한도 자신은 그리스도가 아니라 광야의 소리라고 자기 부정을 하였음을 지적한다. 모두가 그리스도의 증인에 불과한 것이다. 그리고 그리스도를 출세의 목적으로 이용했던 성령받기 전 제자들의 모습을 지적하면서 그것이 한국교회 안에 일어나고 있는 모습임을 은유적으로 설명한다.

끝으로 스승, 학교, 그룹, 교파의 증인이 되지 말고 예수 그리스도의 증인이 되라고 한다. 스승은 ○○○ 목사요, 학교는 평양신학교요, 그룹은 NAE 파요, 교파는 장로교 교파주의를 암시하는 느낌을 준다.

3. 앞으로 10년간의 나의 계획

「기독교사상」(1961.3.)

나는 신학교 졸업반에 있을 때 전부터 오래 생각하던 미국 유학을 계획하고 선배 친구에게 문의도 협조를 받아서 미국에 있는 어느 신학교에 우선 입학원서를 청한 일이 있었다. 그러나 교회의 초청이 너무도 간절하여 제3학기 한 학기를 남겨 두고 친구들의 권유와 은사들의 격려를 받고 교회로 가면서[2] 3년만 교역의 경험을 쌓은 다음 미국 유학을 가기로 결심도 하고 교회의 양해도 사전에 받고는 갔으나, 일제 군국주의자들의 발호로 인하여 부임 후 몇 달 못 되어서 중일전쟁 – 소위 지나사변이라고 부르는 것 – 이 터지고, 계속하여 제2차 세계대전으로 전개되고 보니 미국 유학은 둘째 문제요, 목회를 계속하느냐? 그만 두느냐? 사느냐? 죽느냐? 하는 보다 더 절박한 문제에 부딪치고 말았던 일이 편집인으로부터 이 제목으로 글을 써 달라는 부탁을 받을 때부터 머리에 떠오르고 있다. 그리고

---

[2] 강신명은 웨스트민스터 신학교에서 공부를 하고 싶어 했으나 김석찬 목사의 강력한 권고로 1938년 8월 평북노회에서 목사안수를 받고 선천남교회의 동사 목사로 부임했다.

지금 내가 반백을 세게 되고 목회 생활의 4반세기를 넘어서면서 내게도 생활의 설계도가 있었던가 싶으리만큼, 과거의 걸어온 길이 무궤도함을 느끼게 될 때 이 제목을 가지고 글을 써야 할 것인가 하고 주저하는 마음도 일어나고 있는 형편이다.

내게라고 꿈이 없었고 계획이 없었던 것이 아니지만, 오늘에 와서 회고해 볼 때 부끄럽고 한심하기 짝이 없는 이 마당에 무슨 설계도랍시고 그려 놓을 용기가 나지 않는다는 것이다. 더군다나 작년도 4월 정치적 변혁 이후[3] 한국 각계각층의 모든 실정을 냉철하게 관찰하여 볼 때, 이러한 글을 쓰는 것조차 실없는 일처럼 생각이 드는 것도 숨길 수 없는 솔직한 심정의 고백이다. "갈아 보았자 별 수 없다", "그게 그거"라고 하는 국민의 소리를 들을 때마다, "소망이 없다"는 말을 공석에서나 사석에서 의식적이거나 무의식이거나 간에 나도 하고 남들도 말하게 되는데, 무슨 십년 계획까지 세울 수 있을까? 하고 생각도 해 본다.

이러면서도 나는 편집인의 청을 거절하지 못하고 독촉이 있을 때마다 써 보겠다고 대답하고, 또 사실 쓸 생각을 포기하지 않았다. 거기에는 두 가지 이유가 있다. 하나는 무궤도하고 무계획한 것 같은 내 생활에 새로운 것도, 신기한 것도, 그리고 장한 것도 아니지만 설계도 하나를 그려서 뿔류·푸린트[4]라도 해 두고 공사를 진행하는 것이 좋을 것같이 생각이 된 것이고, 다른 하나는 내 계획이 무슨 신통한 것은 아니라고 하더라도 기독교사상이라는 수레를 타고 가두행진을 하는 가운데 행여나 어느 한 사람이라도 그 설계는 내 마음에 꼭 든다고 해서 나보다 모든 조건이 구비되어

---

[3] 1960년 4.19학생 혁명을 말한다.
[4] 블루 프린트, 즉 청사진을 뜻한다.

건설에 착수하여 완성을 볼 수 있다면 그와 나는 동역자요, 동조자의 이름을 가질 수 있을 것이 아닐까 해서이다.

1.

우리가 살고 있는 시대를 가리켜서 우주시대라고 한다. 그러나 내가 발붙여 살고 있는 땅은 한국이라는 제한된 지역이다. 그러니 계획하는 것도 자연 이 테두리를 벗어나지 못할 것이다.

또 내가 신학교를 나와서 목사로 안수 받고 줄곧 교회를 섬겨왔고, 취미에 따라 교육기관에도 관계를 하여 보았고 지나간 십여 년 동안 신학교육에도 시간적으로 관계를 맺고 있느니만큼, 자연 나의 꿈, 나의 계획은 이 범주를 벗어날 수는 없을 것이다.

오늘의 우리의 때는 분명히 어두운 시대다. 정치가들은 신의가 없다. 국민과의 공약을 곧잘 버리고 시치미를 뗀다. 오늘의 학원은 밖으로 번쩍하는 건물과 간판을 걸고 있으나, 고질화한 것은 부정입학과 학원모리가 그대로 계속되고 있지 않는가? 안면방해라고 소송을 당하리만큼 새벽 4시부터 예배당 종소리가 요란스럽게 울려 나와도 성남성녀라는 이름을 가지고 싸움들을 일삼고 있으니 교회도 세상 앞에 존재의 의의를 잃어버렸다고 하겠다.

그러나 사람들은 빛을 찾아 헤맨다. 살겠다고 아우성을 치며 몸부림치고 있다. 이 우주에는 하나님의 자녀들이 나타나서 참 빛을 비춰 주기를 갈망하고 있다.[5] 이러한 사실을 생각할 때 주제 넘는 생각이 될는지 모르지만은 이 계획서가 보다 더 나은 세계 건설을 위한 제안서 같은 역할이라도 할 수 있을 것이 아닐까?

---

5) 로마서 8 : 19

2.

요사이 와서 우리들이 매주일 예배시간에 꼭 외우고 있는 사도신경의 "거룩한 공회와 성도가 서로 교통하는 것과" 하는 부분을 다시금 생각하게 된다. 목사가 설교의 청탁을 받거나 집회를 인도해 달라는 부탁을 받을 때, 그 교회가 어느 파에 속하였느냐고 묻는 경우가 많다. 해방 전 우리 교회를 생각해 보면 선배들은 각각 타 교파 목사들을 지교회나 또는 연합적으로 모셔다가 말씀을 듣고 배우고 하였다. 그러나 오늘날은 세계가 이웃집처럼 되어서 좁아진 탓인지 사람들의 마음 그것도 예수 믿는다는 사람들의 마음도 좁아진 것 같다.

족보를 따진다. 그러면 젊은 세대는 반발하는 것을 보곤 한다. 다 늙어 빠진 영감들 지금이 어느 때라고 우주정복을 경쟁하고 있는 이 마당에 족보 타령이냐고 코웃음을 친다. 꼭 같은 일이 교회 안에서 반복되고 있다. 정계에도 교육계에도 되풀이되고 있지 않는가? 한심한 노릇이요, 기가 막힌다. "성도가 서로 교통하는 것과" 하는 전통적인 신앙고백의 대목을 삭제해 버려야 할 것인가, 그렇지 않으면 사도신경 전체를 사용 금지령이라도 내리겠다는 것인지 어찌하자고 예수는 믿는다고 하면서 세리와 죄인들까지 찾아다니던 예수님을 보지 못하고 바리새인들처럼 자파 아닌 신자는 원수시를 하리만큼 장벽을 쌓고 있는지 알 듯하면서도 정말 모를 일이다. 내가 만약 앞으로 10년을 더 살기로 하고 일을 할 수도 있다면 성도들 사이에 막힌 담이나 헐어 볼까 생각한다.

그제야 기도를 제대로 하지 않겠는가? 형제 사이에 장벽을 쌓아 놓고 드리는 기도가 어떻게 하나님 앞에 상달하겠는가 생각해 보라. 우리들이 다 같이 예수님의 보혈로 속죄함을 받았고, 그 피로 연합하여 한 몸이 되었는데 이 생명의 피가 순환을 제대로 못한다면 그것은 병든 몸이요, 심한 경우는 죽음을 의미하는 것이 아니겠는가?

3.

누군가 한국에 있어 신학교 무용론을 들고 나왔다고 한다. 있음 직한 소리다. 빈들에서 외치는 세례 요한의 소리라고나 할까? 요한의 부르짖음에는 그 반응이 컸다. 예루살렘을 위시해서 온 유대가 움직였다. 세리들과 군인들과 예루살렘의 종교 지도자층까지 동원되지 않았던가? 그러나 신학교 무용론은 그다지 큰 반응이 없는 것 같다. 아마도 그렇게 주장하고 글쓴이는 우리 한국의 실정으로는 신학교가 너무 많다는 이야기일 것이다. 신학교가 많고 학생이 많고 거기 따라서 졸업생의 수도 많다. 그러니 교역자의 수도 많을 것이 아닌가? 이렇게 되고 보니 교계에 일어나는 사태들을 보면 전날에는 듣도 보도 못한 것은 물론이요, 생각조차 못하는 일이 생산과잉으로 인하여 야기되고 있지 않는가? 참다운 말씀에 전달자는 찾아보기가 힘들고, 직업화한 신학교 졸업자들은 교계를 뒤흔들어 놓고 있지 않느냐는 말이다.

그러나 그렇다고 신학교를 없앨 수는 없다. 그럴수록 신학교다운 신학교가 있어서 부르심에 대한 확실한 증거를 가지고 말씀의 뜻하시는 바가 무엇인 것을 정확히 파악하여, 어떠한 난관에 부딪치더라도 굴하지 않고 출세와 영달을 도외시한 예언자들의 훈련이 필요하지 않겠는가?

신학교는 정치 훈련도장이 아니다. 정당인들의 자파 투사 훈련장소가 아니다.[6] 이는 분명히 어린 사무엘이 성소에서 수종들 때에 부르시는 음성을 듣고 "주여 말씀하시옵소서. 종이 듣겠나이다"고 말하던 것처럼, 성

---

6) 이 부분은 신학교들이 특정인의 자파 세력 확장에 이용되고 있다는 점을 지적하고 있다.

신의 감동하심을 따라 하나님의 음성을 듣는 곳이 되어야 할 것이다. 선생의 말을 듣고 위하고 따라가는 가운데 오늘의 한국 교계가 시대에 역행하며 소란한 것이 아니냐? 물론 나도 기독교의 복음 자체를 속화시키자는 것은 아니다. 그러나 하나님께서 이제 이 나라에서 우리에게 하라고 말씀하시는 음성을 듣고, 교회가 오늘 한국에서 존재하는 의의를 알아야 한다는 말이다. 루터나 칼빈이나 웨슬레가 위대한 것을 부정할 자가 없을 것이다. 그러나 우리의 교회는 루터나 칼빈이나 웨슬레의 것이 아니라는 것을 다 알고 있는 것이 아닌가? 예수 그리스도의 피로 속량하여 세운 것이 아닌가? 그렇기 때문에 그리스도는 교회의 머리요, 교회는 그 몸이라고 하지 않는가? 그런데 오늘 한국교회에는 웬 머리가 그렇게 많은지 알 수 없다. 이것을 분명히 신학교육에 결함이 있었다고 본다.

　신학생을 보낸 담임목사들의 그릇된 지도와 신학생의 소명감의 불철저한 것과 학교당국의 신학교육의 근본목적을 망각한 학교 운영이 오늘 한국교회의 혼란을 가져왔다고 볼 수 있다.

　교회 목사들이 교회 청년 가운데 조금만 열심이 있으면 신학교에 가라고 권한다. 또 신학교에 가려는 청년이 있으면 소명감의 유무와 결심과 각오에 대한 것을 살펴보지도 않고 추천한다. 거기다가 학생 자신들이 소명감에 철저한 각오도 없이 신학교로 간다. 또 그중에는 학교에 갈 길은 없고 하니 신학교나 가서 소일이나 하는 사람도 있다. 그러니 신학생들의 학교생활을 일반 대학생활과 같이 생각하니 병은 시작되고, 자라서 직업적인 훈련을 받고 교회로 진출한다. 거기다가 신학교 운영당국자들이 학교 행정에 있어서 학생들에게 주는 인상도 하나님의 종들을 훈련한다는 것보다는 일반학교 행정과 같다고 생각될 때 자연 저들의 인격형성에 그대로 반영되어지는 것이다. 학생의 등록금으로 학교 운영을 하고 그러니 학생 수의 확보 등에 급급한 것이 직접 교계로 나가서 일할 때에 본뜨는 것이 아닌가. 그런고로 현재 몇 시간 신학교에 나가 돕고 있느니만큼 앞으로도 이 방면에 성의를 더 써 볼까 한다.

4.

끝으로 아무래도 교회는 땅끝까지 복음을 전해야 할 터인데 이에 대하여 공동전선과 연합전선을 펴야 할 것이다.[7] 아무리 연합운동에 장애가 많다고 하더라도 우리는 먼저 그리스도인으로서 참되고 그리스도의 복음의 사자로서 충실하자면 이 천국 건설의 대열을 지어 보조를 맞추어서 진군할 것이 아닌가? 그런고로 에큐메니칼 운동은 오늘 우리 한국교회에 있어서 적극 추진해야 할 하나님의 지상 명령이요, 초견의 급한 당면과제라고 생각한다.

하나님께서 허락하사 앞으로 10년을 더 주님의 몸 된 교회를 섬길 수 있다면 이렇게 별로 신통치 않은 것 같은 일이지만 나는 힘껏 하여 보련다. 내가 믿기는 이 땅 위에 하나님의 나라 건설에 좀 느린 길 같으나 이것이 틀림없는 길이라고 생각하고 이렇게 계획을 세워 보는 것이다.

해제(解題)

이 글은 강신명 목사의 목회 청사진과도 같은 글이다. 강신명 목사는

---

7) "복음을 위한 공동과제", 「기독교사상」 1969년 5월호를 보라.

향후 10년이 주어진다면 세 가지를 하고 싶다는 포부를 밝힌다. 첫째, 교파주의로 갈라진 교회의 하나 됨을 위해, 교파주의 목사들이 막아 놓은 성도들 사이에 막힌 담을 허는 일을 하고 싶다는 뜻을 밝혔다. 둘째, 올바른 신학교육에 기여하고 싶다고 한다. 셋째, 선교를 위한 에큐메니칼 공동전선을 이루어 하나님 나라 건설에 기여하겠다는 의지를 밝힌다.

강신명 목사는 총회야간신학교에 강의를 하면서 올바른 신학교 건설의 뜻을 세웠다. 1962년 9월 그는 총회야간신학교의 교장이 되어 서울장로회신학교를 새롭게 세워갔다. 그는 1961년에 서울장신대학교의 방향을 이미 마련해 놓았다.

① 성신의 감동을 따라 하나님의 음성을 듣는 곳
② 교회가 한국에 존재하는 의미를 알게 하는 곳
③ 교회는 예수의 몸 된 교회라는 에큐메니칼 신학교육을 하는 곳

두 번째로 강신명 목사는 1963년에 총회장이 되어서 장로교 연맹체를 만들기 위해 노력했다. 그는 1964년부터 부산으로 다니면서 합동 측과 만났다. 1965년 9월 총회 헌의안을 올렸고, 합동, 기장, 통합의 대표가 첫 모임을 가졌다. 하지만 이 모임은 실패했다.

세 번째로 강신명 목사는 선교의 공동전선과 연합전선의 필요성을 생각하면서 1968년 1월에 "한국기독교선교회"를 발족했다. 또한 1977년 5월에는 11개 선교단체를 하나로 모아 한국기독교선교단체협의회를 만들고 회장을 역임하였다.

4. 성서로 본 노동문제

(마 20 : 1 - 16) (설교, 1961.3.)

해마다 3월 10일은 나라가 제정한 노동절인데 노동의 신성함을 재인식시키며 아울러 근로 대중의 권익을 보장하는 것이 그 중요한 목적이라고 하겠습니다. 이와 보조를 맞추어서 대한 예수교장로회 총회는 해마다 3월 둘째 주일을 노동주일로 정하고[8] 같은 정신을 강조할 뿐만 아니라 급격한 변천 속에서의 공업면의 급격적인 발전과 도시로의 인구집중은 교회가 구태의연한 전도운동으로써는 여기에 적응할 길이 없다는 것을 알고 특수한 전도 방법을 생각지 아니할 수 없게 만들었다고 하겠습니다. 그래서 노동주일과 산업전도 문제가 특별히 제2차 세계대전 이후 교회의 주요 과제로 등장하게 되었고 우리나라에서는 동란 이후에 교회의 연합 사업으

---

8) 1960년 9월 제45회 총회는 전도부의 청원을 받아들여 3월 10일 노동주일 이후 한 주간을 '산업전도주간'으로 지킬 것을 결정했다. 이것은 전국적으로 모든 교회들이 "산업전도를 위한 신앙활동을 장려하고 교회의 노동사회에 대한 관심을" 확대하려는 목적이 있었다. 오철호, 『산업전도수첩』(산업전도위원회, 1965), 36.

로 이 문제를 취급하였으나 다른 교파의 협조를 얻지 못하고 결국은 총회 전도부 산하에 별도로 산업전도위원회를 조직하고[9] 상임간사를 두어 일하는 가운데 국내 국제적으로 긴밀한 연락을 취하면서 일하는 가운데 상당한 진전을 보이고 있다고 하겠습니다.

그러나 아직도 일반 교우들에게까지 충분히 주지되어 있지는 못하다고 하겠습니다. 그런데 오늘 설교제목을 "성서로 본 노동문제"라는 거창한 제목을 붙였습니다만 이 거창한 문제를 제한된 시간에 다 다룰 수는 없다고 생각합니다. 그러므로 신구약 성경을 통하여 노동문제에 관련된 것들을 간추려서 생각하는 가운데 교회가 노동문제를 어떻게 보며 또 하여야 할 일은 무엇이겠는가를 살펴보고자 하는 것입니다.

우리 총회 산업전도위원회가 표어요 또 요절로 쓰는 성구는 요한복음 5장 17절로서 "내 아버지께서 이제까지 일하시니 나도 일한다"는 예수님의 말씀입니다. 예루살렘 베데스다 못가에 누워 있던 38년 된 병자를 안식일에 고치신 것을 시비하던 사람들에게 예수님께서 대답하신 말씀인 것입니다. 일할 만한 여섯 날이 있는데 왜 하필이면 안식일에 일하느냐고 힐난하고 시비하는 유태인들에게 예수님은 밝히 말씀하시기를 "아들이 아버지의 하시는 일을 보지 않고는 아무 것도 스스로 할 수 없나니 아버지께서 행하시는 그것을 아들도 그와 같이 행하니라"고 하시면서 하나님 아버지께서 이제까지 일하시니 나도 일한다고 주장하셨던 것입니다.

---

[9] 1957년 4월 12일 총회 전도부는 미국연합장로교회가 파송한 동아시아기독교협의회(EACC) 협동총무 헨리 존스(Henry D. Jones)의 건의를 받아들여 "산업전도위원회"를 조직하였다. 그리고 같은 제42회 총회는 산업전도위원회를 공식 승인하여 예장은 한국교회 안에서 가장 먼저 산업전도를 시작했다. 정병준, "산업선교 50년사(1957-2007)", 『내 아버지께서 일하시니 나도 일한다 : 총회도시산업선교 50주년기념도서』(대한예수교장로회 총회 국내선교부, 2007), 34.

이 말씀을 통하여 볼 때 하나님은 맨 처음에 천지와 만물을 창조하시는 역사를 끝내시고 나이 많은 할아버지처럼 바둑이나 장기를 두고 놀고 계신 것이 아니라 여전히 하나님은 역사하시는 것을 알 수 있습니다. 하나님은 아브라함과 이삭과 야곱의 하나님으로서 죽은 자의 하나님이 아니시요, 산 자의 하나님이라고 하는 것은 어디까지나 계속적으로 활동하고 역사하시고 계시는 것을 말하는 것이 아니겠습니까?

오늘 본문에 나타난 말씀을 보더라도 하나님의 나라는 놀고먹고, 먹고 노는 것이 아니라 일하는 곳임을 볼 수가 있습니다. 천국은 마치 품군을 얻어 포도원에 들여보냄과 같다고 예수님께서 말씀하셨던 것입니다. 이른 아침부터 포도원에 들어가서 수고와 더위를 견디어 가면서 일하는 것과 같다는 것입니다. 혹은 이른 아침에 들어가고, 혹은 아침 9시 낮 12시 오후 3시와 5시에 들어가서 땀 흘려가면서 일하는 곳이란 말씀입니다.

이 사실을 좀 더 밝히기 위하여 창세기로 돌아가서 살펴보는 것이 좋을 것입니다. 창세기 1장에 보면 하나님의 창조의 역사의 마지막에 하나님은 "하나님의 형상을 따라 우리의 모양대로 우리가 사람을 만들고 그로 바다의 고기와 공중의 새와 육축과 온 땅과 땅에 기는 모든 것을 다스리게 하라"고 하시고는 그대로 사람을 창조하시고 축복하여 말씀하시기를 "생육하고 번성하여 땅에 충만하라. 땅을 정복하라. 바다의 고기와 공중의 새와 땅에 움직이는 모든 생물을 다스리라"고 하신 다음 채소와 과실을 식물로 주셨던 것입니다.

이것을 보면 우리들이 흔히 생각하기를 사람이 땀을 흘려가며 일하는 것은 인류의 시조들이 범죄한 이후 저주받은 상태라고 생각한 것은 잘못이라는 것을 알 수 있습니다. 저주받기 이전 축복받은 처지에 있을 때에 하나님의 지은 바 세계를 통치하게 하시며 만물을 관리하게 하셨던 것을 알 수가 있습니다. 하나님께서 "당신의 형상대로 사람을 지으시고 이끌어 에덴동산에 두사 그것을 다스리며 지키게" 하셨다는 것이 분명하고 범죄 이후에는 사람이 관리하던 땅이 저주를 받아 종신토록 수고하여야 그 소산을 먹을 것이라고 하셨던 것입니다.

모범적 교회로 알려진 데살로니가 교회는 바울 사도가 제2차 전도여행에서 환상을 보고 마게도냐로 건너가서 빌립보 성에서 전도하다가 매 맞고 투옥까지 당하였다가 석방되어 가지고 빌립보에 있는 성도들의 전송을 받고 가서 세운 교회인데, 이러한 교회 가운데 규모 없이 행하는 사람이 있었던 것입니다. 이러한 사람들을 향하여 바울 사도는 자신의 실례를 들어서 "우리가 너희 가운데서 …… 누구에게든지 양식을 값없이 먹지 않고 오직 수고하고 애써 일함은 …… 우리에게 권리가 없는 것이 아니요 …… 너희에게 본을 주어 우리를 본받게 하려 함이라"고 전제하고 나서 "누구든지 일하기 싫거든 먹지도 말게 하라"고 전에 데살로니가에 있을 때 가르친 말을 기억하라고 하면서 "우리가 들은즉 너희 가운데 규모 없이 행하여 도무지 일하지 아니하고 일만 만드는 자들"에게 명하기를 "조용히 일하여 자기 양식을 먹으라."고 하였던 것입니다. 그리고 만약 이 말을 순종하지 아니할 때는 "그 사람을 지목하여 사귀지 말고 저로 하여금 부끄럽게 하라"고까지 말한 것을 후서 3장에서 찾아볼 수 있습니다.

이제 이렇게 성경에서 찾아볼 때 하나님의 창조의 역사는 천지 만물을 창조하시고 인생 창조로써 종결을 지으신 것이 아니라 세상 끝 날까지 계속되고 있는 것을 알 수 있었습니다. 성부, 성자, 성신 삼위일체 되신 하나님께서는 계속적인 창조와 섭리의 역사를 하시는 것을 볼 수가 있습니다.

하나님의 창조로 이루어진 세계가 그 본연의 위치를 회복할 때까지 하나님의 역사는 계속적으로 성자와 성령의 봉사를 통하여 행하여지고 있음을 알 수가 있습니다. 성령의 봉사 곧 성도들 가운데서 이 시간에도 계속되고 있으며 제자들이 나가 역사할 때에 세상 끝 날까지 함께하시겠다고 약속하신 주님의 말씀대로 세상 끝 날까지 성도들을 통하여 역사하시되 새 하늘과 새 땅이 이루어져서 뜻이 하늘에서와 같이 땅에서도 이루어지는 그 순간까지 계속될 것입니다.

우리는 다시 본문으로 돌아가서 한두 가지 점을 생각하여 보시기를 바랍니다. 첫째로 하나님의 나라는 먹고 마시는 것이 아니라 일하는 곳에 성립된다는 것입니다. 그 일은 반드시 주인의 생각을 따라 주인이 시키는 일을 주인이 만족하게 생각할 만한 일을 하여야 한다는 것입니다.

둘째로 하나님의 나라 건설은 타산을 초월한 일꾼들의 봉사를 요구하고 있다는 것입니다. 주인에게 전폭적인 신뢰심을 가지고 상업적인 흥정을 떠나서 자기의 전 기능을 다 기울여서 자기에게 주어진 기회를 완전히 살려서 최대 능률을 올리고 최대 마력을 내는 자를 요구하시고 그러한 사람들의 봉사를 통하여 완성되는 것입니다. 바울 사도는 우리들은 하나님의 동역자라고 하였던 것입니다. 하나님이 주가 되시며 그의 일을 함께 한다는 것이 아니겠습니까? 그러므로 하나님의 뜻하시는 바를 알아서 일하여야 할 것을 보여 주고 있습니다.

그리고 셋째로는 보상은 율법적이 아니라 은혜성을 가진다는 것입니다. 이른 아침에 일하러 들어간 자들과의 약속은 노동자의 하루의 정당한 노임을 지불하기로 하였다는 것입니다. 그런데 한 시간 와서 일한 사람과 몇 시간 일한 사람들도 노동자의 정당한 하루의 노임을 받았다는 것입니다. 이러한 곳에는 노자(勞資)의 투쟁이 있을 수 없습니다. 필요한 사람에게 정당한 임금이상 필요한 분량을 지급한다는 것입니다. 그러므로 바울 사도는 일하기 싫어하거든 먹지도 말라고 하였던 것이 아니겠습니까? 하나님께서 일하라고 하셨고 또 지금까지 계속적으로 일하시니 일하는 것이 당연하다는 것입니다. 일하는 것은 일종의 권리요 의무라는 것입니다.

해제(解題)

이 글은 1961년 3월 총회노동주일을 맞이한 강신명 목사의 설교로서 그의 노동에 대한 신학적 이해를 잘 보여 준다. 삼위일체 하나님은 세상 끝 날까지 세상의 성도들을 위해 역사하시고 섭리하시는 하나님이다. 하나님의 형상으로 창조된 인간도 노동하는 인간으로 지음 받았다. 포도원 일꾼의 비유에서 강신명은 하나님 나라의 정의는 일한 만큼 보수를 받는 공정적 정의가 아니라, 모든 사람이 굶지 않고 먹을 주 있도록 주는 적극적 정의라는 것을 지적하고 있다. 인간의 노동은 하나님의 형상을 닮은 인간의 "권리요 의무"이다.

5. 교파일치는 가능한가?
「기독교사상」(1966. 2.)

　주어진 제목은 너무도 다루기 힘든 과제라고 생각한다. 그러면서도 이 문제는 반드시 다루어져야 하며, 또 이루어져야 할 과제가 아니겠는가? 그것은 모두가 편견과 선입관념을 없이하고 냉철하고 성경으로 돌아가고 또 진실한 그리스도의 뒤를 따른다면 아주 쉽게 성취될 수 있다고 하겠다.
　우리는 교파의 일치의 가능성을 말하기 전에 한국에 있어서의 교파의 유래와 그 형성된 경로를 찾아보는 것이 해답을 얻는 데 더 빠른 길이라고 생각한다. 우리나라에 있어, 신교의 역사는 보통 작년으로 선교 80주년이라고 하나 엄밀하게 따져서 말할 때는 독일 사람으로, 화란 개혁교회 파송으로 중국에 왔다가 우리나라 아산만 일대를 항행하면서 복음을 전했다는 꾸즐라프의 내한한 1832년을 말하고 있으나, 실상 저의 선교는 아무런 성과를 찾아볼 수가 없는 실정이다.
　그 다음으로는 금년 9월로 순교 백주년을 맞게 되는 영국사람, 토마스 목사의 방문 전도를 말할 수 있다. 토마스 목사는 1865년에 산동 지푸 지방을 거쳐 진남포 부근 일대에 접근해 왔다가, 다음 해인 병인년에 미국 군함 설맨호[10]에 편승하여 진남포를 거쳐 밀물을 따라 대동강을 거슬러 올라와서 평양성 서남방에 있는 쑥섬까지 왔다가 썰물에 배는 걸린 데다가 관군의 방화로 인하여 상륙하지 못하고 전도지와 복음서를 뿌리다가 9월 초사흘 날 순교의 죽음을 하였던 것이다.

그 후, 미국 사람 마티아스라는 이가 역시 황해도 서해안 도서지방에 와서 전도하고 간 흔적이 있으며, 만주에 와서 선교하고 있던 스코틀랜드 장로교회 선교사 요한 로쓰 목사와 요한 맥켄타이 목사 등이 만주에 있어서 한인들 사이에서 선교한 일을 들지 아니할 수 없는 것이다. 왜냐하면 이들의 선교사업은 두 가지 면에서 한국 선교에 직접 공헌한 바가 큰 까닭이다. 그것은 만주에 산재한 한인들에게 복음을 전하고 세례까지 주었다는 사실과 성경을 우리말로 번역하고 또 반포하였다는 것이다. 그러나 이 여러 사람들은 간접적으로는 영향을 준 것이 사실이나, 실제 국내 활동을 하지 않았던 만큼 우리나라 안에 교파 형성이나 교파 분열의 아무 영향을 끼친 것이 없다고 하겠다.

우리나라의 교파주의라고까지 말하기는 곤란하나 좌우간 교파의 씨를 뿌린 것은 1885년 4월 5일 長監 두 선교사의 내한에서 시작되었다고 하겠다. 언더우드나 아펜젤러 두 목사의 뒤를 따라 내한한 두 교파 선교사들을 위시해서 호주, 캐나다 장로교회 선교사들과 미국의 남감리교회와 남장로회 선교사들은 저들의 본국에 있어서 다른 교파로 되어 있음에도 불구하고 한국에 와서는 하나의 장로교회 또는 지역 분담 선교로써 교파 의식을 강조하지 않았다고 하겠다. 그 좋은 실례로는 몇 해 전에 70주년 기

---

10) 제너럴셔먼호

념을 한 기독교서회나, 최근 70주년 지낸 성서공회 그리고 연세대학교 의과대학의 전신인 세브란스 병원과 학교 같은 것은 연합사업으로 발족 운영한 것은 분명히 비록 교파는 다르다고 하더라도, 공동으로 연합적으로 일할 수 있다는 것을 보여 주었다고 하겠다.

특히 내가 속해 있는 장로교회의 경우를 본다면 꾸즐라프나 토마스나 요한 로쓰와 요한 멕켄타이가 개혁교회 또는 장로교회 배경을 가졌으나 우리나라 장로교회 조직에는 아무 관련이 없고, 언더우드 목사는 미국 북장로회 파송으로 왔으며 카나다 장로교회와 호주 장로교회가 미국 북장로회보다 5년 후에 선교사를 파송하였으며 2, 3년 후에 미국 남장로회가 선교사를 파송하였으나, 저들은 한국의 기독교화를 목표하고, 선교지역을 부활하여 선교하되, 남북 감리교회 선교사들까지 합의해서 하였기 때문에 강원도 감리교, 경상도는 장로교로 되어서, 선택으로 장로교인이나 감리교인이 된 것이 아니라 지방 관계로 기독교에 입교할 때에 감리교인, 장로교인이 되었다가 선교 구역에서 다른 곳으로 이사하게 되는 경우 자동적으로 교파도 옮기게 되었던 것이다. 일제 말기에 이르러 이 구역 제도가 철폐되었으나 해방 당시까지 교파 관계에 큰 혼란은 없이 내려왔던 것이다. 그렇기 때문에, 해방 전까지는 장로교회, 감리교회, 성결교회, 구세군(특수 교단이요 교회라고 부르지는 않았지만), 성공회, 침례교회의 전신인 동아기독교회 정도였고, 그 밖에는 전기 교단에서 문제가 되어 처벌되었거나 자진 이탈한 2, 3개의 작은 교단들이 있을 정도였다.

그런데 제2차 세계대전의 종결과 조국의 해방은 교회의 기상도에 급격한 변화를 가져왔다. 일제 신사참배 강요에 항거한 교회와 순응한 현실 교회 사이에 분열이 첫째요, 해방된 조국에서 해외로 뻗쳐 나가려는 잠재

세력은 마침내 밀물처럼 밀려드는 군소교파의 교리와 신조의 검토도 없이 받아들이는 태도는 자기가 소속해 있던 교회에서 아무 미련도 없이 이탈해 가게 된 것이 둘째요, 재래식 주입교육을 받은 보수 세력과 과학적 현대적 비판 교육을 받은 진보 세력과의 분열이 그 셋째가 된다. 거기다가 세계 도처에서 교회 분열을 조장하고 선동하는 세력과 손잡고 독선주의로 행세하는 세력으로 말미암아 분열된 것이 그 넷째라고 하겠다. 따라서 이러한 분열의 배후에는 교권주의자들의 주도권 장악의 암투가 크게 역사하였다는 것을 간과할 수는 없다. 이렇게 되어서 현재 장로교회의 경우를 본다면 공공연하게 장로교회로 불리는 교파 수가 열서너 교파가 있고, 사교와 이단으로 몰리고 치리된 것도 두셋이 되리만큼 되었는데 대개로 교파 명칭을 달리하면서도 그 신조에는 아무 변경이 없고, 행정상 직제나 정치에 있어 별로 중요하지는 않으나 세미한 차이점을 발견할 정도다. 이와 같이 살펴볼 때 한국에 있어서 교파주의가 필요할까 할 때 나는 대담하게 필요 없다고 대답하기를 주저하지 않는 바이다.

다음으로 교파주의가 필요 없음에도 불구하고 오늘 한국에는 많은 교파가 엄연히 존재하고 있음으로 하여 예수 그리스도의 교회가 받고 있는 피해와 손실이 무엇이냐고 묻지 아니할 수 없으며, 또는 반대로 교파주의가 가져다주는 유익이 있느냐고 묻지 아니할 수 없다. 나는 이러한 질문에 대하여 피해는 크고 손실은 많으나, 유익은 없다고 대답한다. 그러나 교파주의자들에게 있어서 해외 진출의 기회가 좀 더 있을 것이고, 안으로 교권주의자들에게 있어서는 감투 수가 많아서 감투 배급이 좀 더 원만히 될 것이다. 세례교인 수천에 총회장이니 감독이니 어마어마한 감투가 배급될 것이 아니겠는가? 착하고 신실한 그리스도의 종들에게는 어린아이들의 장난감 같은 것이지만 저들에게는 교단의 크고 작은 것이 문제가 아니고, 그 직함 자체가 매력을 가지느니 만큼 어마어마하게 보일 것이다.

사회적으로나 교회적으로 이러한 교파주의가 초래하는 교파주의의 피해가 무엇이냐고 할 때, 그리스도의 본질적인 문제보다도 지엽적인 문제로 분열이 거듭되었던 만큼 모든 것에 신본주의보다는 인본주의로 임하게 되고 또 처리되는 가운데 하나님의 영광이 가려지고 그리스도의 이름이 비방거리가 되는 경우가 하나요, 둘이 아니다. 분열을 거듭하여 많은 교파가 되면서 무슨 특색을 가지려고 하고, 다른 교파와 향취를 달리 하려는 의도에서 기독교란 이름을 가지나 기독교에서 완전히 떠난 해괴망측한 파들이 생겨나서는 그리스도의 교회를 물들이는 일들이 생겨난다는 것이다. 예를 든다면, 한동안 일간신문에까지 보도되어 물의를 일으켰던 혼음사건이나 복구원리를 제창하면서 가정을 파괴하는 세칭 통일교회나 그와 비슷한 이치를 설명하면서 부녀자들의 정조를 유린한 것과 같은 것들이 기성교회의 건전한 신학과 윤리에서 좀 더 색다른 것을 제창하는 가운데 저질러 놓은 추태요 과오라고 말하지 않을 수 없다.

그뿐 아니라 교파주의는 자연 배타적이며 독선적이 되어 버리므로 교리나 생활에 결함이나 과오를 범하지는 않는다손 치더라도 다른 교파나 교인들과 비협조적이 되어 버리고 만다. 또 심한 경우는 남의 교단이나 교회를 마귀의 집단인 양 규정짓고 중상하고 모략함으로써 교회의 위신을 떨어뜨리고 교회의 세력을 약화시키는 것이다. 그 결과 교회는 교회 본래의 사명을 수행할 수가 없게 된다. 교회는 부르심을 받은 자들인데 이 부르심을 받은 자들 자신들은 미련하고 무능한 자들이며 세상에 있어 문벌 좋은 자도 없다. 그것은 부르심을 입은 자들이 자기 안에서 자랑할 것이 없음을 깨닫고 오직 부르신 자 예수 그리스도만 자랑하게 하려는 것이다. 여기 교회의 사명이 있다. 성령이 임한 다음 능력을 얻어 그리스도의 증인이 되라고 승천하시기 직전 예수께서 명령하셨던 만큼 선교와 전도는 교회가 수행하여야 할 지상과제라고 하겠다. 그러나 분열된 이 상태에서는 이 지상명령이요, 지상과제인 선교와 전도가 전연 불가능하다는 것이다.

　몇 해 전 일이다. 혁명이 반복되고 군중 및 학생 데모가 한창인데다가 정계는 여당과 야당의 대립이 격심하고 주류파 비주류파가 주도권 장악을 위하여 혈안이 되어 있던 당시 어떤 소장파 기독교 목사 몇이 정치적으로 지도층에 있는 분들을 찾아가서 정치인들의 단결을 말하였더니 그 대답이 당신들 목사들부터 하나가 되고 교회가 합한 다음에 와서 말하시오. 교회는 싸움을 하면서 무슨 말을 하느냐고 하더랍니다. 그러면서 그 해석이 더욱 걸작인 것이 정치에서 주권을 장악하는 것은 이권 장악이니 싸움이 있을 수 있으나, 기독교는 믿는 하나님이 한 분이요, 구주 되신 분이 한 분뿐이시오, 서로 사랑하라고 가르치고 말하면서 왜들 싸우십니까? 하더라는 것입니다.

　외유를 하고 귀국한 K라는 분이 자기와 가까운 친구에게 세계를 다녀보면, 기독교 국가가 그래도 질서가 서 있고 백성은 잘살고, 사람들은 믿음성이 있으며, 지도자들은 훌륭하더라는 것입니다. 그래서 자기도 여행하면서 생각한 것은 일단 귀국한 다음에는 가족과 한가지로 교회에 나가기로 결심하였는데 정작 돌아와 보니 파가 너무 많아서 어리둥절해져서 어느 교회로 가야 할지 망설이는데 카톨릭은 파가 없어 보이는데 그리로 가는 것이 어떻겠느냐고 하더랍니다. 그래서 나는 그의 친구 되는 분에게 정치인이요, 또 군인 출신이니 어느 교파 교회보다는 먼저 초교파적인 육

본교회를 먼저 나가도록 하라고 말한 일이 있다.

　이와 같은 실례를 통해서 볼 수 있는 것과 같이 신교에 있어서 교파 주의는 예수 그리스도 안에 계시된 하나님의 사랑이 그리워서 그리스도의 품으로 찾아오는 사람들을 당황하게 만들고 있으며, 일반 사회인들에게는 예수쟁이들은 말하는 것과 그 실제가 다르다는 인상을 주고 있다는 사실을 부정할 수가 없다고 하겠다.

　그렇기 때문에 교파 일치는 성취시켜야 할 것이다. 그러면 어디서 시작하고 어떻게 성취시킬 것인가가 자연 문제가 된다. 그러나 이러한 것은 어려운 이론적 근거보다는 성서적이 되어야 할 것이다. 성서적이라는 것보다는 예수 그리스도의 뜻을 따른다는 것이 더 알맞은 표현이 될 것이다.

　예수 그리스도의 대제사장의 기도는 교파일치를 시사하고 있다고 할 것이다. 예수님께서 잡히시던 겟세마네 동산에서 피와 같은 땀을 흘려 가시면서 기도하셨는데, 공관복음 기자들은 다 같이 "내 뜻대로 마옵시고 아버지의 뜻대로 이루어 지이다" 하고 기도한 것을 우리에게 전하고 있으나, 제4복음 기자는 좀 더 다른 것을 우리에게 전하여 주고 있다. 우리는 그 내용을 요한복음 17장에서 볼 수 있다. 사람의 제일 된 목적이 하나님을 영화롭게 하는 것이다. 그러니 만큼 그리스도인이나 그리스도의 교회는 모든 일에 있어 언제나 하나님의 영광을 구해야 할 것이다. 그런데 예수 그리스도는 저 역사적인 대제사장의 기도에서 먼저 아들이 영광을 얻음으로 아버지 하나님을 영화롭게 할 수 있는 것을 말씀하셨던 것이다. 그리고 영화롭게 하는 구체적인 방법은 성자 예수 그리스도가 성부 되신 하나님으로 더불어 하나가 됨으로써 가능한 것과 같이 예수 그리스도의 제자와 그를 믿는 사람들이 하나 됨으로써 하나님 아버지와 주 예수 그리스도를 영화롭게 할 수 있다고 말씀하셨던 것이다.

그러면 어떻게 하나가 될 수 있느냐 하는 것이 문제가 되는데 거기 대하여는 바울 사도가 말한 것이 있다. 로마서 12장과 고린도전서 12장에서 바울 사도는 은혜의 다양성과 교회의 단일성을 말하였다. "우리가 한 몸에 많은 지체를 가졌으나, 모든 지체가 같은 직분을 가진 것이 아니니, 이와 같이 우리 많은 사람이 그리스도 안에서 한 몸이 되어 서로 지체가 되었느니라"고 하여, 본래 그리스도 교회는 몸과 같아서 여러 지체가 그 조직과 기능이 서로 다르지만, 서로 각각 역사하여 건장한 사람으로서 기능을 발휘하고 활동할 수 있는 것과 같이 교파도 비록 여러 가지가 있을 수 있으나 그 모두가 하나님의 영광을 드러내고, 그리스도의 교회를 세워 가는 데 일치하여야 할 것을 말하였으며 실상은 여러 가지 변화성이 있으나, 그 속에서 일치를 가지는 데 묘미가 있다는 것을 말하였던 것이다.

여기서 일치를 찾는 길은 무엇인가를 살펴볼 때 바울 사도는 이렇게 말하고 있다. "만일 다 한 지체뿐이면, 몸은 어디뇨, 이제 지체는 많으나 몸은 하나이라"고 하여 각각 자기의 직책을 바로 이해하여, 몸에 있어서 자신의 완수할 직책을 바로 이행하게 될 때에는 문제가 있을 수 없다. 한 몸에 함께 속하여 있는 한 지체임을 의식하게 된다면 문제는 그 몸 전체를 지배하는 머리의 생각을 따를 것뿐이요, 또 그 한 지체도 쓸데없는 것이 없으며, 그 많은 지체 가운데 귀천의 분별이 있을 수 없다는 것을 깨닫게 될 때에는 오늘 우리 한국 교계에서 볼 수 있는 잡음과 추태는 일소될 것이 아니겠는가?

이제 이와 같은 이해와 협조는 어떻게 조성할 수 있는가 할 때, 바울 사도가 에베소 교회 신자들에게 권면한 말씀 가운데서 그 길을 찾을 수 있다. "주 안에서 갇힌 내가 너희를 권하노니 너희가 부르심을 입은 부름에 합당하게 행하여 … 성령의 하나 되게 하신 것을 힘써 지키라 몸이 하나이요 성령이 하나이니 이와 같이 너희가 부르심의 한 소망 안에서 부르심을 입었느니라 주도 하나이요 믿음도 하나이요 세례도 하나이요 하나님도 하나이시니 곧 만류의 아버지시라 만유 위에 계시고 만유를 통일하시고 만유 가운데 계신다."고 하여 일치를 힘쓸 것과 또 일치를 유지하여 나갈 여건들을 보여 주었다.

여기서 교회의 주체가 누군가를 밝혔다. 한국에서 종종 교회의 주인이 누구냐고 어린아이같이 이야기를 하는 이들이 있다. 목사가 주인이라는 둥 장로가 주인이라는 둥 별 소리가 다 있다. 그런 말 자체가 비성서적이다. 그러나 한심한 것은 성경대로 믿노라고 선언하는 교회일수록 그런 유치한 수작을 더 하고 있다는 것이다. 그러나 성경은 만유 위에 계시고, 만유를 통일하시고 만유 가운데 계시는 만유의 아버지 되신 하나님께서 예수 그리스도 안에서 성경으로 우리들 그리스도인들을 불러 주셨다고 밝히 말하여 교회의 주는 하나님이신 것을 말하고 있다. 이것을 철저하게 인식하지 못할 때 교회의 머리 되신 예수 그리스도를 모셔야 할 자리에 루터나 칼빈이나 웨슬레 같은 말씀의 증언자를 모시는 것은 물론이요 자기 자신들이 그 자리에 좌정하고 호령하게끔 되는 것이 아니겠는가? 그런 고로 분열이 되풀이되고 소란을 피우게 되는 것이다.

그러나 성서에 근거한 일치를 찾을 때 그 다음 나타날 현상은 루터교도 침례교도 예수만 자랑하고 하나님의 영광만 구할 것이다. 감리교도, 장로교도 성결교도 다 같이 예수님 십자가의 대속의 은총만을 전파할 것이니 새로운 구도자에게는 루터교인도 예수, 감리교인도 예수, 침례교인도 예수만을 말하기 때문에 당황할 리도 없고 주저할 필요도 없게 될 것이다. 이쯤 되고 보면 작년도에 있었던 전국 복음화운동과 같은 것도 보다 더 적극적이요 강력한 운동으로 진행되었을 것이다. 백오십만 신교 신자는 다 동원되었을 것이 아니었겠는가? 따라서 많은 성과를 거둘 수 있었을 것이라고 생각한다.

마지막으로 현 단계에서 교파일치는 어느 정도까지 가능한가를 살펴보기로 하겠다. 분열된 교회의 지도자들이 먼저 대화를 전개함으로써 교역자들의 연합적인 수양회가 가능하고 본다. 기독교 선명회, 컴패션(전 스완슨 전도회) 같은 단체가 초교파적인 교역자 집회를 주선하여 서로 분리되었던 교역자들이 함께 모여 기도하고 성경 공부를 하였던 것과 같이 성서적인 이해에서 교역자들이 교회의 본질을 이해한다면 타의에서가 아니라, 자의적으로 연합적인 기도회, 수양회, 성경 연구회를 가질 수 있다고 본다.

만약 교역자들이 이렇게 된다면 평신도들의 문제는 훨씬 더 쉽다고 본다. 그것은 일치나 연합이 아니라 완전 통합과 활동이 가능할 것이다. 오늘 우리들이 평신도들의 말을 들어 보면 저들은 한결같이 우리들이야 무엇을 압니까? 목사님들의 말씀만 믿고 따라가느라고 합니다. 그뿐만 아니라 최근 수년 동안의 경향은 목사님들의 선전을 듣고 무엇이 좀 다른 것이 있는 줄 알았더니 막상 지내 놓고 보니 아무것도 다른 것이 없습니다 하는 소리를 듣고 있다. 그렇기 때문에 평신도들의 소리에 귀를 기울이고 주의 말씀에 복종만 한다면 많은 교단들은 서로 합동할 수도 있고, 비록 교리장정이나 신학의 차이가 있다고 하더라도 연합 사업만은 보다 더 활발하게 추진할 수 있을 것이 아니겠는가 하고 생각한다. 작년도 전국 복음화

운동과 나라 위한 기독교 교직자회의, 구국기도회는 분명히 위에 말을 입증하고 있다고 하겠다.

그런고로 우리는 현 단계에서 교직자와 평신도들이 다 같이 냉철하게 자기의 선 자리를 바로 이해하고 우리의 교회가 이 시점에서 무엇을 함으로써 아버지 하나님을 영화롭게 하여 주 예수 그리스도를 기쁘시게 할 수 있는가를 찾아보아야 할 것이다. 한국에 있어서 나를 왜 이 시대에 살게 하시되 그리스도인으로 살게 하시며, 또 무엇을 기대하시고 계신가를 생각해 보아야 할 것이다. 그리해서 가능한 한도에서 먼저 해 갈 것이다.

거듭 논의되는 것이지만 현 단계로서는 교역자들의 대화의 광장을 마련하고 대화할 수 있다는 것이고, 다음으로는 연합적인 초교파적 교역자와 신도들의 집합을 가지면서 겨레들에게 복음 전파하는 공동 전선을 펼 수 있다고 생각한다.

그렇기 때문에 현 단계에서 교파일치는 교파 합동이 아니라는 것을 이해하고 교역자 상호 간에 이해와 협조적 정신으로 대화의 시간을 갖는다는 것과 나아가서는 이것은 어디까지 교회의 일이니 만큼 성령의 도우심을 구하는 연합기도회가 필요하고 성경 연구와 함께 교회의 공동 과제가 무엇인지 찾아내는 모임이 필요한 것은 두말할 것도 없다.

그리고 한편으로 우리의 교회와 우리 민족이 직면하고 있는 실정 파악이 바로 되어야 하겠다. 조개와 황새의 양보할 줄 모르는 대결은 어부에게 이익을 주었으나 자신들은 멸망을 초래하였다는 우화적 이야기는 현 단계에 있어 한국의 운명을 생각지 않고, 교파주의에 광분하는 교계의 모습을 연상시키고 있는 것은 아닐까? 공산 세력의 침략과 일본 사람들의 경제 침략과 함께 문화 침략은 교파주의의 잠꼬대에서 깨어나라는 경종은 아니겠는가?

해제(解題)

　1965년 9월 통합총회는 네 개로 갈라진 장로교회를 하나로 통합하기 위한 방안으로 장로교 연맹체를 조직하자는 안건을 통과시켰다. 이 운동에는 강신명 목사와 김종대 목사 배명준 목사 등이 중심인물이었다.

　이 글은 이러한 배경에서 "교파일치는 가능할 것인가?" 하는 물음에 답변을 한 것이다. 첫째로 앞부분에서는 한국 장로교회의 에큐메니칼 특성과 한국교회 분열을 역사적으로 설명하고, 교회일치의 성경적 원리를 설명하였다. 강신명은 교파주의는 불필요하며 오히려 교회에 대한 피해와 손실을 가져온다고 주장한다. 한국교회가 분열되는 것은 해방 이후 신사참배 문제, 해외로 진출하려는 자들이 밀려오는 미국교회의 군소 교파들에 동조한 것, 보수와 진보 간의 신학갈등, ICCC와 손잡은 독선주의자들의 활동을 이유로 들고 있다.

　강신명 목사는 교회일치의 근거에 대해 요한복음 17장(그리스도의 대제사장의 기도), 로마서 12 : 4-8과 고린도전서 12장(은사의 다양성과 몸의 단일성), 에베소서 4 : 1-6(삼위일체론적 일치)를 사용한다. 그리고 교회일치의 근거는 교파전통이 아니라 예수 그리스도임을 강조한다. 강신명의 설교집에서는 "교회의 일치"(엡 4 : 1-6)와 "문제 차이와 변화 속의 일치"(고전 12 : 4-11)는 에큐메니칼적 교회론을 더 잘 설명하고 있다.

　둘째, 현 단계 교파일치의 가능성에서 우선 교역자들의 대화가 필요하고 그 다음 초교파적 교역자와 평신도들의 모임, 복음전파 공동전선으로 발전할 것을 제안한다.

끝으로 교회와 민족이 직면하는 어려운 현실을 무시하고 교파주의에 열중하는 인사들에 대해서는 비판적인 입장을 보이고 있다.

6. 만물을 새롭게 :

보라 내가 만물을 새롭게 하노라(계 21 : 5)
「기독교사상」(1968.1.)

1948년 여름 화란 암스테르담에서 그 창립총회를 가졌던 세계기독교협의회가 금년 7월 4일부터 20일까지 스웨덴의 웁살라에서 이 설교 제목인 '만물을 새롭게'라는 주제를 가지고 제4차 총회를 가지게 되었습니다. 전해 오는 소식에 의하면 이번 총회에는 전 세계에 흩어져 있는 232회원교회 대표 약 8백 명과 그 밖에 특수 부문의 전문위원들과 각 대륙에서 오게 될 청년 대표들과 국제적인 기독교 기구들과 각 나라 교회 연합회나 협의회에서 파송된 친선 대표들과 또 세계기독교협의회에 아직까지 가입되지 아니한 교회 참관자들이 적어도 5백 명 이상이 참석하게 될 것이라고 합니다. 그리고 이 일천삼사백 명의 사람들은 다 같이 한 분 주이신 예수 그리스도의 이름으로 모이게 될 것이며 또 저들은 다 같이 하나님의 새롭게 하시는 능력을 말할 것이며 또 그것을 저들은 실제로 체험하고 그리고는 하나님만이 새롭게 하시는 능력을 가지신 분이라는 것을 선포하게 될 것이라 말합니다.

'만물을 새롭게' 이렇게 말할 때 만물은 새롭게 함을 받아야 할 위치에 놓여 있다는 것을 전제하고 있습니다. 다시 말해서 우리의 세계는 낡아 빠졌다는 것입니다. 못 쓰게 되었다는 것입니다. 그렇기 때문에 새로워져야 한다는 것인데 과연 낡고 썩고 쓸모없이 되었는가 하고 묻지 않을 수 없습니다. 그런데 대답은 극히 간단합니다. 그렇다는 것입니다. 인류의 시조 아담과 하와가 하나님의 명령을 거슬렀을 때 이 세계의 조화는 상실되었고 질서는 파괴되어 버리고 말았습니다. 에덴동산은 자취를 찾아볼 수 없고 살벌의 천지로 변해 버리고 말았습니다. 형제지간에 살인이 일어났습니다. 이러한 비극은 피차간에 불신을 조장하고 불목을 더하게 하였던 것입니다.

가정은 파괴되었습니다. 하나님의 아름답고 질서정연하고 조화 있는 세계가 파괴된 결과 가정도 파괴되었습니다. 한 남자와 한 여자를 창조하사 서로 돕고 서로 의지하며 믿고 사랑하게 하신 하나님의 법칙은 완전히 무시를 당해 버리고 말았습니다. 한 남자가 두 여자를 아내로 삼게 되었고 "하나님의 아들들이 사람의 딸들의 아름다움을 보고 자기들의 좋아하는 모든 자로 아내를 삼았던"것입니다. 이러한 결과 하나님 중심의 가정은 완전히 그 자취조차 찾아볼 수 없게 되었고 하나님을 떠난 가정, 하나님 없는 생활로 전락되어 온갖 비극이 빚어지게 되었습니다. 가정은 사회의 기초가 되는데 가정이 이렇게 되니 사회는 문란하기 이를 데 없게 되었습니다. 재판은 뇌물의 다과로 좌우되었으며 소위 정의라는 말은 옥편이나 사전에서 찾아볼 정도로 타락되었습니다. 모략과 중상과 당쟁으로 정치하는 정계의 한심스런 상태는 그만 두고라도 교육계나 종교계가 건전하여야 할 터인데 사람 만든다는 교육기관이 인간의 존엄성이란 말조차 듣기 힘들고 돈으로써 가치를 따지게 되었고 교회가 교권주의자들로 말미암아 유린당하고 있으니 교파의 분열과 기관이나 교회의 자리다툼은 그 결과가 아니겠습니까? 이러고 어떻게 전도를 할 수 있으며 이러한 교회에서 무엇을 기대할 수 있겠습니까?

이와 같이 사상과 주의로 인한 종족과 종족, 나라와 나라 사이에 긴장과 대립과 충돌과 전쟁은 결국 전 세계를 암흑과 절망으로 몰아넣고야 말았다고 하겠습니다. 이 어둡고 캄캄한 세상, 혼란하고 무질서한 세계는 반드시 새로워져야 하겠습니다.

다음으로 '만물을 새롭게' 하시는 이는 하나님이십니다. 창세기 제1장에서 창조의 기사를 읽어 보면 하나님께서 맨 처음에 천지를 창조하실 때 말씀으로 창조하셨고 또 제일 먼저 빛을 창조하셨습니다. "태초에 하나님이 천지를 창조하시니라…… 하나님이 가라사대 빛이 있으라 하시매 빛이 있었다."는 것입니다.

혼돈하고 공허한 가운데 새로운 질서를 수립하실 때 빛이 있으라고 하셨고 그 말씀을 따라서 빛이 있음으로써 새로운 질서를 찾게 되었고 또 말씀을 따라 조화 있는 세계가 이루어졌던 것입니다. 그리고 이 조화 있고 질서 정연한 지음을 받은 세계를 감상하실 때 하나님께서 심히 좋다고 하셨던 것입니다. 또 실상 하나님은 어지러운 일을 하시는 하나님은 아니십니다. 하나님 그 자신이 빛이시요 또 생명이십니다. 그렇기 때문에 하나님은 빛 가운데서 만물이 질서 정연하게, 조화성 있게 유지되어 나가기를 원하시는 가운데 당신의 형상을 따라 창조하신 인생에게 만드신 세계를 관리하고 통치하라고 위탁하셨던 것입니다. 그러나 불순종으로 인하여 조화성을 상실하고 혼돈하고 암흑한 세계로 전락한 이 세상을 회복하시기 위하여 선지자들을 보내사 하나님을 등진 인생들을 여호와 하나님께로 돌이키시려고 하셨고 마지막에는 하나님 자신이 인간 세상에 찾아오셔서 하나님의 뜻을 밝히 보여 주시고 하나님의 말씀을 듣고 순종함으로 잃어버린 낙원을 회복할 수 있다는 길을 친히 보여 주셨던 것입니다.

바울 사도가 고린도후서 5장에서 "그런즉 누구든지 그리스도 안에 있으면 새로운 피조물이라 이전 것은 지나갔으니 보라 새것이 되었도다"(17절) 하고 선언한 것은 하나님께서 태초에 말씀으로 만물을 창조하신 것과 같이 이 말세에 말씀이 육체가 되신 그리스도 안에서 새롭게 하시는 것을 증거한 것이라고 하겠습니다.

참으로 우리는 한 개인이나 가정이나 사회나 나아가서는 국가도 진정 그리스도를 모시고 주로 섬기며 온전히 그의 뜻만 실현, 실행할 때는 새 사람, 새 가정, 새 사회, 새 국가가 되는 것을 보기도 듣기도 합니다. 제1, 2차 세계대전을 통해 나라와 나라, 민족과 민족 사이에 쌓이고 쌓인 적개심과 복수심이 도저히 해소될 수 없는 것처럼 보이던 것도 화해자이신 예수 그리스도를 모시고 그 이름 아래 함께 무릎을 꿇고 기도하는 가운데 참으로 놀라운 기적들이 일어나는 것들을 보아 온 것이 아니겠습니까? 참으로 만물을 새롭게 하시는 하나님은 예수 그리스도 안에서, 예수 그리스도를 통하여 만물을 새롭게 하신 것입니다.

마지막으로 하나님을 등지고 어둠의 권세 아래 있는 이 저주 받은 어둡고 캄캄한 세계가 예수 그리스도 안에서 새롭게 되기 위하여 우리의 할 일은 무엇이겠습니까? 이 세계가 불행과 비극을 극복하고 예수 그리스도 안에서 새롭게 되기 위하여 무엇을 할 것이며, 어떻게 할 것인가를 마지막으로 살펴보십시다.

요한계시록에 나타난 사실을 간추려 본다면 인간으로 하여금 하나님의 말씀을 거역하게 한 원흉은 마귀요, 인간이 마귀의 유혹에 빠져 하나님을 배반하게 된 것은 하나님의 말씀을 전폭적으로 받아들이지 않고 자기의 욕심을 따라 행한 것이라고 하겠습니다. 하나님의 말씀에 의심을 품고 마귀의 말에 귀가 솔깃해서 하나님의 말씀에 더하거나 덜하여서는 안 되는데 그 한계선을 넘어서서 완전히 마귀에게 농락을 당하므로 하나님의 형상을 상실하게 되었으며 또 하나님의 교통이 단절됨으로 말미암아 한없이 비참한 상태로 몰락되고 세계도 저주 아래 들어가게 되었던 것입니다. 그렇기 때문에 새롭게 함을 받기 위하여서는 먼저 하나님의 말씀을 읽고 그 말씀을 주야로 묵상함으로써 우리의 생활이 하나님의 말씀대로 되어져야 할 것이며 나아가서는 하나님의 말씀이 오늘 우리에게 말씀하고 명령하는 바를 힘써 실천해야 하겠습니다.

'만물을 새롭게' 하시는 하나님의 역사는 "뜻이 하늘에서와 같이 땅에서도 이루어지이다." 하는 우리의 기도와 함께 "내 뜻대로 마옵시고 아버지의 뜻대로 하옵소서." 하는 헌신, 복종으로 성취될 것입니다. 그렇기 때문에 예수님은 하나님의 뜻을 성취시키기 위하여 십자가를 지시러 예루살렘으로 올라가셨던 것입니다. 그와 함께 사람의 생명을 천하보다 귀하게 보시사 "사람이 무엇을 주고 그 목숨을 바꾸겠느냐, 온 천하를 얻고도 그 목숨을 잃으면 무엇이 유익하겠느냐"고 말씀하신 예수님께서 "아무든지 나를 따라오려거든 자기를 부인하고 자기 십자가를 지고 나를 쫓으라."고 하셨던 것입니다.

그런고로 '만물을 새롭게' 하시는 하나님의 역사가 이 해에 오늘 우리 가운데서 이루어지기 위하여서는 먼저 우리들 그리스도인들만이라도 전적으로 하나님을 신뢰하고 그 뜻에 복종하여야 하리라고 믿어 의심하지 않습니다.

해제(解題)

　1968년 1월 새문안교회에서 설교하였던 것을 「기독교사상」에 게재하였다.
　이 설교의 제목 "만물을 새롭게"는 1968년 스위스 웁살라에서 열린 제4차 세계교회협의회(WCC)의 주제였다. 웁살라 총회에 옵서버로 참석할 준비를 하던 강신명 목사는 그 주제를 가지고 설교를 하였다.

7. 웁살라 대회 제4분과 위원회
「대한예수교장로회와 WCC」(1969.9.)

1968년 웁살라에서 모인 세계교회협의회 제4차 총회에서 논의된 문제 중 우리의 관심을 끈 분과는 아무래도 4분과 위원회이었다. 왜냐하면 이 분과 위원회에서 다룬 주제가 국제문제에 있어서 正義와 平和 문제로 되어 있고 우리나라가 分斷되어진 채 국제간의 긴장과 평화가 우리의 국가 생활에 직접 영향을 끼치기 때문이다. 우리의 관심을 집중시킨 문제는 역시 중공 문제이었지마는 이번 대회에서 우리가 느끼고 직접 목격한 것은 현재 세계교회 지도자들은 국제 문제 중에 중공 문제는 그다지 긴급한 것으로 생각지 않고 있다는 점이다. 그만큼 東西의 理念 분쟁에 뿌리를 박은 문제보다 목전의 긴박한 사태에 더욱 신경을 쓰고 있는 것같이 보였다.

"국제 문제에 있어서 正義와 平和 문제"라는 주제하에 모인 제4분과 위원회에서 제일 중요하게 다룬 문제가 바로 월남 문제였다. 이 월남 문제에 곁들여서 인권 문제(주로 인종차별 문제)가 다루어졌고, 또 신앙 양심 때문에 군복무를 거부하는 소위 평화주의자의 문제, 종교 자유 문제 등이 논의되었다.

그다음 중요한 것은 국제간에 있어서의 경제적 정의 문제였다. 사실 경제적 정의에 관해서는 제3분과 위원회에서 "세계 경제와 사회개발"이라는 주제로서 충분히 다루어졌지마는 국제 평화 문제에도 이 경제적인 요소가 결정적인 의의를 차지한다는 주장 때문에 제4분과에서도 다루게 된 것이다. 이번 총회의 전반 문제에 걸쳐 경제 문제가 언급되지 않은 때라곤 거의 없었다.

제4분과 위원회의 공식 결의문의 번역은 「기독교 사상」 10월호(1968)에 게재되었기에 여기서 중복을 할 필요는 없는 것 같다. 첫째 부분에서는 전쟁과 평화라는 제목하에 약소국가들이 핵무기의 제재를 감수하여야 하는 한편, 핵 보유 국가들이 모든 무기 개발을 중지해야 한다고 하였다. 그리고 국제 문제를 전쟁으로써 해결하는 데 따르는 제반 문제에 대하여 크리스찬의 양심적인 판단만이 평화적인 문제 해결을 가져올 수 있다는 것이다.

그리고 평화와 정의 문제는 전쟁보다도 개인의 인권을 존중하고 다수자보다 소수자의 의견을 존중히 하는 데서만 올바른 해결의 길이 있다는 것이 다음에 논의되었던 것이다. 다수자의 횡포가 있는 동시에 소수자의 횡포도 있을 수 있다는 것을 전제하고 소수자의 횡포보다 다수자의 횡포가 더 심각한 문제를 야기시킨다는 것이다. 결국 다수자나 소수자가 제한된 자유 안에서 주어진 권리행사를 해야만 한다는 것이다. 여기에 따르는 문제 가운데 제일 으뜸이 되는 것이 인종관계의 문제이다. 교회는 착취당하는 소수 그룹들의 경제적, 정치적 복지향상을 위해 능동적인 자세로 임하여야 한다는 것이다. 이와 비슷한 것으로서 피난민, 특히 전쟁과 재해로 말미암아 유랑하는 사람들의 구제와 정착 문제였다.

위에서도 언급한 바 있지만 국제 정의와 평화 촉진에는 역시 경제적 요소가 결정적인 것이기 때문에 이에 대한 긴 토론이 계속되었다. 즉 유엔의 국제 사회 개발을 적극 원조하고 특히 강대국의 경제적 횡포로부터 신흥 개발 국가를 보호하기 위해서 집중적인 노력을 해야 한다는 것이다.

끝으로 이러한 평화와 정의를 촉진하는 데 필요한 국제기구 문제가 토의되었다. 민족주의와 지방주의가 서로 엇갈린 충돌 때문에 야기되는 여러 가지 이해 문제의 조정은 역시 현재의 유엔 기구에 의지할 수밖에 없다는 것이다. 그러나 유엔의 헌장 자체가 정의와 평화를 국제간에 이루어 놓을 수 없다는 점을 강조하게 되었다. 법이라는 것은 역동적인 것이어서 기능 속에 갇혀서 사문화되어서는 아니된다는 것이 유엔이 현재까지 국제 평화와 정의를 견고하게 하는 데 지대한 공헌을 하였지마는 아직도 수많은 문제점을 내포하고 있다는 것이다. 그 문제점 가운데 하나가 中共의 가입 문제이다. 유엔으로 하여금 인류의 정의와 평화를 견고케 하는 유일한 기구로 존속하려면 이 지구상에 있는 모든 나라가 예외 없이 가입해야만, 그 도의적인 힘을 발휘할 수 있다는 것이다. 제4분과 위원회에서는 월남 문제 때문에 긴장했는데, 이 中共 문제 대목에 가서 또다시 긴장하게 되었다. 그것은 한국을 위시한 아세아 대표들이 이 문제에 관해서 지극히 예민한 반응을 표시했기 때문이다. 한국 대표들은 이 부분의 보고가 있기 전에 발언 신청을 하였으나 시간의 제약 때문에 이루어질 수 없었다. 결국, 일본 대표 다케나까씨(전도오시샤 대한 신학부장)가 겨우 시간을 얻어서 오늘날 아세아에 있어서의 中共의 팽창 침략을 당한 나라들의 입장을 설명하고, 이 중공 문제는 보고문에서 삭제하기로 된 것이다.

이번 총회에서 관심의 초점은 역시 월남 문제와 인종차별 문제이고, 거기에 곁들여서 비아프리카와 나이제리아 전쟁의 문제의 순위로 다루어졌다. 게다가 쏘련의 체코 침략의 소식이 조금씩 들려오자 대표들은 눈앞에 다가온 긴박한 사태에 더욱 관심을 쏟게 되었다. 중공 문제는 이러한 긴박한 문제에 비하면, 훨씬 여유 있는 문제로 간주되어진 감이 있었다. 이 때문에 우리 대표를 위시하여 아세아 지역 교회들은 국제간의 관심점의 차이에 놀라지 않을 수 없었다. 유럽이나 아프리카, 그리고 중동, 아세아 일부 국가들은 공산주의의 직접 침략을 경험하지 않은 나라들이기 때문에 공산주의 위협을 피부로 느끼지 못하는 것같이 보였다. 저들은 힛틀러나 무쏘리니 같은 전체주의 독재라면 펄쩍 뛰면서 야단법석을 치지만, 공산주의는 전체주의보다 덜 무서운 것으로 알고 있는 것같이 보였다. 그러나 아세아의 공산주의는 저들이 두려워하는 전체주의의 어느 것에 못지않은 가공할 전체주의 독재임을 알아야 할 것이다. 이 점에 대해서, 유럽의 대표들이나 아세아의 일부 자유주의자들이 中共에 대한 안이한 견해를 시정하도록 촉구해야만 할 것이다.

해제(解題)

　이 글은 1969년 8월 서울노회 수송교회 당회(김용준)가 발행한 소책자 「대한예수교장로회와 WCC : WCC 재출석 제안에 부치는 글」 안에 실린 것이다. 이 소책자는 합동과 통합의 교단재합동 논의가 한풀 꺾인 상황에서 서울노회 소장파 목사들이 1969년 9월 총회에서 WCC 복귀를 결정지으려는 목적을 가지고 출판한 자료였다. 그 내용은 다음과 같다.

1. 머리말(김용준), 2. 우리 교회와 연합사업(유호준), 3. 세계교회연합운동과 한국장로교회(김동수), 4. United Presbyterian and the World Council of Churches(Samuel Hugh Moffet), 5. "웁살라 대회 회고", 「제4분과 위원회」(강신명), 6. 세계학생기독자연맹총회 회고록(김형태), 7. 에큐메니칼 운동의 정신(민경배), 8. 대한예수교장로회의 원교회상(김용준), 9. 총회록에서 발췌한 세계교회와의 유대에 관한 기록

강신명 목사는 1968년 7월 4일~19일의 일정으로 스웨덴 웁살라에서 열린 제4차 WCC 총회에 옵서버로 참석하고 돌아왔다. 제4분과에서 다룬 주제가 국제문제의 정의와 평화문제였고, 냉전과 분단상황에 있는 한국의 관심을 집중시키는 주제였다. 핵심문제가 월남 문제와 인종차별 문제였으며, 미국이 주도하는 월남전에 대한 반전 운동이 유럽 학생운동의 주요 이슈였다. 또한 마틴 루터 킹 목사가 WCC 총회 연설을 앞두고 암살을 당했고, 남아공의 인권탄압문제가 심각하게 제기되었다. 그리고 중국을 유엔이라는 세계무대로 끌어내서 도의적 힘을 발휘하게 하자는 것이었다. 월남 문제와 중국 문제는 한국인 대표들에게 아주 민감한 문제였다. 강신명 목사는 아시아의 공산주의가 어떤 전체주의 못지않은 무서운 독재라는 사실을 유럽의 대표들이 잘 모르고 안이한 견해를 가지고 있다고 말한다.

8. 장로교일치운동과
통합교단의 WCC 재복귀

― 강신명 목사의 역할을 중심으로 ―

    1959년 장로교 분열 이후에 통합 측은 합동 측과의 일치를 소망하면서 WCC 탈퇴를 결정하였다. 그리고 10년이 지난 1969년 9월 총회에서 WCC 재가입을 결정하였다. 그 10년 동안의 역사는 통합교단 안에서 에큐메니칼 운동을 포기하더라도 재통합을 해야 한다는 세력과 에큐메니칼 교단의 정체성을 지켜야 한다는 세력들 사이에 갈등이 있었다. 합동교단은 고신과 연합하였으나 그 안에서 성경장로교회와 호헌교단이 분열했고, 결국 고신은 환원을 하고 말았다. 한국기독교장로회는 에큐메니칼 교단으로 성격을 분명히 하고 한국기독교연합회(NCCK)의 가맹교단이 되었고, 세계교회협의회(WCC) 회원교단이 되어 세계 에큐메니칼 운동의 일원이 되었다.

    네 개의 장로교 교단들이 자신들의 독자적인 특성을 형성해 가는 이 시기에 장로교일치운동이 있었다. 이 운동은 성공하지 못했기 때문에 역사의 주목을 받지 못했으나 그 의미와 과정을 연구하는 일은 후대를 위해 중요한 교훈을 남기는 일이다. 이 시기에 강신명 목사는 장로교 통합교단을 대표하는 인물이었고, 장로교일치운동의 중심에 있었다. 그는 평양신학교 전통을 지키면서도 에큐메니칼 사고를 지닌 인물이었고, 영주 출신으로 서북과 비서북을 연결하는 중요한 역할을 하였다. 하지만 1968년부터 그는 에큐메니칼 운동을 포기하는 장로교의 재통합은 통합교단의 내부 분열을 가져온다는 판단을 하게 되었고, 1969년에 통합교단이 WCC에 재가입하는 데 결정적인 역할을 하게 된다. 이 역사 연구를 통해 통합교단이 복음주의 에큐메니칼 특성을 유지하는 데 있어 강신명 목사의 결정적인 공헌을 살펴볼 수 있다.

1) 제1차 연동 – 승동 재통합운동(1959 – 1960)

1959년 제44회 총회의 교단 분열 이후 대다수의 평신도들과 중립 측 목사들은 강력하게 갈라진 양측의 재통합을 요구하였다. 미국 남장로회 선교부에서는 은퇴선교사 린튼(W. A. Linton)을 보내 양쪽의 화해를 주선했다. 12월 18일 연동, 승동, 선교부 사이에 만들어진 화해 성명이 발표되었다. 12월 29일 2차 회담에서 연동 측은 "WCC는 신신학이나 용공이나 단일교회를 목적하는 단체가 아니나 일부 오해가 있으므로 교회의 화평을 위하여 통합총회는 동연합회를 탈퇴하기로 한다." 그리고 "국제기독교협의회(ICCC) 노선을 따를 수 없으며 매킨타이어 일행을 초청하여 그 사상을 선전케 한 자는 통합총회 총대가 될 수 없다."고 발표하였다. 승동 측에서는 "WCC를 탈퇴하고 WCC적 에큐메니칼 운동을 하지 말 것"을 요구했고 "신학교 교장 서리 계일승, 김윤국, 박창환 교수를 파면할 것"과 "교회 분열을 조장한 선교사는 과오를 사과하고 중외에 성명할 것" 등을 요구하였다. 결국 양자 사이의 입장 차가 너무 커서 1차 재통합운동은 실패했다.

하지만 1960년 2월 17일에 연동, 중립, 승동의 일부가 새문안교회에서 총회로 모여 '통합총회'를 창립하였다. 그 직후 승동 측에서 장로회신학교의 소유권을 놓고 소송을 제기하였다. 1960년 6월 16일 남장로회 선교부는 통합총회와 선교관계를 지속한다고 성명을 발표했다.

2) 기장 – 통합의 재통합운동

1961년에 통합 측 소장파들 안에서 두 가지 운동이 일어났다. 첫째는 기장과 예장 사이에 귀일(歸一)운동이고, 둘째는 WCC 재가입 건이었다. 4월에 서울의 양측 교역자들이 비공식회담을 갖고 우선 강단교류를 통해 우정회복과 신앙교류를 시도하였다. 이것은 통합 측 경기노회 안에 한국신학대학교 졸업자들이 상당히 많았기 때문에 기장 측과 친밀한 교류가 가능했던 것이다.[11] 그리고 그들은 합동 측과의 재통합이 불가능한 상황에서 WCC 탈퇴 결의를 취소하자는 주장을 하기 시작했다. 그러나 김재준 교수 문제로 교단 분열을 겪은 교단의 지도부들은 기장과 예장통합의 연합운동을 반대했다.[12] 통합의 지도부는 기장과 통합이 연합운동을 전개할 경우 통합과 합동의 재통합은 영원히 불가능해진다고 판단하였던 것이다. 기장의 김정준 목사는 "통합과 합동이 먼저 연합한 다음 기장과 연합하는 것은 불가능한 것이다. 그러므

---

11) 오덕유(묘동), 김시원(영동), 박지서, 유병관, 김봉삼, 오병수(삼각), 이연호(이촌동), 전군명(동소문), 정효곤, 황광은(영암교회), 김용준(마포교회), 박한룡(용산), 용재호(피어선성경학교), 유학로(동막) 등은 한신졸업생으로 통합 측 목사였다. "장로교귀일운동", 〈크리스챤신문〉(1961.5.29.) 그리고 강신명 목사의 동생 강신정 목사도 기장 측이었다.
12) "WCC 탈퇴번복보류", 〈크리스챤신문〉(1961.8.14.), 필자와 김형태 목사의 전화 인터뷰(2016.2.11)

로 장로교 귀일을 하려면 차별을 버리라."고 충고했다.[13]

3) 제2차 통합 – 합동의 재통합운동(1961 – 1963)

1960년 12월 제45회 합동총회에서 승동 측과 고신 측이 연합을 하였다. 이들은 1961년에 내부 결의를 다지고 연합의 열기를 끄지 않고 1962년 7월에 합동위원회를 구성하여 통합 측에 회담을 제의했다. 1962년 9월 총회는 한국장로교회의 희년총회였기 때문에 교인들의 재통합의 기대가 높았다. 1962년 7월 31일부터 제2차 재통합운동이 시작되었다. 그러나 세 차례의 회담에서 양 측은 WCC 탈퇴만을 재확인하였고, 합동 측이 요구하는 NCC 탈퇴의 건은 합의를 이루지 못했다. 다른 한편 합동교단은 여러 차례 내분을 겪고 있었다. 미국의 근본주의 단체 ICCC의 공작으로, 1961년 9월 김치선 목사가 성경장로교회를 분립했고, 1962년 9월 박병훈 목사가 호헌을 분립했다. 그리고 1963년 9월 고신이 환원했다.[14] 이런 와중에 통합 측과의 재통합 운동에 성실하게 임할 수 없었고 자신들의 원칙론만을 고집한 것이다.

1962년 9월 합동 측과 통합 측이 정한 양측의 합동원칙[15]

· 합동 측의 원칙
　(1) WCC적 에큐메니칼 운동을 명실공히 전폐하고 NCC를 탈퇴할 것, 단 국내 연합사업은 협력하되 WCC적 에큐메니칼 자금을 받는 사업은 할 수 없다.

---

13) 김정준, "하나님이 합동을 원하신다", 〈크리스챤신문〉(1961.9.18.)
14) "한국교회와 ICCC와의 백서", 〈크리스챤신문〉(1962.3.19.)
15) "합동원칙과 정책", 〈크리스챤신문〉(1962.9.24.)

(2) 신학교는 보수적이요 순복음적으로 경영한다.

(3) WCC적 에큐메니칼 운동을 반대하는 선교사를 환영한다.

· 통합 측의 원칙

우리는 독선적이고 편협한 신앙의 고집과 태도를 지양하고 역대 교회의 전통적 신앙고백인 사도신경과 웨스터민스터 신앙신조에 입각한 세계장로교회가 지향하는 노선과 긴밀한 유대를 맺고 삼위일체 신관을 고백하는 다른 교회 교우와 성도의 교제를 돈독히 하고 저들과 연합하여 시대적으로 부과되는 공동사명을 완수할 것을 목적하는 범위 안에서 분열된 형제들과의 통합의 길을 모색한다.

(1) WCC 탈퇴를 재확인한다.

(2) 국내 연합사업은 종전대로 계속한다.

(3) 3선교부와의 유대를 더욱 공고히 하며 선교사업은 조속히 총회에 통합하도록 촉구한다.

1962~1963년 NCC 탈퇴문제를 둘러싸고 양쪽 논객들 사이에 지상전(紙上戰)이 벌어졌다. 유호준 목사는 WCC로 돌아가야 한다고 공개적으로 밝혔다.[16] 조동진 목사는 그것이 "합동을 와해하는 선동"이라고 비판했다.[17] 유호준은 "재통합을 위해 WCC와 관계를 끊었는데, 한술 더 떠서 국내연합까지 그만두자고 요구한다."고 응수했다.[18] 조동진은 한국 NCC가 미국 NCC의 급진적 전략의 도구가 되었다고 비판했다.[19] 유호준은 NCC를 탈

---

16) 우제, "교회통합운동에 제의한다", 〈기독공보〉(1962.9.17.)
17) 정제, "합동와해책동을 삼가라", 〈크리스챤신문〉(1962.9.24.)
18) 유호준, "국내연합사업에서 후퇴할 수 없다", 〈크리스챤신문〉(1963.1.28.)
19) Ibid.

퇴하면 하나 될 수 있다고 하지만 자신들은 성경장로교회, 호헌으로 분열되었다고 비판했다.[20]

강신명 목사는 1961년 9월에 총회가 정한 합동연구위원에 임명되면서 장로교일치운동에 참여하게 된다. 그는 1962년에 장로교일치운동이 실패하는 것을 지켜보았다. 강신명은 1963년에 총회장이 되었고, 그해 성탄절 메시지에서 교단의 합동원칙을 강조한다.

> 몇 차례에 걸친 분열의 상처를 입은 대한예수교장로회 총회가 교역자와 평신도를 막론하고 원칙이 없고 일정한 정견을 가진 것이 없이 교권을 노리는 무리들의 주도권 장악을 위해 수단과 방법을 가리지 아니하는 감언이설과 양두구육의 선전에 또다시 현혹됨이 없을 뿐만 아니라 우리의 노선을 밝힘으로 대담히 갈 길을 달려가기로 기치를 선명히 하였던 것이다.[21]

4) 장로교연맹안 대두(1964 - 1965)

1964년 9월 3일 양쪽의 지도자들이 교단 일치를 위해 다시 만났다. 이 모임의 주도자는 통합 측의 이상근, 임옥, 승동 측의 조동진, 채기은이었다.[22] 그 모임 직후 합동 측 지도자의 이름으로 만들어진 유인물이 통합 측 전국교회로 발송되었다. 그 내용은 "NCC 탈퇴가 장로교합동을 막고 있다."는 주장이었다. 통합 측 지도자들은 이것을 교단 내부 분열을 획책하

---

20) 유호준, "장로회가 지향할 길", 〈기독공보〉(1963.2.4.), 김린서, "조동진 목사의 NCC 탈퇴론에 답함", 〈기독공보〉(1963.2.4.)
21) "교단의 환원과 귀일을 촉구한다", 〈기독공보〉(1963.12.23.)
22) "양측합동논의 후문", 〈기독공보〉(1964.9.12.)

는 공작으로 보고 분노했다. 총회장 강신명과 서기 김광현은 '전국산하교회 앞'에 공고하여 1962년 9월에 작성된 통합교단의 세 가지 합동원칙을 알렸다.[23] 국내연합사업은 종전대로 한다는 원칙이었다. 그리고 합동 측이 NCC 탈퇴를 요구하는 것은 진정한 일치보다는 "용공·신신학, 단일교회"라고 공격한 것을 합리화하려는 전략이라고 보도했다.[24]

강신명 목사는 1964년부터 '장로교연맹'을 만들기 위해 노력했다. 부산 등지에 다니며 합동 측 대표들과 만났다.[25] 장로교 연맹안은 갈라진 4개 교단이 합동하기 어려우니 우선 연맹체를 조직하여 교제를 나누자는 것이었다. 그러나 1964년 9월 양측의 갈등으로 논의는 중단되고 말았다. 강신명 목사는 세계장로교연맹 총회에 참석하고 9월 14일에 미국 칸사스 주 스터링 대학에서 명예신학박사학위를 받고 9월 21일 귀국하여 제49회 총회에 참석하였다.

제84회 경기노회(1965.5.11)에서 김종대 목사는 "한국장로교연맹조직"안을 총회헌의안으로 제시하였다. 그 취지는 한국장로교회의 각 교단이 세계장로교연맹에 가입하여 있지만 국내연맹이 없으니 만들자는 것이다.[26] 그 목적은 "장로교신조와 대소요리문답을 그대로 믿는 장로교회들이 대화와 성도의 교제를 하며 전도와 봉사에 상호협력"하는 것이다. 총회를 앞둔 9월 9일 통합, 기장, 합동에서 18명의 지도자들이 모여 강신명 목사의 사회로 회의를 하였다. 이들은 '장로교연맹안'을 각 교단의 제50회 총회에 건

---

23) "NAE측서 교회분열획책", 〈기독공보〉(1964.9.12.)
24) "장로교의 재통합의 길", 〈기독공보〉(1964.9.12.), "장로교회는 이렇게 분열했다", 〈크리스찬신문〉(1964.9.19.)
25) "장로교의 협의체는 시대적 요청", 〈기독공보〉(1970.9.26.)
26) "장로교연맹을 조직", 〈기독공보〉(1965.5.22.)

의하고 통과되면 권한을 부여받아서 다시 모이기로 하였다.

통합과 기장은 장로교연맹안을 수용했으나 합동은 오히려 보수연합기구를 창설하기로 하였고, 고신은 아무런 응답을 하지 않았다. 결국 기장과 통합만 남은 장로교연맹안은 힘을 잃고 말았다.[27] 강신명 목사는 현 단계에서 장로교 재합동은 어렵다고 보면서도 대화와 협력을 위한 장로교연맹은 여전히 중요한 대안이라고 보았다.

> 교파주의는 자연 배타적이며 독선적이 되어 버리므로 교리나 생활에 결함이나 과오를 범하지는 않는다손 치더라도 다른 교파나 교인들과 비협조적이 되어 버리고 만다. 또 심한 경우는 남의 교단이나 교회를 마귀의 집단인 양 규정짓고 중상하고 모략함으로써 교회의 위신을 떨어뜨리고 교회의 세력을 약화시키는 것이다. 그 결과 교회는 교회 본래의 사명을 수행할 수가 없게 된다. …… 분열된 이 상태에서는 이 지상명령이요, 지상과제인 선교와 전도가 전연 불가능하다. ……
>
> 그렇기 때문에 현 단계에서 교파일치는 교파합동이 아니라는 것을 이해하고 교역자 상호 간에 이해와 협조적 정신으로 대화의 시간을 갖는다는 것과 나아가서는 이것은 어디까지 교회의 일이니 만큼 성령의 도우심을 구하는 연합기도회가 필요하고 성경 연구와 함께 교회의 공동 과제가 무엇인지 찾아내는 모임이 필요한 것은 두말할 것도 없다.[28]

---

27) "귀일위한구심운동전개", 〈크리스찬신문〉(1965. 10. 2.).
28) "교파일치는 가능한가?", 「기독교사상」(1966. 2.), 59, 63.

5) 제3차 통합 – 합동의 재연합운동(1968)

수년이 지나 1968년 1월 23~24일 양 교단의 합동위원회소위원회가 모였다. 통합 측에서는 이태준, 나덕환, 이상근이 나왔고, 합동 측에서는 이환수, 노진현, 백동섭이 왔다. 이들은 다음의 네 가지를 합의하였다.

(1) WCC 완전 탈퇴를 재확인한다.
(2) 한국기독교연합회(NCC)를 개편하여 교회 수 비례로 대표를 파송하여 개혁하고 2년 안에 실현되지 않으면 탈퇴한다.
(3) 모든 선교사들은 한국교회로 이명하든지 언권회원이 되고, 선교회 보조비는 총회로 이관하는 것을 원칙으로 한다.
(4) 신학교는 양쪽이 7명씩 동수로 새 이사회를 구성한다.[29]

이상 네 가지 사항은 1962년 9월에 세운 통합의 합동원칙에서 크게 양보한 내용이었다. (2)항은 다른 NCC 회원교단들이 도저히 수용할 수 없는 안으로서, 2년 후에 NCC를 탈퇴하자는 것과 다르지 않다. (3)항은 선교부에 경제적 지원만 하라는 것인데, 결국 선교사와의 관계를 끊으라는 요구와 다르지 않다. (4)항은 신학교 이사회를 양분하자는 것으로 신설된 내용이다. 이태준, 나덕환, 이상근 목사는 통합 안에서 "에큐메니칼을 포기하더라도 재통합을 먼저 하자"는 찬성파를 대변하고 있었다.

이상근 목사는 1958년 8월 교단 분열 직전에 쓴 글에서 박형룡 교장 사면사건 이전으로 돌아가서 교단 분열을 막자는 제안을 한다. 박형룡 교

---

29) "합동원칙완전합의", 〈크리스챤신문〉(1968. 1. 31.)

장직을 유지하게 하고, WCC 탈퇴도 막고 제휴하자는 것이다.

> 에큐메니칼 문제와 신학교 교장 문제는 오늘날 불가분리의 관련성을 가지고 있는 것이다. 그렇다면 필자는 감히 양 건은 일괄적으로 하여 감히 박 박사 사면 이전으로 돌아가자고 제안하고 싶다. 곧 모든 과거를 잊고 박 박사를 신학교교장에 재등용하여 신학계의 안정을 기하고⋯⋯ 다른 면으로서는 WCC에서 탈퇴하는 것은 지양(止揚)하고 "에큐메니칼이즘을 연구"하게 한 안동총회와 "사업과 친선에만 가담"하게 한 부산총회의 결의를 재확인하여 계속 연구하면서 제휴하는 것이 가할 것이다.30)

그러나 이러한 제안이 실패로 끝이 난 이후 이상근 목사는 에큐메니즘을 잠시 포기하더라도 교단 일치부터 이루자는 입장을 고수한 것으로 보인다.

서울노회(이전 경기노회)31) 소장파 목사들이 반발했다. 1968년 1월 30일에 통합 측 목사 60여 명이 모여 위의 합의는 너무 많은 양보를 했고, 에큐메니칼 운동을 포기하고 재통합하면 통합 측에 내부 분열이 일어난다고 주장했다.32) 서울노회에서 신중파와 찬성파 사이에 격론이 일자33) 통합의 증경총회장들이 개입했다. 한경직, 전필순, 강신명, 이창규, 이기혁, 김형모, 김

---

30) 이상근, "에큐메니칼이즘에 對한 私見", 〈기독공보〉(1959.8.10.)
31) 1965년 11월 23일 85회 경기노회는 서울노회로 명칭변경을 결의했다. 〈기독공보〉(1965.12.4.)
32) "예장합동안 위요한 좌담회", 〈교회연합신보〉(1968.2.4.) : 참석자들의 발언내용이 간추려 요약되어 있다.
33) "서울 교역자회 합동안 싸고 일대교란", 〈교회연합신보〉(1968.2.11.)

광현, 김세진 등은 2월 6일 영락교회에서 회집하여 "다른 측과 합동하려다 우리 편에 분열을 초래할 우려가 있다."고 신중론을 지지했다."[34]

그 와중에 양 교단의 합동위원들은 2월 15일 회의에서 합동의 절차와 세칙을 합의하였다.[35]

1. 속회총회 : 양 합동위원장이 양 총회장에게 요구한다.
2. 헌법과 규례 : 1959년 분열 전 현재로 돌아간다.
3. 합동총회 : 제52회 총회로 하고 양 임원은 자동 사퇴한다.
4. 실행위원회 : 합동총회 폐회 후 9월까지 총회 잔무를 처리한다.
5. 연합사업위 : NCC를 연구, 2년 후에 NCC 탈퇴여부를 결정하여 총회에 보고한다.
6. 선교회 관계 : 합동원칙에 의거, 선교부와 교섭한다.
7. 신학교 관계 : 전 이사, 교수, 직원의 일괄사표
8. 노회합동 : 양 노회장의 명의로 합동노회를 소집한다.

합동위원
통합 : 이태준 나덕환 이상근 방지일 한경직 강신명 김성배
합동 : 이환수 노진현 정규오 이수현 장덕호 손계용 정응갑 정봉조 정순국

또 합동위원회는 속회총회는 16일 대전에서, 합동총회는 4월 30일 서울에서 개최하기로 합의하였다.[36]

---

34) "통합 증경총회장 합동원칙문제제기", 〈교회연합신보〉(1968.2.11.)
35) "합동의 절차 및 세칙에 합의", 〈크리스찬신문〉(1968.2.24.) 안광국, 『한국교회선교백년 비화 : 안광국 목사 유고집』(서울 : 총회교육부, 1979), 325 – 328.
36) "장로회 10년 만에 합동기운", 〈동아일보〉(1968.2.21.)

통합 측의 신중파는 이 합의는 교단의 '합동원칙'을 무시한 것이고, 용공, 신신학 공격을 먼저 취소해야 한다고 주장하였다.[37] 2월 20일 통합교단의 전국노회장, 증경총무, 각 부 총무, 임원, 합동위원들의 연석간담회에서 네 가지 결론을 택했다.

(1) 용공주의, 신신학 등 그릇 선전한 것을 취소하도록 요구할 것,
(2) 연합사업을 계속하도록 할 것,
(3) 선교동역자 문제는 상호약정서에 따를 것,
(4) 신학교 문제는 문교부규제에 의해 합할 것 등이었다.[38]

이것은 1968년 1월 합동소위원회의 결의를 완전히 뒤집는 내용이었다. (3)항과 (4)항은 통합과 합동이 결정할 내용이 아니라 외부와 합의할 사항이며, (2)항은 국내연합사업을 포기하지 않는다는 것이고, (1)항은 공격적으로 기존에 상처 준 것에 대해 사과하라는 내용이었다.

통합 안에서 재통합 찬성파와 반대파 사이에 분열이 시작되었다. 1968년 3월 4일 찬성파 합동위원 이태준, 김성배, 이상근, 방지일은 합동자문위원들(전필순, 이창규, 김세진, 김광현, 김윤식, 한완석)과 만나 총회의 속회를 논의했다. 그러나 이 모임에 반대파 합동위원 나덕환, 한경직, 강신명은 불참했다. 총회장 김윤식은 합동위원 7인의 합의가 없으면 속회할 수 없다고 버텼다.

---

37) "내부정리 안된 합동", 〈교회연합신보〉(1968.2.25.).
38) 김윤식, "총회소집을 신중히 할 이유", 〈크리스찬신문〉(1968.3.30.), "내부정리 안 된 합동", 〈교회연합신보〉(1968.2.25.), 참석자들의 구체적인 발언은 "누구를 위한 합동이냐", 〈교회연합신문〉(1968.2.25.)

한편, 합동 측은 통합 측의 내부 분열을 확대하는 조치를 취했다. 1968년 3월 1일 대전중앙교회에서 제52회 총회를 열고 2월 15일의 합동원칙을 만장일치로 통과시켰다.[39] 합동 측 정규오 목사는 재통합 문제를 계기로 통합 측이 두 파로 갈라지기를 바라는 마음이 있었다. 그는 기자와 인터뷰에서 통합 측의 다수파 보수진영은 합동 대열에 참가할 것이고 소수파 WCC 지지자들은 떨어져 나갈 것이라고 예측했다.[40] 하지만 그의 예측과는 달리 통합 측의 다수파는 에큐메니칼 원리를 따랐다.

> "세계적인 장로회의 노선을 떠날 수 없으며 국제적으로는 WCC와 같은 세계기구에서 이탈하여 고립하기를 원치 않으며 국내적으로도 NCC를 통한 국내 모든 교회들과의 연합사업을 계속 추진할 것이며 선교사와의 80년 유대를 계속 유지할 것"[41]

이태준 목사는 합동 측 합동위원들에게 재통합의 대의를 위해 용공·신신학 발언에 대해 취소해 달라고 요청했으나 사실상 거부당했다.[42] 한 동안의 교착상태 후에 4월 20일 양쪽은 서울역 그릴에서 만났다. 그 자리에서 합동 측 이환수 목사는 이태준 목사에게 사과 편지를 전달했다. "용공·신신학 운운한 문제가 비록 개인들이 발언한 문제지만 합동에 방해가 된다면 여하한 희생을 무릅쓰고서라도 여기에 해답을 않을 수 없다."고 사과하는 내용이 담겨 있다. 그러자 이태준 목사도 과거에 합동 측을 향해 독선주의, 바

---

39) Ibid., "합동원칙 받기로 가결", 〈교회연합신보〉(1968.3.10.)
40) Ibid.
41) "쇼로 전락한 합동현상", 〈교회연합신보〉(1968.4.28.)
42) "합동 측의 배신을 개탄", 〈교회연합신보〉(1968.3.24.)

리새인이라고 운운한 점에 대해 취소한다는 서한을 교환했다.[43]

이로써 형식적으로 재통합의 조건이 이루어졌다. 하지만 이러한 행동이 진정한 사과는 아니었다. 통합 측 지도자들의 일부는 명문상 장로교일치운동을 거부할 수 없어서 교섭에 응하고 있을 뿐이었다. 그러다가 재통합교섭이 막바지에 이르게 되자, 그들은 "용공·신신학 발언 취소"라는 새로운 카드를 들고 나왔다. 합동 측에서는 통합의 찬성파와 반대파가 분열되기를 고대하는 마음으로 교섭에 임했다. 결국 양쪽은 평신도들의 재통합 요구와 명분에 밀려서 나왔으나 합동 측은 수용하기 어려운 것을 통합 측에 요구했고, 통합 측은 내부 분열만 가중되었다.

6) 통합의 WCC 재가입 운동

1961년 인도 뉴델리에서 개최된 제3차 WCC 총회에는 기장과 감리교단이 총대를 파송했다. 통합 측에서는 김길창 목사가 한국기독교연합회(NCCK) 회장 자격으로 참가하였다.

강신명 목사는 1968년 7월 4~19일의 일정으로 스웨덴 웁살라에서 열린 제4차 WCC 총회에 옵서버로 참석하고 돌아왔다. 그리고 합동 측은 암스테르담에 열린 개혁에큐메니칼 대회(Reformed Ecumenical Synod)에 대표를 파송하였다. 재통합 논의는 이때 중단되고 끝이 났다.

강신명 목사는 서울노회와 총회 연합사업위원회에서 적극적으로 에큐메니칼 운동의 활성화를 위해 활동하였다. 1968년 8월 서울노회 임시노회를 앞두고 김용준 목사와 최중해 목사를 제안자 대표로 하여 123명의

---

43) "예장합동위 서신 교환", 〈크리스찬신문〉(1968.4.27.)

서명이 담긴 WCC 재가입 결의안이 노회에 안건으로 상정되었다.[44]

전필순 한경직 최거덕 용희창 강신명 유호준 김종대 김형태 오덕규 이금식 배명준 최석주 박치순 나기환 전군명 민경배 황광은 박한용 이종성 이연현 민경배 김동수 문용호 박학래 등

이때의 상황을 들어보자. 유호준 목사는 한경직 목사를 찾아가서, 더 이상 교회의 정력을 낭비하지 말고 교회 부흥과 나라 발전의 동력으로 사용하자고 했다. 한경직 목사는 "내가 욕을 먹더라도 교회는 편해야지. 반대해야겠어."라고 동의했다.[45] 김형태 목사는 "소장파 목사들이 한경직 목사를 찾아가서 에큐메니칼 운동을 양보하는 재통합을 반대했고, 교단의 정체성과 방향을 분명하게 할 때라고 요청했다."고 증언했다.[46] 당시 김용준(수동), 김형태(연동), 김동수(성광) 등이 열심히 서명을 받으러 다녔다. 홍성현 목사는 "당시 새문안교회 부목사였고 서울노회 교육부 서기였는데, 강신명 목사와 김용준 목사를 도와서 WCC 재가입 연판장에 서명을 받으러 다녔다."고 증언한다.[47]

하지만 8월 22일 서울노회 임시노회가 석상에서 서명자 중 하나였던 김종대 목사가 "서류가 적법성을 결여해서 논의할 수 없다."고 반대의 입장을 밝혔다. 또 재통합 논의가 있는 이때에 WCC를 언급하는 것이 시기

---

44) "WCC복귀공식 제안", 〈교회연합신보〉(1968.8.11.)
45) 유호준, 『역사와 교회 : 유호준 목사 회고록』(대한기독교서회, 1993), 298.
46) 2016년 2월 11일 필자와 김형태 목사와의 전화통화 내용.
47) 2016년 2월 26일 필자와 홍성현 목사와의 전화통화 내용.

적으로 부적당하는 반대가 있었다.[48] 이 이상한 일은 아마도 안광국 목사의 부총회장 출마와 관계가 있다고 보인다. WCC 재가입 건을 총회에서 거론하는 것은 안 목사에게 불리하다는 판단을 했으리라고 보인다. 안광국 목사는 그해 부총회장으로 당선되었다.

1968년 9월 부산에서 열린 통합과 합동의 총회는 모두 재통합 논의를 중단시켰다.[49] 특히 통합 총회는 합동위원을 합동연구위원(15명)으로 변경해서 교섭기능을 연구기능으로 바꾸었고, 재통합 찬성파 이태준 목사를 합동연구위원에서 배제하였다. 이것은 안광국 목사를 중심으로 총회지도부가 재통합을 포기하고 독자 노선으로 가는 것을 의미한다.[50]

1968년의 재통합운동은 분열의 근본원인은 제거하지 않으면서 형식적으로 일치를 하는 것처럼 평신도들을 기만한 것은 아닌지 반성해야 한다. 통합 측은 WCC를 탈퇴하였다고 하면서도 여전히 WCC와 관련을 가지고 있었다. 합동 측은 WCC 회원교회들이 참가하고 있는 국제연합기구(Reformed Ecumenical Synod)에 가담하면서 작전상 용공을 운운하고 WCC계 에큐메니칼 운동에서 탈퇴하라고 요구하고 있었다.

1969년 5월 서울노회 정기노회(5. 13-15.)에서 강신명 목사는 WCC 재가입안을 총회 헌의안으로 상정했다. 여기서 김용준 목사가 제안 이유를 설명했고, 강신명 목사가 찬조 발언을 하였다. 그러나 이태준 목사는 WCC는 용공주의라고 강력히 저지발언을 했고, 서울장로친목회 김재호 장로는 시기상조라고 발언하여 분위기는 거부 쪽으로 기울었다. 그러나

---

48) "정략에 압도된 교회갱신", 〈교회연합신보〉(1968. 8. 25.)
49) "합동 측총회", 〈교회연합신보〉(1968. 9. 29.)
50) "예장 합동여건의 후퇴가 뜻하는 것", 〈교회연합신보〉(1968. 9. 29.)

오후 회의에서 임택진 목사가 "7인위원회를 구성하여 가입기간을 연구하게 하자."고 동의했고, 최중해 목사가 "연구와 토의는 총회로 넘겨서 다루자."고 개의안을 내어, 표결을 하니 73대 62로 개의안이 11표 차로 통과되었다. 모두가 예상하지 못한 결과에 놀랐다.[51]

1969년 9월 총회에서 WCC 복귀를 결정지으려는 서울노회 소장파 목사들은 『대한예수교장로회와 WCC : WCC 재출석 제안에 부치는 글』(수송교회당회, 1969.8.)을 출판했다.[52]

1969년 9월 29일 제54회 통합 총회에서 재통합동촉진파는 서울노회에서 상정한 "WCC 복귀문제"에 대해 "1년간 보류 연구하자."는 제안을 하였다. WCC 재가입을 찬성하는 측과 정통신앙을 고수하자는 측 사이에 열띤 논쟁이 일어났다. 현장에서 김동수 목사가 "직접투표하자."는 의견을 제시하여 가부 투표를 하였고 찬성 144표 대 반대 79표로 압도적인 표 차이로 "WCC에 재가입"하기로 결정하였다.[53] 이것은 그동안 10여 년간의 장로교재통합 논의에 총대들이 지쳤고, 더 이상 가능성 없는 명분론을 벗고 현실적인 선택을 하게 된 것이다.

---

51) "예측 뒤덮은 의외 의결", 〈교회연합신보〉(1969. 5. 25.)
52) 〈교회연합신보〉(1969. 9. 21.) 1. 머리말(김용준), 2. 우리 교회와 연합사업(유호준), 3. 세계교회연합운동과 한국장로교회(김동수), 4. United Presbyterian and the World Council of Churches(Samuel Hugh Moffet), 5. "웁살라 대회 회고", 『제4분과위원회』(강신명), 6. 세계학생기독자연맹총회 회고록(김형태), 7. 에큐메니칼 운동의 정신(민경배), 8. 대한예수교장로회의 원교회상(김용준), 9. 총회록에서 발췌한 세계교회와의 유대에 관한 기록.
53) "WCC 복귀안 통과", 〈크리스찬신문〉(1969.10.4.), "제54차 예장총회 중요결의내용", 〈교회연합신보〉(1969.10.5.)

결론

강신명 목사는 1959년 경기노회 부노회장으로서 에큐메니칼 측의 지도자였다. 그로 인해 새문안교회는 통합 측의 노선에 서게 되었으나 1960년에 교인들 가운데 일부가 이탈하여 합동 측 교회를 세우는 교회내분의 아픔을 경험했다. 강신명은 1961년 총회 합동위원이 되면서 장로교일치운동에 참여하였다. 그러나 NCC 탈퇴를 재통합의 조건으로 요구하는 합동 측 요구를 거부한다. 그것은 "원칙이 없고 일정한 정견도 없는 교권을 노리는 무리들의 주도권 장악을 위한 수단과 방법을 가리지 않는 감언이설과 양두구육의 선전"이었다.[54] 그는 1962년 통합총회가 세운 합동원칙에 근거해서 일치운동을 해야 한다고 주장했다.

그 원칙은 세계장로교회가 지향하는 노선을 따르면서도 삼위일체 신앙을 가진 다른 교파 교우들과 성도의 교제를 하며, 그들과 함께 시대적으로 부과되는 공동선교 사명에 협력한다는 것이었다. 강신명은 장로교 개혁전통과 세계 에큐메니칼 친교를 함께 유지하는 것이 올바른 신학이라고 보았다. 그는 사도신경에 나오는 공교회와 성도의 교제가 교파주의보다 더 큰 교회론이라고 생각했다. 그는 단일교회론자가 아니라, 개혁신앙에 입각한 에큐메니칼 교회론자였다.

강신명은 1964년부터 장로교연맹을 조직하기 위해 동분서주하였다. 1965년에 경기노회 안에서 그 안을 발의하고 9월 9일에 합동, 통합, 기장의 지도자 18명을 만나 그 꿈을 키웠다. 그러나 합동 측 총회가 그 안을 받아들이지 않아서 '장로교연맹'은 실패하였다.

---

[54] "교단의 환원과 귀일을 촉구한다", 〈기독공보〉(1963.12.23.)

1968년 통합교단 내에 "에큐메니칼을 포기하더라도 재통합하겠다."는 찬성파가 주동하여 합동 측에 대거 양보하는 합동원칙을 작성한다. 서울노회 소장파들을 중심으로 강력한 반대운동이 전개된다. 증경총회장들은 신중론의 입장에 섰다. 통합안에서 재통합 찬성파와 반대파로 분열이 일어났다. 이때 강신명은 서울노회 소장파들의 입장을 지지하고 반대파에 섰다. 다수의 분위기는 오히려 역전되어 세계기구에서 고립되지 않고 국내 다른 교파들과 연합사업을 하고, 선교사들과 관계를 유지한다는 입장을 취하게 되었다.

강신명은 1968년 7월에 스웨덴 웁살라 WCC 총회를 참관하고 돌아와서 서울노회 안에서 WCC 재가입 청원 서명을 주도하였다. 9월 통합과 합동, 양 교단 안에서 교단재통합논의는 완전히 종결되었다. 1969년 5월 강신명은 서울노회에서 소장파들과 함께 WCC 재가입안을 재상정했고 그해 총회에서 WCC 재가입을 결정하게 되었다.

강신명이 장로교일치운동으로부터 WCC 재가입으로 방향전환을 한 것은 첫째, 그의 신학이 공교회성과 성도의 교제를 강조하는 보편적 에큐메니즘을 지향했기 때문이다. 그래서 다른 교파와의 연합을 깨는 반에큐메니칼적 장로교 일치에 동의할 수 없었다. 둘째, 에큐메니칼 운동을 포기한 장로교일치는 결국 교단 내부 분열을 가져온다는 염려 때문이었다. 끝으로 한국장로교회의 분열은 독선적 교파주의와 교권주의의 산물이라고 보았기 때문에 여러 가지 술수와 음모가 난무하는 장로교일치 논의에 한계를 느낀 것이었다.

9. 장로교의 협의체는 시대적 요청

〈기독공보〉(1970.9.26)

설 문

문 세계 개혁장로교회와 회중교회와의 통합[55]과 미국장로교회들의 통합열을 어떻게 보십니까?

답 나이로비의 통합은 오래전부터 논의되었던 문제이므로 사건 자체로써 놀랄 일은 아니다. 그러나 그 통합이 가지는 역사적인 의미는 굉장한 것임을 알아야 한다. 이것은 세계기독교회 어디나 갈라진 교회에 대해 하나의 물음이 된다는 것을 신앙적으로 이해해야 하며 이 물음을 받은 교회는 응답을 해야 할 의무가 또한 있

---

55) 1970년 개혁교회연맹(1875년 창립)과 국제회중교회협의회(1891)가 합병하여 세계개혁교회연맹(WARC : World Alliance of Reformed Churches)이 창립되었다. 2010년 6월 에큐메니칼 특성을 지닌 세계개혁교회연맹과 비교적 보수적인 개혁교회 조직이었던 개혁교회에큐메니칼협의회(REC : Reformed Ecumenical Council)는 연합하여 세계개혁교회커뮤니온(WCRC : World Communion of Reformed Churches)을 만들었다.

는 것이다.

문 한국의 현실적 시점에서 장로교회들이 대화를 이룰 수 있는 협의체 조직에 대한 견해는?

답 1964년부터 나는 이 운동을 했다.[56] 부산으로, 합동 측으로 다니며 대표들과 만나고 이 연맹을 만들기 위해 노력했으니 물론 대찬성이다.

문 그 협의체 구성인원과 성격은?

답 각 교단별로 대표 15명씩 모여 60명이 이 협의체의 위원이 되어 규약을 만들고 칼빈 신학에 입각한 운동이 필요하다. 전체적인 구성은 교역자 3분의 1, 평신도 3분의 1, 신학자 3분의 1씩 구성되어 협의체를 구성한다면 좋겠다.

문 협의체에서 할 수 있는 일은?

답 만일 이 협의체가 구성된다면 사업 위주보다 칼빈 신학에 입각한 근본적인 신앙 문제를 진지하게 다루어 교역자 자신들이 기도하는 가운데 과거의 오해가 풀리며 신앙노선에 조금도 변함이 없다

---

56) 1964년 강신명이 미국에서 귀국한 9월 20일을 전후하여 장로교 연맹체를 조직하자는 의견이 나왔다. 갈라진 4개 장로교단이 합동하기 어려우니 우선 연맹체를 조직하자는 뜻이었다. 강신명 목사는 장로교를 다시 하나로 연합하기 위해서는 근본적인 신앙노선에 대한 상호신뢰가 바탕이 되어야 한다고 보았다. 사업보다는 신학적 일치와 목회에 중심을 둔 모임이 되기를 바랐다. 1965년 9월 경기노회에서 결의하여 총회에 헌의안을 올렸다. 장로교연맹체의 목적은 대화와 친목, 성도의 교제를 중점으로 하여, 복음전파에 상호 협력하는 것이다. 그리고 1965년 9월에 합동, 기장, 통합의 대표가 첫 모임을 가졌다.

는 서로의 확증을 얻도록 해야 할 것이다. 어디까지나 목회를 중심한 모임이어야 한다고 생각한다.

10. 모범적 평신도 빌레몬

(몬 1 : 1-7) (설교, 1975.3.9.)

　　1968년 9월 19일 부산 동광교회에 모였던 제53회 총회는 평신도 운동의 중요성을 감안하여 매년 3월 둘째 주일을 평신도 주일로 지키도록 결정함으로 지키기 시작하여 금년은 제7회 평신도 주일을 지키게 되었습니다. 평신도란 전적으로 교역에 종사하지 않는 신자들을 남녀의 구별 없이 전체를 망라하고 있습니다.

　　오늘날과 같이 다원화된 시대에 있어서 전도와 선교는 교역자들만으로써 전담할 수 없고 평신도 하나하나가 각 분야에서 생활을 통한 선교가 절대적으로 요청되는 만큼 참으로 평신도 운동은 중요하다고 하겠습니다. 이와 같은 평신도 운동에 있어서 나는 오늘 바울 사도의 옥중서신의 하나인 빌레몬서에서 평신도로서의 빌레몬의 신앙생활에서 교훈을 받기 위해 "모범적 평신도 빌레몬"이라는 제목을 택하였습니다.

　　빌레몬 서신의 수신자 빌레몬은 골로새 사람으로서 재산도 많이 가지고 있었고 따라서 당시 풍습으로 보아서 종들도 적잖게 거느리고 있었는데, 그중 하나인 오네시모가 주인의 재산을 얼마 도적질해 가지고 멀리 로마까지, 또다시 무슨 과오를 범하고 옥중에 들어가서 바울 사도를 만났고, 또 전도를 받아 회개하고 예수를 믿고서 변화된 사람으로 옥중 사도에게 잘 봉사해 왔던 것입니다. 한편 빌레몬은 용무가 있어 에베소에 갔다가 바울 사도가 에베소에 3년 동안 머물면서 두란노 서원에서 전도하는 것을 보고 그 설교에 감동되어 예수를 믿고 골로새로 돌아가서 우선 자기 집에서 모여 예배를 드리게 되었던 것이라고 성경학자들은 말하고 있습니다.

빌레몬의 신앙생활에서 제일 먼저 우리의 주목을 끄는 것은 성경학자들의 말과 함께 골로새서를 보면 빌레몬이 에베소에서 믿고 돌아와서 같은 바울 사도의 제자요 전도자인 에바브라와 함께 골로새 교회를 설립하는 데 전력하였고 더군다나 교회가 자기 집에서 모이고 있음에도 불구하고 설립자 체세도 돈 있는 체세도 아니하고 전도자 에바브라를 중심하고 잘 협조하였다고 하는 것입니다. 오늘 한국교회를 살펴볼 때 우리 장로교단만이 아니고 전체 기독교의 분규와 혼란의 요인을 한마디로 표현한다면, 주도권 쟁탈이라 말할 수 있겠고, 좀 더 내부적으로 자세하게 검토하여 본다면, 교역자는 교역자대로 자기의 공적을 자랑하고 교회를 자신의 사업체로 생각하고 장로나 집사들 중에는 물심양면으로 많은 희생을 하면서 교회 봉사한 것을 일종의 기업체에 투자한 것처럼 생각하고 거기 상당한 무슨 배당을 받으려 하고 있으며 특히 여자 신자들 사이에는 가정심방이나 어려울 때 찾아가서 위로·격려하고 예배 보고 기도한 것이 교회 앞에 등용되는 공적으로 내세우는 것들이 결국 한국교회의 혼란을 빚어 온 원인임을 부정할 수 없습니다. 그러나 빌레몬은 자신이 에바브라와 협력하여 교회를 세웠고 자기 집을 예배처소로 제공하고도 에바브라를 앞세우고 그를 도와서 교회 발전에 공헌했다는 사실은 오늘 우리들이 본받아야 할 점이라고 하겠습니다.

다음으로 우리들이 본받아야 할 점은 저의 믿음입니다. 5절에 "주 예수와 모든 성도에 대한 네 사랑과 믿음이 있음을 들었다"고 하였는데 주 예수에 대한 믿음을 먼저 생각하고자 원합니다.

그것은 이 5절을 "주 예수에 대한 믿음과 모든 성도에 대한 사랑"으로 읽는 것이 바른 해석이라고 성경학자들이 말하고 있기 때문입니다. 빌레몬의 신앙은 믿음의 주가 되시며 또 완성자이신 예수 그리스도에 대한 것이었습니다. 그리고 그 믿음은 자기 하나만이 아니고 가족적이었습니다. 성경학자들은 2절에 "자매 압비아와 및 우리와 함께 군사 된 아킵보"는 빌레몬의 아내와 아들이라고 합니다. 그렇다면 아내와 아들이 남편과 아버지의 믿는 예수를 믿게 된다는 것은 전연 다른 사람에게서 전도 받고 믿게 되는 것보다 힘든 일입니다. 그것은 말로가 아니라 믿는 사람의 일상생활을 다른 사람보다 더 잘 알기 때문에 믿기 이전보다 더 좋아지지 않고는 전도가 되지 않기 때문입니다. 그런데 빌레몬의 아내와 아들은 남편과 아버지의 믿음을 계승할 뿐만 아니라 아킵보의 경우는 바울 사도가 "우리와 함께 군사"가 되었다고 말할 만큼 복음 전파자가 되었다고 하는 것은 저의 신앙은 바르고 철저하였던 것을 알 수 있습니다.

다음으로 빌레몬은 모든 성도에 대한 사랑의 봉사를 하였던 것입니다. 빌레몬은 부유하고 사회적으로 명망이 있는 사람으로 모든 성도를 사랑한다는 소식을 옥중에서 전해 들은 바울 사도는 그 사실을 생각하고 하나님께 감사하였던 것입니다. 옥중의 바울 사도가 모든 성도에 대한 빌레몬의 사랑을 생각하고 기뻐한 것은 저의 사랑은 단순히 감정에 그치거나 말로

만 하는 것이 아니라 행동으로 나타났기 때문입니다. 그 결과는 다른 믿는 형제들에게 자기의 소유를 아낌없이 선물로 나누어 주었던 것입니다. 말하자면 빌레몬의 주께 대한 믿음은 같은 성도들의 고락을 같이하는 사랑을 동반하였던 것입니다. 저는 사랑이 많은 사람으로서 믿음을 터전으로 하고 사랑을 가지고 교제하였고 따라서 그리스도인으로서 마땅히 행할 바가 무엇인가를 알아서 이것을 실행, 실천하였던 것입니다.

이와 같은 빌레몬의 신앙생활은 "성도들의 마음이 너로 말미암아 평안함을 얻었다."고 바울 사도가 말한 바와 같이 모든 성도들의 염려는 제거되고 생활의 안정과 마음의 평안을 안겨다 주었던 것이며 이러한 소식을 로마 옥중에서 전해 들은 바울 사도 자신도 "많은 기쁨과 위로를 얻었노라."고 하였던 것입니다.

이와 같은 신앙생활은 비단 사람을 기쁘게 하고 평안을 주는 것이 아니라 실상은 하나님을 기쁘시게 하는 동시에 또 영광을 돌리며 아울러 많은 사람들로 하여금 하나님께 영광을 돌리게 하는 것이 아니겠습니까.

해제(解題)

이 글은 제7회 평신도주일을 맞이하여 새문안교회에서 설교한 내용으로서 평신도 빌레몬은 믿음에 있어서 가족들의 존경을 받을 만했고, 자신의 많은 소유를 나누며 봉사를 하였지만 자신을 드러내지 않는 진정한 사랑의 일꾼이었음을 강조하였다.

강신명 목사의 설교 가운데 "평신도 운동의 방향"(벧전 2 : 11-12)은 새로운 각도에서 평신도를 조명한다. 평신도와 사도의 역할의 차이를 언급했다. 박해 중에 있는 평신도는 착한 일을 해서 그것을 통해 선교하고 하나님께 영광을 돌리라는 내용이다. 강신명은 평신도들이 직접 전도하기 어려운 상황에서 디아코니아의 사역을 하라고 권면한다.

> 이 편지의 수신인들이 나그네 생활을 하고 있는 지역이 어디인가를 알 수 있다. "예수 그리스도의 사도 베드로는 본도, 갈라디아, 갑바도기아, 아시아와 비두니아에 흩어진 나그네"(벧전 1 : 1)라고 하였는데, 이는 그 당시 표현대로는 소아시아 지방으로서 오늘의 터어키다. ……
> 이와 같이 나그네 된 저들에게 사도는 하늘에 간직한 썩지 않고 더럽지 않고 쇠하지 않은 기업의 산 소망을 가진 자답게 "이방인 중에서 행실을 선하게 가지라."고 권면하고 있다. 이 나그네 된 사람들은 사도로 부름 받은 것이 아니다. 전도자로 파송된 것도 아니요, 이방인에게 선교사로 임명받은 것도 아니다. 저들은 평범한 그리스도인이다. 박해 속에서 수난당하는 그리스도인으로 평신도들이다. 사도 베드로는 여기서 평신도들이 교직자와 전도자처럼 피난길에 직장도 없고 또 변변치 않으니 전적으로 나가서 전도하라고 하지 아니하고 다만 "행실을 선하게 가져 너희를 악행한다고 비방하는 자들로 하여금 너희 선한 일을 보고 …… 하나님께 영광을 돌리게 하라."고 하였다. 그리스도의 복음진리를 오해 또는 곡해하고 그리스도인들의 교회생활을 비판하며 또 악평하는 자들에게 해명이나 변명하려고 하지 말고 예수 그리스도의 마음을 본받아 하나님의 뜻을 따라 선을 행하라는 것이다.

11. 자유와 일치의 주 그리스도
(요 8 : 31-36) (설교, 1975.)

　금년 늦은 가을 아프리카 케냐국 나이로비(Nairobi) 시에서 제5차 세계 기독교협의회 총회가 "그리스도는 자유케 하시며 하나가 되게 하신다"라는 주제를 가지고 모인다고 합니다. 아직 그 교본을 얻지 못하였기 때문에 자세한 내용을 알 수가 없으나 1948년 화란 암스텔담에서 시작하여 제4차 총회가 스웨덴 웁살라(Uppsala) 시에서 모이기까지 20년이 경과하여 그때 성년이 되었으니 지금부터는 일을 하여야 한다고 강조하던 것을 보아서 그때로부터 7년이 지났으니 개인으로 본다면 결혼도 하고 집도 일으키는 것과 같이 청년 후기에 들어섰으니 무엇인가 좀 건설을 하여야 할 것이라고 생각이 됩니다.
　좌우간 주제가 "그리스도는 자유케 하시며 하나가 되게 하신다"로 되어 있으므로 자유와 일치의 주 그리스도라고 제목을 생각해 보았습니다. 이름으로만 제자라고 하는 사람들을 예수님께서는 시험을 하신 것입니다. 우리가 예수를 믿는다고 하면서 예수님의 말씀을 따라 살지 아니하면 참

믿는 것이 아닌 동시에 구원을 얻을 수 없다는 것입니다. 예수를 믿는다고 할 때 그것은 예수 그리스도와의 인격적 결합을 말하는 것입니다. 이와 같이 믿을 때에는 죄의 마귀의 속박에서 해방되어 하나님의 자녀로서 자유하게 되는 것입니다.

그러나 이름만의 제자, 입으로는 진리, 진리 하지마는 예수 그리스도와의 인격적 결합이 없는 사람은 여전히 죄 가운데 있고 자유함이 없다는 것입니다. 그러므로 예수님께서는 일시적 감정으로 믿는 것이 아니라 불가분리적으로 그리스도 안에 내주(內住)해 있다면, 그때에는 성부와 성자, 성자와 신자와의 일체를 이룩하게 될 것입니다. 그리스도와 신자가 일체를 이룩한다는 것은 믿음으로만 가능한 것입니다. 그것은 요한복음 15장에서 예수님께서 설파하신 포도나무 비유에서 볼 수 있는 것과 같이 나무와 가지 사이에는 진액이 통하고 있듯이 한 생명체를 이루고 있다는 것입니다.

그런데 포도나무와 가지가 일체성을 유지하는 길은 그리스도의 교훈하신 말씀을 간직하고 그 말씀대로 사는 것이라고 하셨습니다. 이와 같이 주의 말씀 안에 거하면 주님의 제자가 되고 또 진리를 알게 될 것인데 그렇게 되면 그 진리로 말미암아 자유하게 되겠다고 말씀하셨습니다. 주의 말씀에 거한다는 것은, 즉 주의 말씀이 우리 안에 거하신다는 것은 그리스도 자신이 말씀이신 만큼 우리가 그리스도 안에, 그리스도께서 우리 안에 거하신다는 것입니다. 이렇게 될 때 우리의 생 전체가 그리스도와 함께하는 것이 된다는 것입니다. 그러므로 이것은 일시적 감정적인 것이 아닙니다.

말씀을 따라서 되는 것으로 그리스도의 참된 제자가 되겠다는 것입니다. 일시적 감정을 따라서 그리스도에게 나아왔다면 감정이 식어질 때는 떠나가기 쉬운데 그런 일은 없다는 것입니다. 진리라면 과학의 세계나 철학의 세계에도 각각 진리가 있습니다. 그리고 그 세계의 진리를 알게 되면 그 나름대로 해방감을 느끼게 됩니다. 그러나 그러한 해방은 무지에서의 해방이지 죄에서의 해방은 아닌 것입니다. 스토아 철학파의 격언 가운데 "오직 지혜만이 모든 우매(愚昧)의 종을 해방시킨다."라는 말이 있다고 합니다.

우리가 알다시피 자유에는 정치적, 사상적, 언론적, 군사적 등의 자유가 있습니다. 그러나 죄와 마귀에서의 자유를 얻지 못한다면, 이 모든 자유는 인간에게 진정한 행복을 주지 못하는 것입니다. 그러나 예수 그리스도께서는 자신이 진리이신 만큼 자유하셨습니다. 그래서 우리에게 자유를 얻게 하려고 십자가를 지셨습니다. 우리를 구속하고 있는 죄를 처치하기 위해서 십자가를 택하셨던 것입니다.

사실 우리가 잘 아는 바와 같이 인정으로는 십자가를 피하려고 하였으나 인류 구속을 위한 하나님의 경륜(經綸)인 것을 알고 "아버지의 뜻대로 이루어지이다."하고 십자가의 길을 택하셨던 것입니다. "그리스도께서 우리로 자유케 하려고 자유를 주셨으니 그러므로 굳게 서서 다시는 종의 멍에를 메지 말라"고 바울 사도는 말하였습니다. 그런데 이러한 자유를 얻는 길과 계속 그 자유를 유지하는 길은 믿음으로 가능한 것입니다.

믿음으로써 믿음의 대상이시며 창시자요 또 완성자이신 그리스도와의 인격적 결합이 이루어짐으로써 그리스도 안에서 자유할 수 있고, 또 자유를 길이 유지할 수가 있는 것입니다. 그것은 어디까지나 그리스도와 일치를 이룩함으로 성취하는 것입니다. 그리스도인이 믿음으로 그리스도와의 인격적 결합으로 일치를 이룩할 때 필연적으로 성부와 성자가 하나가 되는 것과 같이 하나님 아버지와도 일치를 이룩하게 되는 것입니다. 그렇게 되면 그리스도를 믿는 신자 상호 간에 그리스도를 중심으로 한 일치가 되는 것입니다.

그리스도의 포도나무 비유에서 보여 준 것처럼 이 가지, 저 가지가 다 같은 포도나무에 붙어 있어 한 유기적인 관계를 갖게 되는 것과 같이 그리스도의 십자가 위에서 흘리신 대속의 피를 통하여 한 유기적인 관계를 가지는 것인데 거기에는 예수 그리스도께서 전하여 주신 하나님의 계시된 말씀으로만 이어져 가는 것입니다.

이와 같이 예수 그리스도, 곧 길이요 생명이신 예수 그리스도는 죄와 마귀의 종 된 인간들을 해방시켜 자유하게 하려고 그의 자유의사의 선택으로 십자가를 택하셨던 것입니다. 그러므로 그리스도 안에서만 참 자유가 있고 오직 그리스도만이 우리를 참으로 자유케 하시며 믿음으로 그리스도와 연합한 그리스도인들은 그리스도를 통하여 하나님과의 일치를 회복하고 신자 상호 간에 일치를 유지하게 되는 것입니다. 그러니 만큼 우리는 계시된 진리의 말씀을 받아들이고 그 말씀이 우리 안에서 살아 역사하도록 하여 자유하며 일치성을 길이 유지하도록 하여야겠습니다.

해제(解題)

강신명 목사는 1968년 웁살라에서 열린 제4차 WCC 총회를 다녀왔다. 그리고 1975년 케냐 나이로비에서 개최되는 제5차 WCC 총회에 대해서도 지대한 관심을 가지고 있었다. 그것은 1975년 상반기에 나이로비 WCC 총회의 주제를 설교제목으로 하여 새문안교회에서 설교한 것을 통해서 알 수 있다.

　나이로비 WCC 총회는 1968년 웁살라 WCC 총회에서 '인간화'라는 수평적 선교개념에 대해 복음주의 진영의 반발이 1972년 로잔 대회에서 구체적으로 드러나면서 구원의 수직적 관계와 수평적 관계를 보완하여 통전적 선교개념을 등장시켰다. 그것은 선교란 '전 교회(whole church)가 전 세계(whole world)와 전 인격(whole person)에게 전 복음(whole Gospel)'을 전하는 운동이라고 정의하였다. 또한 교회일치를 위해서는 '협의회적 친교'(conciliar fellowship)라는 방법론을 제시하였다.

　"예수 그리스는 자유하게 하시고 일치하게 하신다"(Jesus Christ frees and unites)는 주제는 그리스도께서 화해자이며 해방자라고 하는 양쪽의 특징을 수용한 것이었다. 이 주제는 그리스도인들이 그리스도 안에서 하나님의 진노, 죄, 율법, 죽음으로부터 자유하며(갈 6:7, 롬 1:20, 갈 5:1, 롬 7:24), 그 자유는 개인적이고 영적인 동시에 인류와 연대해야 하는 정치적 자유도 포함하고 있는 것이다.

　강신명 목사는 나이로비 총회의 주제를 사용하여 자신의 복음주의적이며 에큐메니칼적인 특성이 잘 드러나는 해석을 하였다. 그리스도인은 그리스도와의 인격적 결합을 통해서 일치를 이루게 되며, 그 결과 죄와 마귀의 종 됨에서 해방이 된다. 그리스도 안에서 믿음으로 참 자유를 얻은 성도들이 교회일치를 이루게 된다는 것을 강조하였다.

05

강신명 목사의
애국애족 사상

1. 4월의 기원

(눅 3 : 3-6) (설교, 시기미상)

그리스도인의 기원을 4월에 제한할 수는 없습니다. 그러나 되살아나기 때문에 4월의 기원이라고 제목을 붙여 보았습니다. 기원 2,700여 년 전 예언자 이사야는 여호와 하나님께서 말씀하시기를 "너희는 위로하라 내 백성을 위로하라"고 하셨다면서 그 이유는 "그 복역의 때가 끝났고 그 죄악의 사함을 입었느니라"고 하였습니다. 그리고 그 증거로는 "외치는 자의 소리여 가로되 너희는 광야에서 여호와의 길을 예비하라 사막에서 우리 하나님의 대로를 평탄케 하라. 골짜기마다 돋우어지며 산마다, 작은 산마다 낮아지며 고르지 않은 곳이 평탄케 되며 험한 곳이 평지가 될 것이요. 여호와의 영광이 나타나고 모든 육체가 그것을 함께 보리라"고 하였습니다.

그 후 750년의 세월이 흘러갔고 그동안에 유다 나라가 망하고 이족(異族)의 침략과 지배하에서 살기가 6백 년이 되었을 때 세례 요한이 예수님보다 6개월 앞서 태어나서 30년의 준비시기를 끝내고 요단강가 광야로 가서 전도하기를 회개하는 표로 세례를 받고 죄사함을 받으라고 하였던 것입니다.

그런데 세례 요한의 전도활동이 바로 옛 이사야 예언대로 되었다고 복음서 기자가 말하였던 것입니다. 빈들에서 외치는 세례 요한은 주의 길을 예비하고 그의 다니실 길을 곧게 하라고 한 것은 예언자 이사야의 말과 같이 된 것이라는 것입니다. 옛날 길들은 자연을 그대로 이용하였기 때문에 올라갔다 내려갔다 하며 꼬불꼬불합니다. 신작로만 하더라도 교통에 안전과 편리를 위하여 길을 할 수 있는 데까지는 돋우고 깎아 내리고 곧게 하였지만 요사이 고속도로는 이사야의 예언대로 골짜기가 돋우어지며 산은 깎아 내려 평탄케 하며 사막에 대로를 개통시키는 것을 볼 수 있습니다.

예수 그리스도의 선구자로서 그의 길을 준비하는데 그것은 오늘의 고속도로 건설공사와 같은 것이며, 결국 예수 그리스도께서 세상에 오신 목적은 의(義)를 위함이라는 것입니다. 이것을 오늘의 말로 표현한다면 평등사회 건설이요 하나님의 공의의 실현이라고 하겠습니다.

우리는 이미 수난주간과 부활주일을 지켰습니다만 성경학자들과 사학자들의 연구에 의하면, 예수 그리스도께서 33세의 꽃다운 청년으로 그의 선교활동을 끝내시고 십자가의 고난을 받으신 것이 주후 30년 4월 초라고 합니다. 사람마다 그의 임종에 있어서 다 못한 일들을 말하면서 이렇게 하였더라면 하고 후회와 유감의 뜻을 밝히는 것이 예사인데 예수님만은 예외였습니다.

그의 십자가상에서의 7언 중의 여섯째 말씀이 다 이루었다는 것입니다. 유한이 없다는 것입니다. 세상에 오실 때 하나님 아버지로부터 받은 바 사명을 완수하셨다는 것인데 그것도 죄인들처럼 십자가에 달리시면서 이루신 것입니다. 또 살인강도와 같이 죽으시면서 의연하게 다 이루었다고 하셨던 것입니다. 바로 그날이 4월 6일이었다고 합니다.

그다음으로 20세기에 들어서면서 39세의 젊은 몸을 진리의 제단에 바친 두 목사의 죽음이 우연히도 4월에 있었습니다. 죽음으로 진리 수호에 젊음을 불태운 사람은 미국의 흑인 민권운동가인 마틴 루터 킹(Martin Luther King) 목사와 독일의 조국해방 운동가였던 디히트리히 본회퍼가 바로 그들입니다. 본회퍼는 히틀러의 나치 독재에 항거하다가 제2차 세계대전이 끝날 무렵 1945년 4월 9일 프로센뷔르크 수용소에서 39세의 젊은 몸으로 총살을 당한 장래가 촉망되던 루터 교회의 목사였습니다. 그의 신학사상은 오늘날 많은 영향을 끼치고 있습니다. 그의 주장을 한 마디로 표현한다면 "교회는 골방에서 나와서 세상 속으로 들어가야 한다."는 것으로서 마치 신약성서 가운데 야고보서의 현대판이라고 할 수 있습니다.

예수님께서 "나더러 주여 주여 하는 자가 다 천국에 들어갈 것이 아니고 오직 하나님 아버지의 뜻을 따라 생활하는 사람이라야 천국에 들어갈 수 있다"고 말씀하신 그대로 오늘의 그리스도인은 무신적인 이 세계 속으로 파고 들어가서 하나님의 수난 속에 동참하여야 한다는 것이었습니다. 그래서 그는 "사람 많은 거리에 미치광이가 차를 몰고 좌충우돌 많은 희생자를 내고 있는데 보고만 있을 수 없어 이 미치광이의 자동차 운전을 중지시키는 것이 자신의 의무라"고 하면서 반(反) 나치 지하운동인 조국 해방 운동에 가담하였던 것입니다. 그는 죽음에 앞서 "이것이 내 생명의 마지막이다. 그러나 이는 새 생명의 시작이다."라고 말하였던 것입니다.

마틴 루터 킹 목사는 오늘의 본문인 이사야의 예언은 자기 자신의 꿈이라고 하였습니다. 그 꿈은 곧 그의 소망이요 믿음인데 이 믿음으로 흑인들의 인권운동에 정력을 기울이고 기도하며 일하였던 것입니다. 꿈이 보여 준 자유를 위하여 싸우며 아홉 번이나 감옥에 들어갔습니다. 불우한 사람들을 위하여 무저항주의[1]로 평화의 사도로서 일하며 싸웠던 것입니다. 자유와 평등의 꿈을 안고 또 그 꿈을 심어 주다 1968년 4월 4일 멤피스에서 과격분자들의 흉탄에 쓰러진 것입니다.

그는 평소에 "우리는 자유를 얻었네, 우리는 결국 자유를 얻었네, 전능하신 하나님께 감사를 드리세, 우리는 결국 자유를 얻었네" 하는 찬송을 늘 부르면서 희망을 안고 살았던 것입니다.

1960년 4월 19일 많은 20대의 학생들이 이 땅의 자유와 평등의 사회 건설을 위하여 숨져 갔습니다. 진리의 제단에 피를 바쳤으니 오늘의 그리스도인들도 이들을 위해 기도하고 노력하여야 하겠습니다.

---

1) 마틴 루터 킹 목사의 인권운동은 비폭력 저항운동으로 보는 것이 보다 정확하다(편집자 주).

2. 나는 삼선개헌을 이렇게 본다

「기독교사상」(1969.8.)

삼선개헌 이야기가 새해에 접어들면서 머리를 들기 시작했다. 그러나 아직 논의할 때가 아니라는 대통령의 담화로써 일단 조용해졌던 것이 최근 두어 달 동안에 다시 일어나고 있다. 이것을 막아야 한다는 이들의 운동이 구체적으로 조직화되었다. 그리고 마침내 학원에 파급되어 성토대회와 데모의 계속으로 학교는 조기방학을 단행하게 되었고 당국은 데모를 적극 단속하겠다고 하자 여야 당수와 총재의 공개질문과 답변으로써 국내의 언론기관들은 이 사실을 크게 보도하고 있다. 그 보도나 담화내용은 삼선개헌은 결정적인 것으로 되어 있다.

나는 이것을 원칙적으로 반대한다. 헌법이 지난 20여 년간 그렇게도 부자연스럽게 자주 자주 고쳐야 할 만큼 이 나라에 법학도가 없어서 4, 5차나 변칙적인 개헌을 해야만 될 미비한, 불완전한 헌법을 우리는 가지고 있느냐는 말이다. 사실 나는 법률 공부를 하지 않았고, 또 헌법도 연구하지 않았지만 그동안 몇 차례의 개헌을 통해서 그래도 세계 어느 나라에나 지지 않을 만한 것이 되었다고 나는 믿는다. 더군다나 5·16 군사혁명의 주체세력이 집권하고 있는 이 마당에 모든 부패를 일소하고 새롭고 참신한 것을 이룩하기 위해서 개헌한 것을 이제 또다시 과거로 되돌아가는 인상밖에 주지 않는 개헌을 반대한다는 것이다.

백번 양보해서 개헌을 지지한다든지 양해한다고 하더라도 민주 대한의 아름다운 전통을 세우기 위해서라도 어떤 특정 인물을 위해서 개헌을 하겠다면 과거의 비극의 씨앗을 다시 뿌리는 것이 아니겠는가.

이렇게 미루어 볼 때 만약 혁명 주체세력이 5·16 후에 헌법을 손질할 때 애당초 대통령은 임기를 4년으로 세 번까지 할 수 있다고 하든지 불란서식으로 7년씩 중임하는 것으로 하였다면 모르지만 현행법대로 해 놓고 이제 와서 또 자신들이 개헌을 하겠다는 것은 헌법은 필요할 때 이용하자는 것뿐이요, 그렇지 않으면 한갓 선전용으로 민주 장식품으로 손질해서 보존해 두겠다는 것에 불과하다.

그러나 개헌을 하더라도 국민투표에 붙여서 국민의 의사를 물어야 한다고 할 것이다. 그렇지만 도대체 그 국민투표라는 것이 묘한 것이라고 본다. 좋게 보아서 철저한 민주주의라고 하겠다. 그러나 그것은 분명히 허울 좋은 개살구 격에 불과하다. 국민의 의사표시의 자유가 보장되어 있으면서도 실은 되어 있지 않은 것이 우리나라의 실정이다.

맥아더 장군이 일본을 주장하고 있을 때 일본에 와서 오랫동안 선교사로 있던 이가 잠시 고문관으로 있으면서 어떤 법안을 위한 국민투표 상황을 시찰하기 위해 지방 순찰하는 도중 어떤 교양 있는 여성을 만나 의사타진을 하였더니 하는 말이 남편이 하는 대로 했다는 것이다. 그래 재차 묻기를 남자들은 종전과 같이 축첩제도가 존속되기를 원했을 터인데 그것도 남편 따라 할 수 있느냐고 했더니 나는 여잔데 할 수 있느냐는 식이더라는 것이다. 그래도 저들은 정치적 훈련을 우리들보다는 많이 쌓고 있는 사람들인데도 자기 의사대로 하지 않았는데 우리 민족은 이조 오백년의 봉건적 잔재와 일제 식민지 정책하에서 의사 표시를 제대로 못하여 온 관계상 아무래도 관을 먼저 내세우는 마당에서 자기 의사를 명백히 하기가 곤란한 때가 많다고 본다. 더군다나 지방 관리들의 눈치만 보고 살아온 오늘 한국의 농어촌 사람들에겐 의사 표시의 자유가 보장되어 있다고 하더라도 자유롭게 표시 못하는 실정이니 만큼 국민의 의사로 결정짓는다는 것은 한갓 책임을 국민에게 지우는 형식에 불과하다고 본다. 그러니 현 정세하에서 국민투표는 실질적으로 국가 재정의 낭비요, 시간과 정력의 소모라고 생각한다.

이렇게 말하는 나는 솔직하게 말해서 여당이요, 야당이다. 이것은 나는 국민과 함께 내가 이해하는 정도에서 분명히 정치에 외면하고 있다는 말이다. 그것은 내가 정치에 문외한이지만 정당 정치는 분명히 정당의 정책이 뚜렷하고 노선이 분명하여 서로의 정책 대결로써 국민에게 선택할 기회를 주어야 할 터인데 그렇지를 못하고 집권하고 못하는 차이는 있을지언정 이것이야말로 참신하고 또 무엇이 됨직하니 한번쯤 일은 시켜 보는 것이 좋겠다는 생각이 도무지 나지를 않는다는 말이다.

또 현재의 실정으로 볼 때 건설하는 도중이니 꼭 건설 사업을 계속하여 완성시키려면 국민이 믿을 수 있도록 한다면 꼭 개헌을 하지 않더라도 일하는 사람들에게 일을 맡길 것이 아니겠는가. 하필 어떤 특정 인물이 아니면 안 된다는 생각은 민주주의에 반역적 사고방식이라고 본다. 일하는 사람들이 국민이 믿고 맡길 만큼 일하면 되지 않겠느냐는 것이다. 국민이 정치에 외면하고 무관심해진다는 것은 참으로 좋지 못한 현상이라고 하겠다. 그러나 실정이 그런 것을 어떻게 하겠는가.

우리나라의 현실로는 북괴가 남침을 꿈꾸고 호시탐탐 기회를 노리고 있으며 한편 게릴라와 간첩을 남파하여 내부 교란과 파괴를 일삼고 있느니만큼 정치인이나 지성인이나 학생들이 거리로 나서 데모하는 일은 삼가고 강연회나 토론회나 라디오, 텔레비전과 신문 잡지를 통해서 삼선개헌을 주장하는 사람의 의도와 반대 투쟁하는 이들의 뜻이 무엇임을 국민 앞에 밝혀 주고 그것의 이득과 손실을 열거하여 올바른 선택을 하게 하는 것이 가장 좋은 일이라고 생각한다. 만약 그러지를 않고 삼선을 위한 개헌을 하고 현 총재만을 추대해야 되겠다고 하면 이것은 자유당 또는 이승만 박사의 잘못을 답습하자는 것이다. 그렇다면 혁명한 보람은 어디 있나 묻고 싶다.

요는 헌법도 살리고 사람도 살리고 역사도 멋있게 써 보자는 것이다. 나라의 참되고 건전한 발전과 번영을 바라서 정치의 문외한이면서 나라 위한 충정으로 이렇게 보고 말한다.

해제(解題)

박정희 정권은 장기집권을 위해 대통령 중임제로 되어 있는 헌법을 개헌하는 작업을 하였다. 이것을 삼선개헌이라고 한다. 한국교회는 박 정권을 지지하는 보수교회와 삼선개헌을 반대하는 진보교회로 갈라졌다. 한경직 목사는 삼선개헌을 지지하는 입장이었으나 강신명 목사는 삼선개헌을 반대하는 입장이었다. 이 당시 「기독교사상」의 편집장 박형규 목사는 삼선개헌에 반대하는 입장을 표명하기 위해 1969년 7월호에 김재준 목사를 비롯한 여러 사람의 글을 실었고, 8월호에는 강신명 목사의 글을 단독으로 실었다.[2]

강신명 목사는 삼선개헌의 문제점이 무엇인가를 다음과 같이 밝히고 있다.

> 첫째, 군사정권이 새롭고 참신한 것을 이루겠다고 개헌을 해 놓고 다시 개헌을 하는 것은 과거로 돌아가는 것이다.
> 둘째, 박정희라는 특정 인물을 위해 개헌을 한다면 과거 독재의 비극의 씨앗을 다시 뿌리는 것이다. 그리고 헌법은 필요하면 바꾸어 버리는 선전용 장식품이 되고 만다. 나 아니면 안 된다고 하는 생각의 폐단을 지적한다.
> 셋째, 국민들은 국민투표로 자기의 의사를 자유롭게 표명할 수준이 되지 못한다. 따라서 국민투표는 재정낭비요, 시간과 정력의 소모이다.
> 넷째, 데모보다는 강연회와 토론회를 통해서 양쪽의 의견을 국민 앞에 밝히자.

---

[2] "남북평화재단 이사장 박형규 목사―예언자적 사명에 부름 받고자", 「기독교사상」 (2008. 12), 8.

3. 민주회복은 민주헌정으로
〈기독공보〉(1975. 2. 22.)

지난 18일 아침 9시 새문안교회 당회장실에서 만난 강신명 목사는 언제나처럼 인자한 모습으로 기자를 대해 주었다. 화제가 구속자 석방에 미치자 강 목사는 석방은 당연한 것이라고 전제하고 사면조치 안 한 것에 대해 유감의 뜻을 표시했다.

석방된 학생 중 어떤 학생은 신학교에 갈 수 있느냐고 반문하는 학생이 있는가 하면 김형기 같은 학생은 김일성이 좋아할까 봐 데모도 안 했었다고 전해 주더라면서 해군 중위가 2등병으로 강등 불명예 받는 사례[3]도 예로 들었다.

"사면조치도 중요하다. 그러나 교회자체도 반성을 많이 하여 빛과 소금의 역할을 감당해야 할 때"라고 강조하고 자체정화 실력함양 인격도야를 통해 교회도 본연의 자세를 갖추어야 된다고 소감을 피력했다.

---

3) 새문안교회 청년 출신으로 서경석에 대한 언급이다.

"반드시 정년을 채울 생각은 없다. 물러날 때 물러날 줄 아는 자세가 중요하다. 후임 목회자에게 맡겨 놓고 내가 하고 싶은 일을 하고 싶다."는 그는 서울장신에 교실을 확보해서 소장파 목사들을 1주에 한 번씩 30~40명씩 모아 신학사상 비교종교 등에 대한 훈련을 시키고 싶다고 말했다.

또한 목회하는 목사의 경우라도 3일 정도의 코스로 공부해 공산세계 속에까지라도 침투해 들어갈 수 있는 실력을 쌓아야 할 것이라고 말하고 목회자들의 재훈련이 필요하지 않겠느냐고 반문했다.

금년 11월로 만 20년간 새문안교회에서 시무 봉사해 온 강 목사는 초교파적인 목사 재훈련하는 교육기관의 출현을 간절히 바라고 있었다.

그는 이어 연합운동도 언급, 연합운동이 정치적 장난이 너무 심하다고 개탄하면서 진정한 연합정신을 찾으려면 초교파적인 목회자 재훈련이 필요하다고 말했다. 신학교 안에 이런 교육기관을 둔다는 것은 교파학교이기 때문에 자체 기구를 만들어 시설에 착수하겠다고 말하고 현재 서울역 앞에 대지를 확보해 놓고 있음을 밝혔다.

지역사회에 필요한 것이 무엇인가. 이런 점에 착안 구두닦이 공부 못한 아이들을 모아 가르치며 어머니 할아버지 학교 등을 만들고 싶다고 말했다. 현재 어린이 집(탁아소)을 운영하고 있는데 신자를 확보할 수 있는 좋은 일로 본다고 했다.

지난 20년을 회고하면서 전도사업은 어느 정도 성공한 것 같다고 말하고 지금까지 특수기관 전도에 참여선교비 1천만 원 정도를 투입하고 있다고 했다. 선교사업의 성공에 비해 교육사업은 아직 제대로 안 되고 있는 것을 유감으로 생각한다고 말하고 1억 짜리 교회 짓는 일에 교인들은 지성인으로서 책임감당을 잘해 준 데 대해 고맙게 생각한다고 했다.

민주회복 국민회의에 관계된 일에 화제가 미치자 "순수한 민간운동이면 기꺼이 참여할 의사가 없지는 않았는데 정당이 조인트되면 정치활동이 될 우려가 있어 좋지 않게 생각한다."고 말하고 교회일각에서는 교파연합으로 이 운동을 전개한다면 기꺼이 참여하겠다는 분이 많이 있었다고 밝혔다.

현재는 민주회복 국민회의의 일선에서 일하지 않고 고문직만 맡고 있다. 현 사회풍토에 대해 눈 가리고 아옹 하는 식이나 이놈 어디 두고 보자는 식은 지양하여야 한다고 말하고 민주회복은 민주헌정(民主憲政)으로 돌아와야만 가능하다고 못 박았다.[4]

현재 집까지 팔아 마련한 2백 평 대지 위에 은퇴 후에라도 연구원 같은 것을 만들어 교회중심으로 계속 일하고 싶다고 하고 외부 보조는 우리가 어느 정도 만들어 논 다음에 받는 것이 타당성이 있지 않느냐고 했다. 이 연구원은 한국교회 안에 있는 연합정신이 강한 사람끼리 만들고 싶다고 말하고 "우물 안 개구리식"은 지양되어야 할 것이라고 했다.

이 시점에서 누가 앞장서느냐가 중요하다고 말하는 강 목사는 진정한 에큐메니칼 운동은 우선 나눠 먹기식부터 불식되어야 한다고 했다.

강 목사는 자신의 건강에 대해 남 보기에는 좋아 보이는 것 같으나 요즘 감기로 오래 고생하고 있다면서 노화현상인 모양이라면서 웃으며 연세대 재단이사회에 참석키 위해 자리를 떴다.

강신명 목사는 현재 연세대 이사를 비롯 대광중고교 이사, 세계대학봉사회 이사, 크리스찬 아카데미 이사, 삼애농원 이사장, 숭전대 동창회 이

---

[4] 민주주의 회복은 민주적인 입헌정치에 따라야 한다는 뜻이다. 이것은 박정희 정권의 유신헌법의 부당성을 지적하는 말이다.

사 등을 맡으면서 분주한 나날을 보내고 있다.

해제(解題)

강신명 목사는 1909년생이어서 1979년에 은퇴를 한다. 은퇴를 4년 앞두고 여러 가지 활동을 구상하였다. 이 당시만 해도 은퇴 후에 숭전대학교 총장을 역임한다는 생각은 전혀 하지 못했을 때였다. 강신명 목사가 계획했던 일은 다음과 같다.

1. 초교파적인 목사 재훈련이다. 그래서 그는 교파신학교 밖에 연구원을 만들어서 진정한 연합정신을 추구할 계획을 가지고 있었다. 그는 연합기관들의 정치적 장난질과 나눠 먹기로 인해 에큐메니칼 정신이 손상되었다고 보았다.
2. 지역사회에서 가난한 어린아이들을 가르치며 어머니, 할아버지 학교를 만들고 싶다고 했는데 강신명 목사의 민중지향적 목회적 성향을 보여 준다.
3. 강신명은 철저하게 정교분리원칙에 따라 움직이는 사람이었다. 그는 민주회복 국민회의에 정당이 참여하고 있기 때문에 자신이 적극적으로 참여하는 것을 자제하고 고문직만 맡고 있다고 한다. 교회연합으로 이 운동이 전개되었다면 목회자들이 더 많이 참여할 수 있었을 것이라고 말한다.
4. 민주회복은 민주헌정(民主憲政)으로 돌아와야만 가능하다고 못 박았다. 민주회복은 입헌정치를 따라야지 마음대로 개헌을 해서는 안 된다는 것이다.
5. 그는 반드시 정년을 채울 생각이 없다고 말한다. 그러나 새문안교회에서 정년을 채웠고 1980년에 원로목사로서 추대되었다. 그가 세웠던 꿈들은 숭전대학교 총장을 맡으면서 실천에 옮기지 못하고 말았다.

4. 애국애족의 충정

(롬 9 : 1-5) (설교, 1976.2.29.)

57년 전 기미년 3월 초하루 민족 대표 33인이 우리나라가 독립국가 됨과 우리 백성이 자유인 됨을 중외에 선포함과 때를 같이하여 경향 각지에서 미리 준비된 태극기를 손에 들고서 대한 독립만세를 높이 외친 뜻 깊은 날, 우리는 그날의 감격을 되새기며 우리의 결의를 새롭게 하기 위하여 이 자리에 모였습니다. 종교개혁의 횃불을 높이 든 개혁자 마르틴 루터가 "죽기까지 복음주의, 죽기까지 독일주의"라고 말하였다는 것은 너무도 유명한 이야기거니와 스코틀랜드의 개혁자 존 녹스(John Knox)도 "하나님, 스코틀랜드를 제게 주시든지 그렇지 않으면 죽음을 주시옵소서" 한 기도 또한 유명한 것입니다.

여기서 우리는 그리스도교는 그 자체가 범세계적이나 그리스도인에게는 국적이 있다는 것을 바울 사도의 로마서에서 볼 수가 있습니다. 오늘 본문에서 우리는 그의 애국애족의 충정을 보게 됩니다. 바울 사도의 로마서를 살펴본다면 바울은 1~8장에서 믿음으로 의롭다 하심을 얻는 교리에 관한 것을 주로 자신의 신앙경험을 토대로 하고 설명하였으며 12장 이하에서는 믿음으로 의롭다 하심을 얻은 그리스도인들의 실제 생활에 대해 언급한 것을 볼 수가 있습니다. 이제 그는 그 중간 9~11장 석 장에서는 유대인의 선택과 복음과의 관계에 대하여 말하고 있습니다. 말하자면 8장까지에서는 그는 먼저 개인적 구원의 원리를 밝히고 이제 9장에서부터 바울 사도는 인류의 구원의 역사를 설명하고 있는 바 이것은 바울의 역사 철학이라고도 말할 수 있습니다.

여기서 바울 사도는 구원의 역사를 이스라엘과 이방의 관계에서 전개하고 있습니다. 먼저 선민(選民) 이스라엘이 오래오래 기다리던 메시아 곧 예수 그리스도께서 오셨으나 성경을 잘못 이해함으로 영접하지 않고 거부함으로 복음은 이방인에게 전파되었는데, 이방이 예수 그리스도를 구주로 믿고 구원을 얻게 됨으로써 이스라엘이 자극을 받고 각성하여 예수 그리스도를 기다리던 메시아로 영접하고 믿어 구원 얻게 되겠다는 것이 바로 이 9~11장에서 말하고 있는 내용이라고 하겠습니다. 말하자면 이스라엘의 거부, 이방의 구원 그리고 이스라엘의 구원으로 석 장이 구성되었다고 하겠습니다.

바울 사도는 이러한 역사를 설명하는 가운데 우리 사람들로서는 얼른 이해가 되지 않는 하나님의 예정과 인간 편으로는 열렬한 애국심과 간절한 기도가 함께 작용하고 있음을 말하고 있습니다. 이 석 장 가운데서 주체는 이스라엘인데 이스라엘의 거부와 회복으로 말미암은 구원에 관련하여 하나님의 전 인류 구원의 역사가 인간의 지혜와 지식을 초월하여 신비스럽게 엮어져 나가고 있음을 보게 되는 것입니다.

대체적으로 말해서 바울 사도는 9장에서 이스라엘의 거부가 하나님의 예정에 입각한 것임을 말하고 있으며 10장에서는 왜? 어째서 거부하게 되는지 그 내용과 성격을 밝히고 나서 11장에서는 이방인의 구원과 이스라엘의 구원으로 대단원을 맺고 있습니다. 이를테면 바울 사도는 이 부분에서 동족이 메시아를 거부함으로 받게 될 불행에 대하여 침통한 근심을 하나 마침내 하나님의 예정과 섭리 가운데서 구원을 받게 될 것을 생각하고 하나님께 대한 웅대한 송영으로 끝맺고 있음을 볼 수 있습니다.

바울 사도는 믿음으로 구원받는 진리를 깨닫고 자신이 율법주의에서 떠나 예수 그리스도가 하나님의 아들이시요 자신의 구주 되심을 믿고 구원의 확신을 가지고 개선가를 높이 부른 것을 8장 마지막 부분에서 볼 수 있는데 이 9장에서는 자신은 구원을 받았으나 자기의 동족이 예수 그리스도를 거부함으로 고통당하는 것을 생각할 때 단장의 비애를 금치 못함을 보여 주고 있습니다.

우리는 여기서 바울 사도가 이방의 사도로 부르심을 받아 세계를 교구로 하고 전도하면서도 철저히 애국애족하는 모습을 볼 수가 있습니다. 저는 양심에서 우러나오는 동족을 사랑하는 충정을 토로하고 있습니다. 바울 사도는 자기 동족의 불신을 생각할 때 내적인 비애 곧 큰 근심이 있다고 말하고 이 내적인 비애인 근심은 마음에 계속적인 고통을 가져와서 밖으로 나타나고 있다고 말하고 있습니다. 그는 이스라엘의 불신이 하나님의 예정이란 것을 믿으면서도 애국애족하는 저의 충정은 근심과 고통을 금하지 못한 것을 볼 수 있습니다.

개혁자 마르틴 루터는 이 구절을 해석하다가 "고난과 십자가와 죽음의 진통을 알지 못하는 자는 하나님의 은혜의 선택을 취급하지 못한다"고 하였습니다. 그의 철저한 애국애족의 정신은 "나의 형제 곧 골육의 친척을 위하여 내 자신이 저주를 받아 그리스도에게서 끊어질지라도 원하는 바"라고 말한 데서 잘 나타나 있습니다.

우리가 세상에서 흔히 볼 수 있는 사실은 평소에 큰소리를 탕탕 하다가도 일단 유사시에는 언제 그런 말을 했느냐는 등 꽁무니를 슬슬 빼기도 하고 또 심한 경우에는 줄행랑을 쳐 버리고 마는 것을 보게 됩니다.

그런데 여기 바울 사도는 동족의 불행과 멸망을 그대로 구경만 할 수 없다는 것입니다. 그처럼 귀하게 생각하고 기뻐하던 그리스도의 구원의 은혜에서 떨어져 나가는 한이 있더라도 동족의 구원을 위하여 힘쓰겠다고 하였던 것입니다. 말하자면 자기 동족의 구원을 힘쓰다가 영원한 저주를 받아 그리스도에게서 끊어져 사망에 이를지라도 포기할 수 없다는 철저한 그의 충정을 볼 수 있습니다.

독립 선언문이 작성되고 낭독하고 선포된 지 근 60년, 즉 57년의 세월이 흘러갔습니다. 제2차 세계 대전의 종결과 함께 일본 제국주의자들의 침략의 마수에서 놓여나고 그 사슬에서 풀려난 지도 30여 년이 지났습니다. 삼천리금수강산 우리 조국의 국토가 양단된 오늘 우리나라는 진정한 독립 국가로서 자랑할 수 있습니까? 남북으로 깔려 있는 5천만의 백의민족 배달의 자손들은 세계를 향하여 우리는 자유인이라고 외칠 수 있습니까? 아직도 완전 자주 독립과 통일된 조국에서 5천만의 배달의 자손들이 자유와 평화를 노래하기까지는 길이 멀다고 하겠습니다.

형제여, 자매여, 바울의 애국·애족·충정을 본받아 조국의 완전 독립과 겨레의 자유와 번영을 위하여 3·1정신으로 굳게 뭉쳐 전진하여야 하겠다고 생각합니다.

해제(解題)

강신명 목사에게 애국애족과 신앙은 어떤 관계가 있는지 살펴볼 필요가 있다. 그가 목회한 선천지역은 105인 사건, 3·1운동, 수양동우회 사건 등으로 민족주의 세력이 가장 왕성한 곳이었다. 강신명의 첫 목회지였던 선천 남교회 담임 김석찬 목사는 민족운동가로서 105인 사건과 3·1운동, 선천경찰서 폭파 사건에 연루되어 옥고와 고문을 당하신 분이다. 하지만 1926년 15대 총회장이 된 이후 김석창 목사는 직접정치 개입을 피하고 하나님의 절대주권에 민족의 장래를 맡기는 입장으로 변화되었다. 교회는 민족을 선도하지만 복음은 민족을 뛰어넘는 것이었다.[5] 강신명 목사는 김석찬 목사의 복음정신과 민족사랑의 자세를 배웠다.

강신명 목사는 신앙적 민족주의를 택하였다. 그는 초월적인 복음으로 변화된 신앙으로 민족을 사랑하는 것을 바른 순서로 보았으며, 신앙 없는 민족주의와 거리를 두었다.

> 크게는 민족운동을 한다는 사람, 작게는 자기 주변에서 일어나는 문제들을 해결하고 무엇 좀 해 보겠다는 사회운동가들의 마음속에도 비록 그 표현 방법은 다르지만 변절자의 마음씨와 배신자적 행동을 볼 수 있다고 생각한다. 일제가 우리나라를 집어삼키고 만주로, 중국으로 막 덤비고 나설 때 교회 안에는 계산이 빠른 유다의 후예들이 머리를 쳐들기 시작했다.[6]

---

5) 김명구, 『소죽 강신명 목사』, 98-99.
6) 강신명, "유다의 후예들", 『강신명 신앙저작집 Ⅱ』, 577.

강신명 목사는 또한 현실참여를 거부하고 영혼구원에만 집착하는 폐쇄적 신앙도 우려하였다.

> 그러나 같은 그리스도인들 가운데도 그런 것은 세속적인 문제요, 기독교는 영적인 문제라고 취급하고 영혼 구원에 관한 것만 관심을 가져야 할 것이라고 쓸데없이 고집을 부리는 사람도 있다. 이러한 사상은 자신은 성경적이요 복음적이라고 주장하지만 역사적으로 고찰할 때 을사보호조약과 경술년 한·일 합방 속에서 선교사들이 정치문제에 관여하지 않기로 방침을 정하고 현실도피와 종말적인 희망에만 역점을 둔 선교의 결과라고 하겠다.[7]

---

[7] 강신명, "새 시대의 창조", 『강신명 신앙저작집 Ⅱ』, 600. 일제하 선교사들의 한국교회 비정치화 문제는 강신명 목사의 프린스턴 신학교 석사논문 주제 "1910년부터 1945년까지의 종교와 정치문제"의 중심내용이었다.

5. 미국 카터 대통령과의 간담회 발언
(1979.7.1.)

강신명 목사는 1979년 7월 1일 미국대사관저에서 방한한 미국의 지미 카터 대통령과 기독교계 인사 12명과의 간담회 자리에 참석했다. 이 자리에서 한국에 종교의 자유가 있느냐는 카터 대통령의 질문에 대해 강신명 목사는 응답하였다. 하지만 이 내용은 일부 언론에 의해 왜곡 보도되어 강신명 목사가 독재정권을 옹호했다는 비난을 듣게 되었다.

"강 목사는 교회가 있고 신도들의 수효가 증가하고 있는 추세에 비추어 종교의 자유가 있다고 볼 수 있으나 휴전선이 가까운 탓인지 우리 정부는 공산주의에 너무 민감한 데가 있다고 설명했다."(〈한국일보〉 1979.7.3.)

"북괴의 남침 위협 때문에 긴급조치에 의해 일부 자유가 유보되고 있으나 한국현실에 비춰 참을 수밖에 없는 상황이라고 말한 것으로 알렸다."(〈중앙일보〉 1979.7.2.)

"일부 기본적 자유가 유보되어 있으나 우리나라의 특수한 사정을 이해해 달라고 말했다."(〈동아일보〉 1979.7.2.)

새문안교회 대학생회와 청년회 지도부는 강신명 목사를 면담한 후, 그의 발언 내용의 진실을 알리는 성명서를 1979년 7월 6일자로 발표하였다.

강신명 목사님의 발언내용

1. 카터 대통령이 한국에 온 것을 환영한다. 새문안교회의 김익준 장로로부터 카터 대통령이 조지아 주지사 재직 시에 대통령에 출마한다는 이유와 신앙이 매우 좋은 분이라는 이야기를 전해 들은 바 있었다. 대통령이 된 것을 축하한다.

2. (한국에 종교의 자유가 있는가를 묻는 카터 대통령의 질문에 대하여) 일반적으로는 한경직 목사의 말대로 종교의 자유가 있다고 말할 수 있다. 이를테면 선교 백주년을 맞는 1985년까지 한국교회의 교인 수를 천만 명까지 급성장시키려고 하는 것이 한국교회의 계획이다. 그러나 현재 많은 기독교인들이 구속되어 있다. 다른 교단은 그만 두고라도 내가 속해 있는 예장교단에도 고영근 목사가 구속되어 있다. 고영근 목사는 내가 위원장으로 있는 기독교선교회의 총무이다.

그리고 내가 있는 새문안교회의 청년 8명이 긴급조치 위반으로 구속된 바 있고 현재에도 6명의 청년이 구속 중이다. 설교를 통해 현 정부를 비난하면 긴급조치 9호에 걸린다. 데모를 하면 긴급조치에 걸린다. 정부를 비판할 때 간접적인 표현을 쓰면 안 걸리는데, 직접적인 비난을 하면 긴급조치에 걸린다. 이런 점에서 광범위한 의미에서 볼 때 선교의 자유가 없다고 볼 수 있지 않겠는가? 나는 정부가 잘하는 것은 잘한다고 하고, 못하는 것은 못한다고 누가 뭐래도 분명히 말하는 사람이다.

3. 나는 반공의식이 분명한 사람이지만, 그러나 정부는 반공법 문제에 대해 지나치게 센시티브(과민)하다. 그리하여 이북이 하는 말과 비슷한 말을 하거나, 이북을 이롭게 한다고 생각될 경우에는 사람을 긴급조치와 반공법으로 구속하고 있다.

6. 고(故) 박정희 대통령 국장조사(國葬弔辭)

(1979.11.3.)

성경말씀

"모든 인간은 풀과 같고 인간의 영광은 풀의 꽃과 같다. 풀은 마르고 꽃은 떨어지지만 주의 말씀은 영원히 살아 있다." 여러분에게 전해진 복음이 바로 이 말씀입니다(벧전 1 : 24).

"잘못 생각하지 마십시오. 하나님은 조롱을 받으실 분이 아니십니다. 사람은 무엇을 심든지 자기가 심은 것을 그대로 거둘 것입니다. 자기 육체에 심는 사람은 육체에게서 멸망을 거두겠지만 성령에 심는 사람은 성령으로부터 영원한 생명을 거둡니다. 낙심하지 말고 꾸준히 선을 행합시다. 꾸준히 계속하노라면 거둘 그때가 올 것입니다"(갈 6 : 7–9).

"일의 결국을 들을 만한 말은 다 들었을 테지만 하나님 두려운 줄 알아 그의 분부를 지키라는 말 한마디만 하고 싶다. 이것이 인생의 모든 것이다. 좋은 일이든 나쁜 일이든 심지어 남몰래 한 일까지도 사람이 한 모든 일을 하나님께서 심판에 붙이신다는 사실을 명심하여라"(전 12 : 13-14).

"당신들은 내일 당신들의 생명이 어떻게 될는지 알지 못합니다. 당신들은 잠간 나타났다가 사라져 버리는 안개에 지나지 않습니다"(약 4 : 14).

"너희는 먼저 하나님의 나라와 하나님께서 의롭게 여기시는 것을 구하여라"(마 6 : 33).

"사람은 단 한 번 죽게 마련이고 그 뒤에는 심판을 받게 됩니다"(히 9 : 27).

"당신들은 불안해하지 마시오. 하나님을 믿고 또 나를 믿으시오. 나의 아버지 집에는 있을 곳이 많습니다"(요 14 : 1-2).

"나는 부활이며 또 생명이니 나를 믿는 사람은 죽더라도 살겠고 또 살아서 믿는 사람은 영원히 죽지 않을 것입니다"(요 11 : 25-26).

기도문

인간의 생사화복을 주장하시는 전능하신 하나님 아버지!

우리는 지금 지나간 18년 동안 이 나라 이 백성을 위하여 심혈을 기울여 가며 많은 일을 하시다가 가신 고 박정희 대통령의 영구 앞에 모여 이 세상에서 마지막 길을 보내고저 합니다.

하나님 아버지, 저 공중을 나는 참새 한 마리도 당신의 허락 없이는 땅에 떨어지지 않는다고 하셨기에 우리는 이 뜻하지 아니한 일의 뜻을 몰라 더욱 안타깝습니다.

하기야 이 길은 누구나 한 번은 가야 할 피할 수 없는 길이긴 하지만 너무도 뜻밖에 생각할 수 없이 비참하게 가셨기에 더욱 슬퍼하며 놀라지 아니할 수 없습니다.

사랑의 하나님 아버지, 몇 해 전에 어머니의 참변을 당한 그 아픈 흔적이 채 아물기도 전에 또다시 자상하신 아버지를 갑자기 잃게 된 상주 지만 군과 영애 근혜와 근영 삼 남매의 아프고 쓰린 마음을 사랑의 손길로 어루만져 주시고 저들의 눈에서 흐르는 눈물을 씻겨 주시옵소서.

능력 많으신 하나님 아버지, 고 박정희 대통령께서 염려하시던 국가 안보문제에 대하여 간구합니다. 여호와 하나님께서 친히 방패와 산성이 되셔서 이 나라를 지켜 주시고 이 백성을 보호하여 주시옵소서. 그와 함께 이 나라를 지키기 위하여 편성된 한미연합군 사령관을 비롯하여 모든 지휘관들에게는 지혜를, 모든 병사들에게는 믿음과 용기를 주셔서 그들의 임무를 잘 수행할 수 있도록 도와주시옵소서.

은혜로우신 하나님, 오늘 이 장례식에 참예한 모든 사람들과 텔레비전과 라디오를 통하여 국장을 지켜보는 모든 국민들이 영도자의 가심을 슬퍼하는 데 멎지 말고 그의 뜻을 받들어 잘사는 나라로 만드는 데 일심단합할 수 있도록 도와주시옵소서. 그와 함께 이번 사태를 계기로 3,700만 국민 모두가 우리에게 예고 없이 찾아올 마지막 순간에 대비하여 믿음을 가지게 하여 주시옵소서.

끝까지 장례식이 어려움 없이 진행할 수 있도록 도와주시옵소서. 부활과 생명의 주 되신 예수님의 이름으로 기도합니다. 아멘.

해제(解題)

강신명 목사는 18년의 장기간 동안 철권 같은 독재정치를 했던 박정희 대통령의 국장(國葬)에 개신교 대표로 전 국민이 지켜보는 앞에서 조사(弔辭)를 맡았다. 그는 목사로서, 교계의 대표자로서 하나님의 말씀을 증거하면서 유족을 위로하고 또한 국민들에게 민족이 나갈 길을 제시해야 하는 이 부담스런 임무에 대해 얼마나 많은 고민과 기도를 하였을까 짐작할 수 있다.

강신명 목사는 하나님의 말씀인 성경을 읽고 기도하는 형식을 통해 조사를 하였다. 그는 권력에 아첨하지 않았고 미사여구(美辭麗句)로 말하지 않았다. 그는 하나님과 국민 앞에 서서 담담하게 성경을 읽었다. 그 순간에 전 국민이 지켜보는 가운데서 그는 복음을 전했다. 인간은 하나님 앞에 죄인이라는 것, 하나님의 심판이 있다는 것, 하나님을 두려워하라는 것, 하나님의 나라와 하나님의 뜻은 불안해하지 말고 예수를 믿으라는 것, 그분이 부활이요 생명이며, 믿는 자에게 영생이 있다는 것을 증거했다. 그리고 기도문을 통해 유가족을 위로하고 국민이 가야 할 방향을 제시했다.

7. 현 시국에 대한 우리의 입장

(성명서, 1979.11.16.)

　한국교회와 6백만 신도들은 박 대통령의 서거(逝去)로 초래된 이 중대한 시기에 하나님께서 한국을 가호하시고 축복하시기를 간절히 기원한다.
　이 충격적이고 급격한 사태에 직면하면서도 의연한 자세와 신중한 태도로써 위기를 극복하고 나라의 안정과 질서를 유지시켜 온 국군장병의 노고와 우방 미국의 협력에 깊은 감사를 드린다. 아울러 침착하고 냉정하게 국가의 비상사태를 지켜보면서 사태수습에 건설적으로 협력한 전 국민의 의연한 자세와 자제력에 대하여 찬사를 금하지 못한다. 오늘의 비상시국을 맞아 모든 국민이 과시한 성숙한 민족적 결속은 우리가 믿는 바 반공 민주전선의 견고함을 과시하고도 남음이 있다. 이 같은 시국을 만일의 경우라도 오산하는 이북 공산주의자들의 모험적 행동은 용납될 수 없음을 밝히는 바이다.
　우리는 최규하 권한대행이 금후 우리나라의 민주정치에의 발전이 합헌적 방법에 의해 조속한 시일 내에 이루어져야 할 것을 약속한 바에는 일단 환영을 표하면서도, 민주정치의 기본정신은 어디까지나 책임정치의 한계를 밝히는 데 있다고 믿어 오늘의 사태가 가져다준 심각한 위기에 대한 책임소재를 분명히 하지 못한 데 유감의 느낌을 금할 수 없다. 아울러 우리는 다음의 원칙을 우리의 입장으로 모든 국민 앞에 천명하는 바이다.

1. 우리가 믿는 정치적 안정과 발전은 어디까지나 민주적 절차와 국민전체의 자율적 참여와 합의에 토대를 두어야 할 것이며, 그와 같은 절차는 현시점이 곧 출발점이 되어야 할 것으로 믿는다. 또 이 같은 민주화과정이 곧 우리가 바라는 조국통일에 대한 전제조건임을 확인한다.
2. 우리가 바라는 민주정치는 국민주권의 대원칙에 입각해서 삼권분립의 확립과 의회 민주주의를 기본으로 이루어져야 할 것을 천명한다.
3. 이상과 같은 민주발전 과정은 모든 국민이 납득할 만한 절차와 시한을 먼저 밝혀야 할 것을 요청한다.

우리는 위에서 주장하는 바대로 앞으로의 민주발전에 대한 대원칙을 제시함으로써, 이제부터는 이 나라가 과거에 경험한 바 여러 형태의 비극적 사태를 통한 정권교체를 영원히 극복하고 세계로부터 존경받을 수 있는 한국민의 민주역량이 만천하에 공중되기를 6백만 신도와 함께 염원하면서 앞으로의 사태 진전을 예의 주시해 갈 것을 밝히는 바이다.

강신명 대한예수교장로회 증경총회장   이재정 대한성공회 서울대성당 주임신부
조남기 한국기독교교회협의회 인권위원장   조선출 대한기독교서회 총무
박우희 기독교대한감리회 감독회장   박순양 대한YWCA연합회 총무
김지길 기독교대한감리회 중부연회감독   강문규 대한YMCA연맹 총무

이경재 기독교대한감리회 동부연회감독   안재웅 한국기독학생회총연맹 총무
김재황 기독교대한감리회 중앙연회감독   조문경 대한기독교 나사렛성결교회 증경감독
김준영 기독교대한감리회 선교국 총무   신신묵 예수교대한감리회 감독
이국선 한국기독교장로회 총회장   양광석 예수교대한성결교회 총회 증경총무
강신정 한국기독교장로회 부총회장   이형룡 대한예수교장로회(대신) 총무
조향록 한국신학대학 학장   김준삼 대한예수교장로회(대신) 총회장
강원용 한국기독교장로회 경동교회 목사   황경찬 기독교대한성결교회 증경총회장
박형규 한국기독교장로회 제일교회 목사   이봉성 기독교대한성결교회 총회본부 총무
김해득 구세군대한본영 사령관   이봉환 대한기독교 나사렛성결교회 감독
한국기독교교회협의회 회장   오충일 기독교대한복음교회 총무
김관석 한국기독교교회협의회 총무

해제(解題)

  이 성명서는 1979년 10월 26일 박정희 대통령이 암살되고 11월 3일 국장이 치러진 직후에 한국의 국가적 민주화를 바라는 기독교인들의 입장을 밝힌 문서로서 의미가 크다. 이 성명서는 당일로 최규하 대통령 권한대행에게 전달되었다. 이 성명서에 대표이름을 넣은 30여 명에는 박정희 정권을 반대했던 NCC 가입 교단대표뿐만이 아니라 비NCC권 교단대표들(나사렛성결교회, 예성과 기성)이 포함되어 있어, 모두가 한목소리를 내었다는 점이 주목할 만하다.

  이 성명의 핵심은 첫째, 정치적 안정과 발전은 민주적 절차와 국민전체의 자율적 참여와 합의에 의해 이루어져야 한다고 밝히며 유신독재 체재

를 정리할 것을 요구했고, 둘째, 과거처럼 군사 쿠데타로 정권을 장악하는 일이 없기를 바라는 것이었다. 하지만 이러한 열망은 1979년 12월 12일 전두환 군부집단의 군사 쿠데타와 권력 장악으로 또다시 좌절되었다.

이보다 앞서 11월 6일 가톨릭정의평화위원회는 "인권 및 시국에 관한 건의"를 발송하였다. 이 건의문은 인권보장, 국민적 화해구현, 양심수들의 조속한 석방과 복권, 헌정발전의 신속한 촉진 등을 요구하였다. 11월 9일에는 기독교장로회 여신도회가 최규화 권한대행과 정승화 계엄사령관에게 건의서를 발송하였다.

8. 강신명 목사, 동경 "아시아 증언"서 연설
〈매일경제〉(1978.8.14.)

일본은 2차 대전이 끝난 후 스스로 피해자임을 강조해 美國을 괴롭히면서 아시아에서 저질러진 죄악상을 은폐시켜 왔다. 전쟁을 도발하고 이 싸움터에 아시아의 숱한 청년들을 강제 징집해 갔던 일본이 原子爆彈에 의해 전쟁을 종식시킨 것에 대해 뉘우침은 없이 계속 미국의 양심을 괴롭혔다.

이에 따라 日帝 패망 33년이 지난 오늘날도 일본의 전쟁책임을 고발하는 아시아의 소리는 거세다. 이런 움직임의 하나는 지난 5일 일본 東京에서 "전쟁책임을 묻는 아시아의 証言"이란 모임을 열게 했다.

在日 대한기독교회 초청으로 이 모임에 참석한 새문안교회 姜信明 목사는 피로 물든 "신사참배 거부투쟁" 체험을 담담하면서도 분노 어린 어조로 토로, 일본 매스컴이 크게 취급할 만큼 감명을 자아냈다.

다음은 강 목사의 日本 帝國主義 고발내용이다.

1935년 姜 목사가 平壤에서 神學生이던 때 臺灣에서 소위 皇民化에 성공했던 日本人이 知事로 오면서 각급학교에 신사참배를 명령했다.

"신사참배는 종교가 아니라 국민정신고양을 위한 국가의식"이란 게 일본 당국의 변인데 기독교계는 우상숭배로 단정, 거부방침을 정했다.

이 때문에 일 관헌은 교회나 모임에 와서는 "비국민"이라며 연행해 가는 등 전국 각지에서 투옥자가 속출했다.

1938년에는 탄압이 강화돼 장로교 총회석상 의장의 양옆에 칼 찬 제복의 경찰본부장과 경찰서장이 앉고 대의원들에게는 형사가 따라 붙어 "반대하면 투옥한다"고 위협하는 상황 속에서 총회에 신사참배 찬성결의를 종용하기도 했다.

이와 함께 "東方(官城)遙拜"도 강요됐는데 기독교신자들의 저항이 계속되자 탄압도 한층 심해 갔다. "만주에서 중국에로 침략해 가기 위해 후방인 우리나라에서의 皇民化 정책을 강화하려고 신사참배에 협력 않는 기독교 신자를 민족독립을 꾀하는 불온분자로서 배제하려 한 것"이라고 姜 목사는 분석했다.

또 목사이던 숙부도 채찍질과 물고문으로 사경을 헤매이면서도 가슴에 손톱으로 피의 十字를 그어 반죽음인 채 방면되기도 했다.

"신사참배에 대해서는 우상숭배니까 용서할 수 없다는 신앙 면에서 거부하는 사람과 민족적 저항으로서 거부하는 사람의 두 갈래가 있었는데 '야스꾸니'(靖國) 신사는 나라 때문에 죽으면 황송하옵게도 천황이 참배해 준다는 감언으로 죽음을 미화시켜 청년을 전장에 몰아 보내는 역할을 했으므로 그런 곳에 한국인의 얼을 지금도 두어 두다니 절대로 안 될 일"이라고 姜 목사는 호소했다.

"아시아의 증언집회"에서 姜 목사 말고도 대만인 전쟁 희생자가 아무런 보상도 못 받고 생활고에 허덕이고 있는 실정이며 한국인 피폭자의 비참한 상황, 대양주 사람들의 전쟁 피해보상 요구 등 미해결의 전쟁 책임을 묻는 증언이 거듭된 후 다음과 같은 3개항 선언을 채택했다 한다.

일본인들은 전쟁의 피해자 의식은 있어도 아시아에의 가해 책임을 회피해 왔다. 이를 반성하고 정부에 대해서는

① 미해결된 전후처리의 해결에 노력하고
② 천황·수상·각료의 야스꾸니 신사참배는 사적·공적을 막론하고 중지하며
③ 대만·한국 출신 전몰자의 야스꾸니 합기(合紀)를 그만두도록 요망한다.

9. 日 교과서 왜곡
   강신명 총장에게 듣는다
   〈동아일보〉(1982.8.21.)

"역사왜곡이 시정 안 되면 서슴지 말고 日本과 國交를 단절해야 합니다. 적어도 그 정도까지는 각오하고 나가야 해요. 그래야 국내가 수습될 거예요." 崇田大學校 姜信明 총장의 요즘 일정은 개학을 앞둔 학원의 책임자가 다 그렇듯이 너무나 바쁘다. 때문에 무리인 줄 알면서도 서울 世宗文化會館에서 대학총장회의가 열린 20일 새벽같이 東亞日報 회의실로 시간과 장소를 잡았다.

"아시겠지만 나 신문이나 텔레비전에 오르내리는 것 좋아하지 않아요. 그러나 이번 일본역사교과서 문제는 참을 수가 없습니다. 그래서 요즘 와 달라는 데가 있으면 어디든지 가서 얘기하고 그럴 작정입니다." 온후한 몸가짐과 刻印되다시피 한 얼굴의 미소는 그의 오랜 敎役者 생활(前새문안교회 목사)을 영락없이 말해 주고 있었다. 그러나 어조와 주장은 단호했다.

무언가 出發이 잘못됐던 것

"60억 달런가 40억 달런가 그 經協[경제협력]이란 것 白紙化하고 정부와 정치인들은 결연한 자세를 취해야 합니다. 그 돈을 다른 데서 얻더라도 자세는 분명하게 취해야 합니다. 국교단절을 각오해야 합니다. 그래야 얘기의 실마리가 풀려요. 또 그래야 우리 국민도 납득하고 국내도 안정이 돼요" 결국 "국교단절각오론"은 姜 총장의 결론이었다. 그러니 만큼 "新交論"은 韓日관계에 대한 화제마다 꾸준히 나왔다.

"왜 배짱을 내밀지 못해요. 국민이라는 태산 같은 배경이 있지 않습니까. 보세요. 이승만 박사는 岸信介[8]가 '야쓰기'를 통해 제의한 8억 달러도 거절했습니다.[9] 그런데 한일국교정상화 때 그게 뭡니까. 3억 달러가 고작이었지 않아요. 그것이 日帝 36년의 대가입니까. 乙巳조약 때부터 치면 40년이에요. 필리핀은 日本軍이 한 3년 헤집었는데 우리가 받은 것보다

---

8) 기시 노부스케(岸信介, 1896.11.13.-1987.8.7.)는 일본의 정치인으로 1936년부터 만주국 정부의 산업계를 지배하는 A급 전범으로, 해방 이후 1955년 자유민주당 결성을 주도하였고, 1957년에 총리가 되었다. 1960년 미일안전보장조약을 체결하고, 그 대가로 일본의 독자적 외교권을 확보하였다. 현 아베 신조(安倍 晋三) 총리의 외조부가 된다. 본래 성씨는 사토(佐藤)이다.

9) 1958년 5월 19일 일본의 우익 거물 정치인 야쓰기 가즈오(矢次一夫)는 이승만 대통령에게 기시 노부스케 총리의 친서를 전달했고, "일본의 한국 합병은 과오였다. 기시 총리와 동향인 이토 히로부미가 한국을 침략하고 한국민을 불행하게 한 것은 커다란 잘못이기 때문에 반성한다."고 말했다. 이것은 미일안보조약을 통해 전범국가 일본의 지위를 회복하려는 외교의 일환이었고, 한일관계를 회복시키려는 미국의 입장이 강력하게 반영된 외교행동이었다.
5·16군사 쿠데타 직후 1961년 6월초 박정희의 '밀사', 당시 중앙정보부5국장 최영택(육사8기)이 주일대사관 참사관 자격으로 일본 정객을 접촉하여 한일국교정상화를 시도하려고 하였다. 그는 야쓰기 가즈오를 제일 먼저 접근하였다.

배를 받았어요.[10] 그게 말이 됩니까. 무엇인가 출발이 잘못되었던 겁니다."
姜 총장은 끝내 격해졌다.

"韓日협정 때 나 하고 韓景職 목사가 당시 丁一權 총리를 만나러 갔었습니다. 하도 답답해서였지요. 그때 J총리에게 잘라 얘기했습니다. '한일국교 정상화를 누가 반대하겠느냐. 그러나 이것은 너무 굴욕적이 아닌가. 두고 보시오. 앞으로 日本의 군사적 침략은 없겠지만 경제침략은 있을 거요.' 라고요. 또 당시 내무차관이던 김득황(金得榥) 씨에게도 말했습니다.[11] '학

---

10) 1955년 5월 하토야마 이치로(鳩山一郞) 당시 일본 총리는 필리핀 정부 협상단 수석대표가 독자적으로 제시한 8억 달러(무상지원 5억 5,000만 달러, 상업차관 2억 5,000만 달러) 배상 요구를 그대로 수용했다. 일본 언론들은 당시 일본 정부가 국내경제 부흥을 위해 필리핀을 동남아 시장 진출의 발판으로 삼을 필요성이 있다고 판단해 아시아 5개국 중 최고액의 배상 요구액을 그대로 수용했다고 분석했다. 또한 미국의 압력도 작용했다. 하지만 1962년 한국과 일본은 무상 3억 달러, 정부 차관 2억 달러, 민간 차관 1억 달러 이상에 합의했다. 배상금 3억 원 중 단 한 푼도 위안부나 전쟁 피해자들에게 나누어 주지 않았다. 그 돈은 기업들에게 뿌려졌다. 3억 달러 중에 8천만 달러는 포항제철에 들어갔다.

11) 김득황(金得榥, 1915.10.7.-2011.5.18.)은 일본 니혼 대학 법과를 졸업하고, 일제강점기에 만주국 관리를 지내며 독립운동에 가담했다. 김득황은 해방 후 공개적인 저술을 통해서 친일문학가들을 비판한 최초의 인물이었다. 만주국 관리시절 만주 통화시를 중심으로 재만한인들과 항일조직 태극회를 비밀리에 조직해서 항일활동을 전개했다. 해방 후 김득황은 광복군의 일원으로서 1945년 11월부터 "광복군 국내 제2지대"의 간부로(부관처장) 활동하였다. 미군정 포고령 28호에 의해 1946년 1월부터 무장단체들이 강제 해산당하면서 구금되었다. 김구 선생 며느리 안미정 씨의 변호로 집행유예로 풀려나왔다. 3공화국에 내무부 차관을 지냈고, 만주사와 관련된 국내 최고 역사학자로 인정받았다. 조동진 목사의 증언은 다음과 같다. "나는 한일협정반대 기독교구국대책위원회의 영락교회 집회에 나가 반일강연을 했다. …… 언론은 내 강연 중 반군사정권 발언부분만을 확대보도했다. 중앙정보부는 기독교의 한일협정 반대운동에는 북한간첩이 스며들어 있다며 한경직, 강신명, 강원룡, 전경연 목사 등을 옥죄기 시작했다. 어느 날 내무차관인 김득황 장로가 찾아와 '위험하니 더 이상 가담하지 말고 물러나라'고 말했다. 김 장로(김득황)는 광복군이었던 아버지(조상항)의 부하로 한 고향 사람이었다. …… 중앙정보부는 나를 설득하는 게 어렵자 구속방침을 정했다. 이때 김득황 차관은 독립운동가답게 배수의 진을 치고 '조 목사를 체포하려거든 내 사표부터 받고 하십시오' 하고 맞섰다."〈국민일보〉(2001.9.3.)

생데모를 막지 말라. 경찰은 다만 그 대열에 적의 오열이 섞이는가만 주의하라. 이 데모광경을 전부 사진을 찍어다가 일본에 보여 주라'고요. 물론 李承晩 대통령이 처했던 상황과 朴正熙 대통령이 처했던 상황이 똑같지는 않았겠지요. 그러나 굴욕적이었던 것만은 분명하지 않습니까."姜 총장은 이쯤 해 두고 日本 쪽에 화살을 돌렸다. 농부의 손과 같은 그의 큼지막하고 두툼한 손의 제스처가 그가 지닌 감정의 박자를 잡고 있었다.

"우리가 日本에 대해 특별한 요구를 하는 것이 결코 아닙니다. 무슨 日帝의 잔혹사(殘酷史)를 쓰라는 것이 아니지 않습니까. 있는 그대로 정당한 역사를 쓰라는 얘깁니다. 3·1운동이 민족의 독립운동이라고 쓰지 못할 이유가 어디 있어요. 安重根 의사가 암살자라는 얘기는 뭡니까. 대륙침략을 위해 明成皇后를 시해했으면 그대로 쓰면 되는 거예요. 前後 獨逸이 나치 시대를 기술하는 방법이 엄연히 있지 않습니까."姜 총장은 이 얘기 끝에 일본에 대해 얼마만큼 냉소적인 발언을 했다.

"하기야 日人들이란 자기네 역사도 엉터리로 쓰는 사람들인데 우리와 관계된 부분을 정확하게 쓰라고 요구하는 것이 부질없는 짓인지도 모르지요. 그들은 소위 天皇의 조상이 天照大神이라는 神仙이라는 것 아닙니까. 그러나 그런 식으로 기술된 日本역사를 그들 중에도 교육받은 사람들은 벌써부터 전혀 믿지를 않았어요. 1940년에 무슨 일로 東京에 한 1년 있은 적이 있었습니다. 그때 日本史를 취급하는 한 日人 말이 '양심적으로 얘기해서 우리는 절대로 하늘에서 내려온 족속이 아니라'라고 말하는 것을 들었어요." 상당히 기독교적 관점이다. 그러나 어느 나라나 神話시대를 설정하는 것이 보편적 현상이 아닌가 하는 '세속적' 의문을 기자가 품고 있는 차에 姜 총장의 설명이 좀 더 앞서 나갔다.

是正 앞서 侵略根性 고쳐야

"물론 우리 역사에도 神話시대가 있지요. 그러나 문제는 日人들의 경우 섬 사람들이 돼서 그런지 자기들의 생활영역을 넓히기 위해서는 남의 역사는 고사하고 자기네 역사도 의도적으로 보통 왜곡한다, 이 얘기입니다. 神武天皇의 얘기는 말할 것도 없고 고증이 가능한 시기에 대해서도 왜곡을 서슴지 않지 않습니까. 명치유신 이후 세계를 제패하기 위해, 혹은 자기네 백성을 단결시키기 위해 소위 나라를 위해 죽은 사람은 모두 '神'으로 모시지 않았어요. 그러니까 日本의 침략근성을 고치기 전에는 역사왜곡 시정도 근본적으로 不可하다고 봅니다." 姜 총장은 개인경험을 하나 더 첨가했다. 역사왜곡의 버릇이 日人 자신의 역사의식을 二重性格으로 만든 한 예였다.

1936년 그때 平壤神學校에 재직했던 姜信明 씨는 작곡가 金東振, 金世炯 씨 등과 平壤합창협회라는 것을 조직했다. 세 사람은 음악회를 한번 열기로 작정하고 준비를 서둘렀는데 그중 가장 의미 있는 레퍼토리가 토니제트의 곡에 실은 우리말 가사였다. '삼천리강산 금수강산 2천만 동포 만세 만세……'

受難당한 기독교 침묵 불쾌

가사는 대강 이랬는데 공교롭게도 그해에 孫基禎 선수가 베를린 올림픽에서 마라톤에 우승했다. 그 분위기가 음악회의 분위기에 연결됐다. 가사도 가사였지만 孫 선수에 대한 감격이 이 노래의 마지막 부분을 합창할 때 관객, 심지어는 임석경관까지 총 기립해서 열창하는 장관을 만들어 냈던 것이다. 姜信明 씨는 음악회가 끝난 뒤 宣川으로 갔다가 그곳에서 日警에게 체포됐다. 바로 그 합창곡이 문제가 됐던 것이다.

"일인 검사의 신문 첫마디가 '日本人과 朝鮮人이 다른 민족이라고 생각하느냐'는 것이었습니다. 한창 '八紘一宇'[12] '一視同仁'[13] 같은 말이 나올 때였지요. 그래 '분명히 다르지 않느냐 그래서 민족자결이란 얘기가 나오지 않느냐'고 받았더니 그 친구 하는 말이 당신 말이 옳다 하는 것이었어요."

— 이번 교과서 문제를 일본의 기독교인들은 어떻게 봅니까.

"日本에는 기독교인이 퍽 적지요. 그런데 일본의 四國大學이 우리 대학의 大田分校와 자매관계라 며칠 전 그쪽 교수 한 분이 다녀갔어요. 우사미(宇佐神正明)라는 분인데 이분 말이 '日本에서는 기독교도가 너무 적어 통 영향력을 발휘할 수가 없으니 한국인들이 日本의 역사왜곡에 적극 반대해 달라'고 부탁하더군요. 한국기독교가 총궐기해서 日本의 침략죄악사를 파헤쳐 달라는 것이었습니다."

— 그런데 이상하군요. 日帝 때 신사참배 등 한국기독교가 당한 수난을 생각해 볼 때 이번 문제에 한국기독교가 너무 점잖다고나 할까요.

"내가 현역을 떠난 지 3년이지만 사실 좀 불쾌해요. 24일 대책회의를 한다고 들었어요." 강 총장은 그 문제에 대해 길게 얘기하고 싶어 하지 않는 듯 대답을 짧게 끊었다. 대신 日帝 때 강제 신사참배경험을 소개했다.

"1935년 신사참배 문제가 나왔는데 改新敎의 경우 平南에서는 崇實학

---

12) 팔굉일우는 고노에 후미마로(近衛文□) 총리가 1940년 시정방침 연설에서 "황국의 국시는 전 세계를 하나의 집으로 만드는 국가정신에 근거한다"고 주장한 데서 유래되었고, 일제의 침략전쟁을 합리화하기 위해 만든 구호였다.
13) 본 뜻은 성인(聖人)은 모든 사람을 똑같이 사랑함을 이르는 '고사성어'이다. 하지만 일제는 황민화(皇民化) 정책의 일환으로 일본인과 한국인을 차별 없이 대한다고 선전하기 위해 사용한 용어이다.

교 등이 거부했지요. 나중에 장로교총회를 하는데 목사 한 명에 형사 한 명씩 따라붙더군요. '신사참배는 국가의식이지 종교의식이 아니라'라는 미명하에 피만 묻고 독는 묻지 않았습니다만……."

― 기독교적 史觀에서 이런 문제를 어떻게 볼 수 있습니까.

"유태 나라가 죄를 범했기에 '앗술라'[14]에 의해 점령되었고 남쪽 유대는 바빌론에 의해 점령되었을 때 이를 하나님의 채찍으로 해석하지요. 바빌론이 회개하지 않으니 하나님은 페르시아를 시켜 바빌론을 멸망시켰다는 겁니다. 하나님은 회개하는 백성을 고난에서 구해 줍니다. 사람에 따라 이런 얘기를 하는 사람이 있습니다. 燕山君이 윤리적으로 타락했기 때문에 왜가 우리를 얕보기 시작했다고요……."

생활 속의 日帝殘滓를 씻어야

聖書的 해석이란 워낙 은유적이어서 현실해석에는 어려움이 있으나 '회개하는 자를 고난에서 구해 준다'는 얘기가 인상적이다. 그러나 姜 총장의 다음 얘기는 비교적 이해하기가 쉬웠다.

"美國서 공부할 때 「1910년부터 1945년까지의 종교와 정치문제」라는 題下의 논문을 준비할 때였어요. 美국회도서관에 갔더니 일본총독부의 보고서가 있어 들추어 봤는데 '조선에서의 기독교는 혁명의 온상'이란 구절이 있더군요. 그렇습니다. 성서적 입장에서는 모든 민족이 하나님이 주신 땅을 지켜야 할 의무가 있습니다. 그러니 왜곡된 역사는 우리가 책임지고 바로 찾아야 할 책임이 있습니다."

---

14) '앗수르'의 오기(誤記)인 듯

― 우리 측의 자세도 얘기해 주시지요.

"기술용어나 문화생활 중에 日帝의 잔재가 아직도 많이 남아 있습니다. 또 일제 때 일하던 사람들이 해방 후에도 많이 등용됐습니다. 위정자들의 정신교육이 너무 없었습니다. 그리고 우리가 너무 일본에 경제적으로 의존하고 있는 것도 잘못된 것입니다. 우리가 일본에 너무 의존해서는 안돼요. 그러니까 일본인들이 고자세로 나오는 겁니다."

姜 총장은 다시 되풀이했다. "모든 것을 각오하고 나가야 합니다. 그래야 수습할 수 있습니다."

〈對談= 金哲기자〉

해제(解題)

1982년 8월 일본의 역사왜곡이 이슈화되면서 전국적인 반일사상이 고조되고 있었다. 동아일보 기자와 대담을 통해 강신명 목사는 일본에 대한 자신의 입장을 밝혔다.

이 글은 1965년 한경직, 김재준, 강신명 등이 중심이 되어 기독교계가 전개했던 굴욕적 한일국교 정상화에 대한 반대운동의 배경이 잘 설명되어 있다. 또한 강신명 목사가 1952~1953년 미국 프린스턴 신학교에서 공부할 때 썼던 석사학위 논문 주제가 무엇인지 스스로 밝히고 있어서 가치가 높은 자료이다.

06

강신명 목사와 서울장신대학교

1. 서울장로회신학교의 창립비사(秘事)

　서울장로회신학대학교의 출발은 1954년 총회야간신학교의 설립에서 시작된다. 예장 총회는 야간신학교를 필요로 했지만, 기존의 대한신학교가 총회가 해야 할 신학교육을 대신하고 있었다. 따라서 총회 신학교 이사회는 총회야간신학교를 별도로 운영하게 되었다. 총회야간신학교는 경제적 토대 없이 어렵게 운영되다가 1959년의 교단 분열 이후 유명무실하게 되었다. 1962년 강신명 목사가 2대 교장으로 부임하면서 교명을 '서울장로회신학교'로 바꾸고 건학이념과 신학방향을 세워 나가면서 토대를 갖추게 되었다.

　이 글에서는 예장 총회야간신학교의 창립에서부터 강신명 목사의 부임까지의 창립과 초기 역사를 살피려고 한다.

1) 대한 신학교의 출발

해방과 분단, 한국전쟁 과정에서 월남한 기독교인들 중에 신학 공부에 뜻을 둔 사람들은 대다수가 생계를 꾸려야 했기 때문에 야간신학교를 다녀야 했다. 그 당시 대한신학교는 이러한 필요를 채우고 있었다. 1948년 8월에 월남한 평양신학교의 재학생들이 중심이 되어 서울 남대문교회당에서 김선두 목사를 이사장으로, 윤필성 목사를 교장으로 하여 '장로교야간신학교'가 시작되었다.[1] 남대문교회 김치선 목사는 1949년 1월 후임교장이 되어 새로운 건물을 얻고 1950년 1월에 '대한신학교'라고 교명을 변경했다. 김치선 목사(1899-1968)는 함경남도 출생으로 연희전문을 마치고 평양신학을 다니던 중, 캐나다 선교사 영재형(Lither Lisger Young, ?-1949)의 초청으로 고베 신학교에서 공부하고 30세에 목사가 되었다. 미국 웨스트민스터 신학교(Th. M.)를 마치고 1935년에 달라스 신학교에서 구약학으로 박사학위(Th. D.)를 받았다. 그 후 일본에서 목회를 하다가 1944년 귀국하여 남대문교회에 부임하였고, 1951년 9월 피난지 대구에서 총회신학교 구약교수가 되었다. 대한신학교는 1952년 9월에 문교부 인가를 받았고, 같은 해 제59차 경기노회의 승인을 받았다.[2] 대한신학교에서는 많은 장로교인들이 공부했지만 초교파적이었고 김치선 박사 개인에 의해 운영되고 있었다.

---

1) 〈기독공보〉(1960.4.11.)
2) 〈기독공보〉(1952.12.1.)

2) 총회신학교 이사회와 대한신학교의 협상결렬

1954년 4월 23일 안동에서 열린 제39회 총회는 한국장로교회가 두 차례의 분열을 경험한 직후라서 분열방지책을 마련하는 데 주안점을 두었다.[3] 첫째로 신사참배문제를 청산하기 위해 신사참배의 흠이 없었던 이원영 목사를 총회장으로 선출하고, 1938년 장로교총회의 신사참배 선언을 공식 취소했으며, 총회와 전국교회가 참회 운동에 참여하도록 했다. 하지만 신사참배를 주도했던 인물을 책벌하는 것은 시행하지 못했다. 둘째 신학교의 발전을 꾀하였다. 총회신학교 이사회는 신학교에 야간부, 여자부, 대학원을 설치하기로 결정하고 총회에서 보고하였다. 그리고 모든 추진방법을 실행이사회에 일임했다.[4]

총회신학교 이사회를 대표하여 김현정 목사[5]와 김윤찬 목사[6]는 정식으로 김치선 교장을 만나서 대한신학교를 교단의 야간신학부로 운영하기 위한 조건으로 다음의 세 개 항을 제시하였다.[7]

(1) 대한신학교의 명칭은 그대로 둔다.
(2) 야간부 교장은 김치선 박사로 한다.

---

3) 1954년 총회는 신사참배 취소와 총회야간신학교 설립결의 외에도, 권사 직제 설립, 기독공보를 총회기관지로 인수하는 중요한 결정이 있었다.
4) 〈기독공보〉(1954.7.19.), 「대한예수교장로회총회 제39회회록」, 286.
5) 김현정 목사는 1954년 미국 에반스톤에서 열린 WCC에 교단대표로 참석하였다. 그는 귀국하여 WCC를 변호하는 입장을 취했다.
6) 김윤찬 목사는 총회야간신학교 초대 이사장을 지냈고 교단 분열 이후 합동 측으로 갔다. 2대 이사장은 강신명 목사, 3대 이사장은 유호준 목사로 에큐메니칼 라인에서 학교를 운영했다.
7) 안광국, "총회야간학교설치에 관해", 〈기독공보〉(1954.7.19.)

(3) 학교운영권은 총회신학교 이사회에서 갖는다.

　　김치선 목사는 창동교회 담임목사, 총회신학교 교수, 대한신학교 교장이라는 중임을 맡고 있었다. 대한신학교는 부산, 대구, 광주에 분교가 있었는데 부산 신학교 교장은 노진현 목사[8], 대구신학교의 교장은 박병훈 목사[9], 광주신학교 교장은 김재석 목사[10]였다. 안광국 목사는 "이대로 나가면 장로회신학교는 수족 없는 몸이 되고 대한신학교는 지방분교가 있어서 총회의 세력은 대한신학교 측에 유리하게 될 형편이었다."[11]라고 말하였다.

　　총회가 대한신학교를 총회 야간신학교로 흡수하려고 했던 이유는 다음과 같다. 첫째, 대한신학교가 전국적 규모로 확장하자 총회 차원에서 신학교육을 통일시킴으로 야기될 수도 있는 교단 분열을 막으려고 한 것이다. 과거에도 고려신학교와 한국신학대학으로 인해 교단이 분열된 것을 상기한 것이다. 둘째는 기존의 대한신학교를 흡수하여 비용절감과 학생모집 효과를 유지하려고 한 것이다. 셋째, 대한신학교 측에서도 총회와 관계를 맺으면 교단배경이 없이 졸업하는 학생들에게 앞길을 열어 주며, 교단의 화평을 가져오는 의미가 있었다. 그러나 김치선 목사는 자신이 키운 대

---

8) 김치선 목사와 노진현 목사는 고베 신학교 동창으로서 깊은 친분관계가 있었다. 노진현 목사는 1959년 대전총회 당시의 총회장으로서 NAE 측에 유리하게 사회진행을 했고 안광국 목사 등에 의해 불신임을 당하였다.
9) 박병훈 목사는 ICCC와 긴밀한 관계를 맺고 자금을 조달하는 역할을 했다. 그는 ICCC와 관계 유지를 위해 합동에서 탈퇴하고 호헌총회를 세웠다.
10) 전남 광주 출신으로 1930년 평양신학교를 졸업하고 1931년 전남노회에서 목사안수를 받았다. 황해도 신천읍에 청빙을 받고 목회를 하다가 1947년 가족들과 월남하여 광주제일교회에 부임하였다. 제37회 총회(1952 대구서문교회) 총회장을 지냈다.
11) "비화 선교100년 34", 〈기독공보〉(1975.10.4.)

한신학교의 운영권을 총회이사회로 넘기려고 하지 않았다.

3) 총회야간신학교 출범

총회신학교 이사회는 대한신학교와의 통합을 포기하고 1954년 7월 28일 오후 7시에 총회신학교에서 총회야간신학교 개교식을 거행하였다. 야간부는 첫해에 67명의 신입생을 뽑아 7월 29일부터 수업을 시작하였다. 설립위원은 김윤찬, 이환수, 박창목, 안광국, 김규당 목사였다.[12] 그리고 초대 강사진은 계일승, 김양선, 김규당, 안광국, 김윤찬, 최의원 목사였다.[13] 설립위원 안에는 NAE(한국복음주의협의회)계 인사들과 에큐메니칼계 인사들이 협력을 하고 있었다.

4) 총회야간신학교와 대한신학교의 재협상

예장 교단에 속한 신학생들은 대한신학교보다는 공식성을 지닌 총회야간신학교를 선호하였다. 김치선 목사도 교단의 신학교수로서 지속적으로 총회야간신학교와 통합하라는 압력을 받게 되었다. 김치선 목사는 1955년 4월 20일에 총회를 대표하는 안두화, 노진현, 권연호와 만난 자리에서 통합의 조건으로 아래의 사항을 요구했다.

---

12) 민경배, 김명구, 『서울장신대학교 50년사』(서울장신대학교50년사 편찬위원회, 2004), 35.
13) "야간총신개교식", 〈기독공보〉(1954. 8. 9.).

(1) 대한신학교의 명칭은 그대로 둔다.
(2) 야간부 교장은 김치선 박사로 한다.
(3) 운영이사는 쌍방동수로 한다. 단 총회 측은 남북장로교선교사 1인씩 참석하고 대한신학교장은 별도 이사로 참가한다.
(4) 대한신학교졸업생(전 졸업생 포함)은 목회를 희망하는 자로서 교수회에서 추천한 자에 한하여 총신 졸업반에 무시험으로 편입하여 주실 것 (4월 26일에 변동.)[14]

(4)번 항목은 본래 대한신학교 졸업생 전부를 총회신학교로 편입해 달라는 것이었는데 후에 바뀌었다. 당시 총회신학교 주간 반은 5년제였고, 노회장 추천으로 입학하였다. 반면 대한신학교는 4년제 야간으로 노회장의 추천 없이도 입학이 가능했다.

김치선 목사가 이사회를 양쪽에서 동수로 구성하고 자기가 별도의 이사가 되겠다고 요구하는 것은 학교운영의 주도권을 자신이 갖겠다는 뜻이었다. 또한 대한신학교와 총회신학교의 학력을 동등하게 해 달라는 것도 불합리한 요구였다. 안광국 목사는 "이것은 총회신학교 야간부가 아니라 대한신학을 좀 더 유리하게 하는 것이므로 부득이 총회는 새로 야간신학교를 세우게 되었다"고 말한다. 총회는 운영주도권을 요구하는 것인데 김치선 목사는 총회 공식성도 얻고 주도권도 갖겠다는 두 마리 토끼를 잡으려 한 것이었다. 두 번째의 협상도 실패하였다.

1956년 9월 총회는 신학교통일안을 만들고 총회야간신학교도 포함을 시켰다.

---

14) 「대한예수교장로회 총회 제40회 회록」, 360.

(1) 야간신학교도 총회 관할 하에 두고 과목은 통일한다. (단 대한신학교는 제 40회 총회에서 명한 5개 원칙에 의해 취급한다.)[15]
(2) 야간신학교 초대 교장은 신학교육부에서 임명하고 이후는 이사회에서 선출한다.
(3) 야간신학교 교수 중 2명은 총회 교육부가 임명한다.
(4) 야간신학교 4년제를 원칙을 한다.
(5) 학업진도는 야간 2년을 주간 1년으로 한다.

5) 1950년대 신학교 난립과 사조직화

1950년대 전쟁 이후 한국교회 안에는 신학교의 난립과 사조직화로 신학교육의 질적 저하, 무자격 목사들의 배출, 교회 분열이라는 병폐가 이어졌다. 1957년 5월 6일자 〈기독공보〉에서 최중해 목사는 "신학교 문제"에 대해 다섯 가지 문제점을 지적했다.

(1) 신학교는 전도자를 양성하는 기관이기 때문에 교파소속을 분명하게 가져야 한다.
(2) 교파 내의 신학교의 단일화가 필요하다. 신학교 난립은 경제적인 이유로 수준 낮은 학생을 입학시켜 저질 교역자 공급과잉의 원인이 되며, 교회분열을 가져온다.
(3) 야간신학교의 설립 목적은 평신도 신학지식 수준을 높이는 것이었기에 목사안수를 하지 않아야 한다. 목사가 되려는 졸업생과 재학생은 총회신학교로 편입시켜 목사안수를 받도록 해야 한다. 야간신학교는 학생들이 징용

---

15) 실제는 4개 항이다.

과 징병을 보류하는 수단으로 악용되고, 신학교 당사자들이 세를 과세하는 데 악용된다.
(4) 신학교 경영에서 선교부 의존을 극복해야 하며 교회가 협력해야 한다.
(5) 신학교육은 목회의 다양화에 따라 일률적 교과를 지양하고 목회, 종교교육, 교육, 군목, 사회사업에 맞는 분과교육을 해야 한다.

최중해의 우려대로 신학교는 공교회성을 잃고 사조직화되었고, 각종 신학교들의 난립으로 저질교육과 저질교역자가 과잉 배출되었고, 징병을 피하는 도피처로 이용되고 있었다. 그러나 신학교 운영의 사조직화는 교파 밖의 문제만이 아니었다. 교파 신학교 안에서도 심각한 문제였다. 그것은 교단 안에서 자기 세력을 양성할 수 있고, 졸업생을 세력화하여 교권을 장악 유지할 수 있으며, 심지어 재산까지 증식할 수 있는 유혹이었다. 더군다나 이승만 정권은 교회에 특혜를 부여했고, 문교부 행정은 저질의 신학교가 양상되는 것을 방치했다. 저질의 신학교는 저질의 교역자를 양성해서 한국교회의 병폐의 온상이 되었다.

6) 에큐메니칼 측과 NAE 측의 갈등

1948년 조선신학교에서 김재준 교수의 신학을 문제 삼아 총회에 진정서를 제출했던 학생들은 박형룡 박사가 교장으로 있는 장로회신학교로 옮겨서 졸업을 하고 목사가 되었다. 이들 중 핵심 인물들은 한국전쟁 중에 미국의 복음주의연합회(NAE)의 경제적, 신학적 지원을 받으면서 조직을 키웠고 1952년에 박형룡 박사를 고문으로 NAE 한국지부를 결성하였다. 그리고 NAE는 교단 내부에서 강력한 정치세력으로 부상했다.

대한예수교장로회총회 임원(1950-1958)[16]

회수	회장	부회장	총무 겸 서기	부서기	회록서기	부회록 서기	회계	부회계	때	장소
36	*권연호	*김재석	*김상권	*김종대	^강인구	서정태	*정일영	*김교완	1950. 4	대구
37	*김재식	^이원영	*김상권	^강인구	^안광국	*차태화	*정일영	*김교완	1952. 4	대구
38	*명신홍	^한경직	^안광국	^강인구	*박찬목	*차태화	*강경봉	*김교완	1953. 4	대구
39	^이원영	^한경직	^안광국	^강인구	*박찬목	*박병훈	*김윤찬	장평화	1954. 4	안동
40	^한경직	^전필순	^안광국	*박병훈	*박찬목	한완석	^주덕근	*김윤찬	1955. 4	서울
41	*이대영	^전필순	^안광국	*박병훈	*정규오	김용진	^배태준	^주덕근	1956. 9	서울
42	^전필순	^노진현	^안광국	*김삼대	*정규오	*박찬목	^김형남	^배태준	1957. 9	부산
43	*노진현	*양화석	*김상권	*김삼대	*정규오	*박찬목	^김형남	^신태식	1958. 9	대전

(^ 1959년 이후 통합교단 소속인사, * 합동교단 소속인사)

위의 도표는 1950년대의 예수교장로회총회 임원들의 명단으로 당시 교권의 지형도를 잘 보여 준다. 1953년 제38회 총회에서 한경직, 안광국, 강인구[17] 등은 총회 임원으로 부상했다. 총회야간신학교가 세워지는 1954년 제39회 총회에서는 이원영 총회장, 한경직 부총회장, 안광국 총무, 강인구 부서기 같은 에큐메니칼 측의 인사들이 주요 임원직을 차지하였다. 그러나 박찬목, 박병훈, 김윤찬 등은 훗날 NAE계로 분류되는 인물들이었다. 그리고 이듬해 제40회 총회에서 한경직 목사가 총회장으로 선출되었다.

NAE 측은 1954년 미국 에반스턴 제2차 WCC 총회 이후로 한경직과

---

16) 대한예수교장로회 총회회의록 36-43회 참조
17) 강인구 목사는 강신명 목사보다 한 살 위의 내매교회 집성촌의 일원이다. 강인구와 이성애는 어린 시절 강신명과 함께 고향의 사립기독내명학교에서 함께 공부하였다. 강인구는 서남교회 목사가 되고 계명대학교를 창설하는 데 공헌하였다. 이성해는 부산 부전교회 여전도사가 되었다.

에큐메니칼 지지 세력에 대해 반대를 강화했다. NAE 세력은 1956년 총회에서 직전 부총회장이었던 전필순 목사를 총회장에서 낙마시키고 미국 여행 중이던 이대영 목사를 불러들여 총회장에 당선시킬 정도로 조직력과 세력을 키웠다. 이때 NAE 측의 소장파 핵심인 대구의 박병훈 목사와 광주의 정규오 목사가 총회 임원으로 부상하였다. 그리고 김윤찬 목사와 박병훈 목사는 미국 NAE에서조차 경원시했던 미국의 근본주의 단체 국제기독교협의회(ICCC)의 칼 매킨타이어와 긴밀한 관계를 맺으면서 ICCC의 반에큐메니칼 공격을 국내에 확장시켰다.

1956년 제41회 총회는 에큐메니칼 운동의 논란이 생기자 에큐메니칼 위원회를 설치하였다. 위원장 한경직, 서기 정규오, 위원 전필순, 황은균, 안광국, 유호준, 박형룡, 박병훈이었다. 양 진영에서 각각 4명씩을 임명하였다. 이들은 1957년 제42회 총회에서 다음과 같이 보고하였다.

> "에큐메니칼 운동을 하는 지도자들 중에서는 두 가지 사상적 조류가 있는데 ① 전교파를 합동하여 단일교회를 목표로 하는 이와 ② 교회 간의 친선과 사업적 연합을 목표로 하는 이가 있다. ③ (본 위원회의 태도) 친선과 협조를 위한 에큐메니칼 운동은 과거나 현재에도 참가하고 있으니 앞으로도 연속 참가하기로 하며 ④ 위원으로 인돈, 마삼락, 명신홍, 김형모 四씨를 보강하여 주실 일이외다."[18]

이 보고는 양 진영의 타협안으로서 친선과 사업을 위한 세계 에큐메니칼 운동에는 계속 참가한다는 결론을 내렸다. 그러나 WCC가 단일교회를

---

18) 「대한예수교장로회총회 제42회 회록」, 124.

지향하지 않는다는 것은 1950년 7월 WCC 중앙위원회에서 발표한 '토론토 성명'에서도 밝힌 바 있다. 1959년 NAE 측이 에큐메니칼 진영을 공격할 때 사용한 레토릭(rhetoric)은 용공, 신신학, 단일교회라는 순서였다. 실제로 문제 삼았던 단일교회보다도 상대방을 파괴적으로 공격할 수 있는 용어를 먼저 배치하였다.

한국 NAE는 1958년 제43차 총회에서 노진현 총회장, 양화석 부총회장, 김상권 총무(서기), 김삼대 부서기, 정규오 회록서기, 박찬목 부회록서기 등 목사가 차지할 수 있는 모든 임원자리를 차지했다. 한국 NAE가 이렇게 정치적으로 급부상을 할 수 있었던 힘은 신학교 운영을 장악하고 있었기 때문이었다. 장로회신학교 교장은 박형룡 박사였고, 대한신학교는 김치선 박사가 운영을 했다. 대한신학교의 분교 부산, 대구, 광주의 교장들은 노진현 목사, 박병훈 목사, 김재석 목사가 맡았는데 이들은 전부 NAE 측 인사였다.

1950년대 모든 교단 분열은 신학 교육의 주도권을 장악하는 것과 관계되어 있었다. 그 명분은 평양신학교 전통, 소위 보수정통신학의 유지였다. 그러나 그 명분의 이면에는 교단 신학교운영을 장악하는 것이 바로 교권을 장악하고 유지하는 힘이라는 사실이 있었다.

따라서 1959년 44회 대전총회에서 연동 측과 승동 측이 분열되는 배경에는 박형룡 박사의 "3천만 환 사건" 이후 장로회신학교의 주도권 문제가 있었다. NAE 측 입장에서는 신학교 운영의 주도권, 보수신학 유지, 교권 장악은 분리될 수 없는 하나였다. 그래서 합동 측에서는 교단 분열의 주원인을 에큐메니칼 신학 때문이라고 말한다. 하지만 통합에서는 교권과 신학의 문제는 별개로 보기 때문에 분열의 주원인을 "박형룡 박사의 3천만 환 사건"이라고 하는 것이다.

7) 총회야간신학교의 분열

1954년 7월 28일 제39회 총회 결의로 대한예수교장로회 총회야간신학교는 김규당 목사를 교장서리로 임명하고 서울 동자동 동성교회에서 수업을 시작하였다. 1956년 11월 총회신학교 야간부 이사회가 조직되었고, 11월 10일 동성교회로부터 초대 이사장 김윤찬 목사가 시무하는 서울 서소문동 58-19 평안교회당으로 교사(校舍)를 옮겼고 11월 14일에 김규당 목사가 정식 교장으로 취임하였다.

1958년 3월 11일에 승동교회에서 제1회 졸업식이 열리고 27명의 학생이 졸업하였다. 이 날 졸업식에는 사회 성갑식, 기도 안광국, 성경봉독 이환수, 설교 총회장 전필순, 훈사 김규당 교장, 인사 김윤찬 이사장, 축도 이대영 등으로 교단의 핵심 인사들이 참석하였다. 이 참석자들은 NAE 측과 에큐메니칼 측 양쪽으로 구성되어 있었다.

1959년 초 새 학기에 평안교회에서 수업을 진행할 수 없어서 피어선 성경학교를 빌려 수업을 하던 중 1959년 9월 24일 제44회 대전 총회에서 교단이 분열되자, 11월에 야간신학교는 임시 폐교되었다. 1960년 2월 27일 교단 합동이 실패하고 통합총회가 결성되면서, 통합 측을 따르는 야간신학교 학생들은 연동교회로 옮겨서 개강했고 총회 주선으로 5월에 중구 도동에 있는 한성교회로 옮겨서 7년을 그곳에서 공부했다.

한편, 합동 측을 따르는 학생들은 1960년 2월에 김윤찬 목사의 평강교회에서 개강하였다. 당시 학교 이사장이었던 김윤찬 목사와 학교 일을 맡았던 신윤복, 손두완 목사, 실무를 맡은 이주영 전도사, 행정을 맡았던 강석희 집사가 합동 측으로 갔다. 강석희 집사는 떠나면서 학적부 등 모든 행정서류를 통합 측으로 넘겨주었다.[19]

교단 분열의 여파로 통합 측 총회야간신학교는 정상적인 학사일정을 진행하기 어려울 정도로 타격을 입었다. 1960년 3월 제3회 졸업식에 19명이 졸업했고 1961년 2월과 12월에 제4회 졸업식에 14명이 졸업했고, 제5회 졸업식에는 10명으로 졸업생이 줄어들었다.[20]

8) 강신명 목사와 서울장로회신학교의 출발

1959년 강신명 목사는 경기노회 부회장으로서 그 유명한 경기노회 에큐메니칼 측을 대표하는 인물이었다. 교단 분열의 여파로 새문안교회도 갈등이 일어났다. 강신명 목사는 도의적 책임을 지고 1959년 12월 29일 당회에 사면서를 제출했다. 그러나 당회는 사면을 반려하고 연동 측 경기노회를 지지하였다. 그래서 1960년 2월 27일 새문안교회에서 통합 총회가 개최되었다.

> 우리는 그리스도의 증인이다. 그러므로 자기 스승이나 자기 학교나 그룹이나 심지어 교파의 증인도 아니다. 이것은 참일까? 내가 예수 그리스도의 증인이라는 것이?[21]

---

19) 민경배, 김명구, 『서울장신대학교 50년사』, 51.
20) Ibid.
21) "니의 증인", 「기독교사상」(1960.3)

강신명 목사는 교단 분열을 아파하면서도 그 원인에 대해 간접적으로 제시한다. 스승 박형룡에 대한 충성도 때문에, 평양신학교 전통에 대한 충성도 때문에, NAE라는 그룹 이기주의 때문에, 장로교회 우월주의 때문에 교회를 분열하고 그리스도의 증인이 되지 못했다는 것이다.

4·19 혁명 이후 NCC 관계자들이 자유당 정부를 지지했다는 이유로 새문안교회 청년들은 안광국 목사와 유호준 목사가 공직에서 물러나야 한다는 성명을 발표하였다. 불행하게도 새문안교회 안에서 강신명 목사에게 교단 분열의 책임을 묻는 청년들이 있었다. 강신명 목사는 6월 15일에 두 번째로 당회에 사면서를 제출하였고, 그해 6월부터 12월까지 한국기독교협의회(NCC)의 총무로 부임하였다. 그러나 교회의 요청으로 12월에 NCC 총무직을 사임하고 목회에 전념하게 되었다. 새문안교회 당회에서 일부는 강신명 목사의 퇴진을 요구했고 여전도회는 유임운동을 벌였다. 1961년 12월 17일 통합노선을 반대하는 일부 장로와 상당수의 교인들은 교회를 떠나 동산교회를 세웠고 박윤선 목사를 청빙하였다.

강신명 목사는 교단 총회의 중요 지도자로, 또 총회야간신학교를 운영할 적임자로 부상하고 있었으나 새문안교회 내부 문제로 결정을 내리지 못하고 있었다. 그러다 1962년 2월 새문안교회의 내부 분규가 진정되면서 9월에 총회야간신학교 2대 교장으로 부임하였다.

1961년 3월 강신명 목사가 「기독교사상」에 기고한 "앞으로 10년간의 나의 회고"에는 신학교를 어떤 방향으로 운영하려고 하는지 청사진을 밝혀 놓았다. 그는 세 가지 일을 우선적으로 하고 싶어했다. 첫째 교회의 일치를 위해, 교파주의 목사들이 막아 놓은 성도들 사이에 막힌 담을 헐고 싶다. 둘째 올바른 신학교육에 기여하고 싶다. 셋째, 선교를 위한 에큐메니칼 공동전선을 만들어 하나님 나라에 기여하고 싶다. 특히 신학교에 대해서 다음과 같이 말한다.

> 신학교는 정치 훈련도장이 아니다. 정당인들의 자파 투사 훈련장소가 아니다. 이는 분명히 어린 사무엘이 성소에서 수종 들 때에 부르시는 음성을 듣고 "주여 말씀하시옵소서. 종이 듣겠나이다."고 말하던 것처럼, 성신의 감동하심을 따라 하나님의 음성을 듣는 곳이 되어야 할 것이다. 선생의 말을 듣고 위하고 따라가는 가운데 오늘의 한국 교계가 시대에 역행하며 소란한 것이 아니냐? 물론 나도 기독교의 복음 자체를 속화시키자는 것은 아니다. 그러나 하나님께서 이제 이 나라에서 우리에게 하라고 말씀하시는 음성을 듣고, 교회가 오늘 한국에서 존재하는 의의를 알아야 한다는 말이다. ……
> 끝으로 아무래도 교회는 땅끝까지 복음을 전해야 할 터인데 이에 대하여 공동전선과 연합전선을 펴야 할 것이다.[22] 아무리 연합운동에 장애가 많다고 하더라도 우리는 먼저 그리스도인으로서 참되고 그리스도의 복음의 사자로서 충실하자면 이 천국 건설의 대열을 지어 보조를 맞추어서 진군할 것이 아닌가? 그런고로 에큐메니칼 운동은 오늘 우리 한국교회에 있어서 적극 추진해야 할 하나님의 지상 명령이요, 초견의 급한 당면과제라고 생각한다.[23]

강신명은 이 글에서 NAE 측이 신학교를 자파(自派) 정치세력의 확장 수단으로 사용했고, 신학교가 특정 선생의 말을 추종하는 장소가 되었다고 암시하고 있다. 그래서 신학교의 과제를 세 가지로 선정했다.

---

22) 1969년에 「기독교사상」 1969년 5월 통권 13(5)에 기고한 "복음을 위한 공동과제" 안에서 이러한 사상이 실천되고 있음을 보여 준다.
23) 강신명, "앞으로 10년간의 나의 회고" 「기독교사상」(1961.3).

첫째, 성령의 감동으로 하나님의 음성을 듣는 곳이 되어야 한다.
둘째, 교회가 한국에 존재하는 의미를 가르치는 곳이 되어야 한다.
셋째, 교회는 예수의 몸 된 교회라는 에큐메니칼 신학교육을 해야 한다.

이것이 강신명 목사가 총회야간신학교(서울장로회신학교)의 운영을 준비하면서 세운 신학교육 방향이다. 강신명 목사는 1959년의 교단 분열, 1960년의 4·19혁명, 1961년의 5·16군사 쿠데타라는 격랑의 세월을 보내면서 신학교에서 강의하면서 신학교육의 뜻을 세웠다. 그리고 1962년 9월 총회야간신학교의 2대 교장으로 부임하여 학교명을 '서울장로회신학교'로 바꾸고, 자신의 평생의 신념인 "밀알사상"(요 12:24)을 학교의 건학 이념으로 세웠다. 합동 측 총회야간신학교는 1962년 6월에 칼빈 신학교로 개명을 하였다.

2. 서울장로회신학교 요람

(1964.1.16.)

1) 알리는 말씀

교장 강 신 명

"추수할 것은 많되 일군은 적으니 그러므로 주인에게 청하여 추수할 일군들을 보내어 주소서 하라."(마 9 : 37-38)

나라와 민족이 나갈 길과 살길을 바로 찾지 못하여 갈팡질팡 헤매고 있는 일대 위기에 직면한 이때를 당하여, 희생의 소금으로 이 나라를 악의 세력과 부패상태에서 건져 내며 복음의 빛으로써 이 민족에게 살길을 열어 주는 것이, 우리 주께서 우리 한국교회에 부탁하신 책임이며 사명인 것으로 본인은 굳게 믿는 바입니다. 이렇다 할진데 주님 뜻에 응하여 몸 바치는 주의 충성된 종들이 보다 많이 무제한으로 요청되고 있다고 말하지 않을 수 없는 것입니다.

되돌아보건데 벌써 10여 년 전 공산침략에 의한 6·25동란으로 우리 민족이 생사의 기로에 서 있을 때, 무신론자들과 싸우던 믿음의 동지들이 대거 남하하여, 복음의 투사되기로 결심하였지만 육신의 생활을 위한 노고를 피할 길이 없어, 바울이 천막제조업에 종사하듯이, 직장을 갖게 됨에, 주간 공부는 할 수 없는 처지에서 부득이 찾게 된 것이 곧 야간신학교의 설립을 촉진하게 되었음은 누구나 아는 사실입니다. 모든 것이 피난민의 상태에 있을 당시, 신학교 역시, 더욱이 야간신학교가 예배당을 임시교사로 빌려 쓰게 되었음은 당연한 일이라 생각할 수 있었던 일입니다. 그러나 모든 것이 원상으로 복귀되어진 이때까지 야간신학교만이 본연의 궤도에 오르지 못하고, 도리어 여기저기 난립되어지는 상태와 그 수준에 있어서도 점점 저하되어지고 있었다는 것을 누구나 부인할 수 없는 일입니다. 우리의 전도의 대상인 사회가 점점 고도의 문화로 발전되어짐에 그와는 정반대로 복음의 투사의 교육수준이 떨어져 있다는 것은 곧 주의 몸 된 교회를 약화시키는 결과를 일으키지 아니할 수 없는 것입니다.

더욱이 요즈음에 있어서, 일선장병과도 같은 평신도들의 사회참여를 높이 부르짖게 된 이 마당에 있어서, 우리 교회는 기설된 교회의 목회자를 공급하는 데만 멈출 것이 아니라 한 걸음 더 나가 사회 각 방면 각 분야에 널려 있는 직장을 가진 평신도들의 신학적 훈련이 절실히 필요한 것입니다.

여기에서 본인은 1962년도에 서울장로회신학교(1954년 5월 안동서 모인 총회 결의로 설립 됨) 경영의 책임을, 가장 밑바닥의 상태에서 인수하게 된 것입니다. 본교 경영에 무슨 재정적인 뒷받침이 충분히 있는 것도, 교사의 설비가 충분한 것도, 교수와 강사를 확보하였음도 결코 아니나, 오로지 위으로의 도우심을 의지하는 중에 사명감에서 새로운 출발을 하게 된 것입니다. 본교는 현재를 논할 것이 아니라 미래를 논할 것으로써 우리는 최선을 다해 목표를 향해 전진하기로 결심하는 바입니다.

본교는 또한 교역자 지망자의 진학의 편리를 도모하는 동시에, 학문적으로 신학을 전공하려는 이에게도 실망하지 않도록 질적인 향상을 꾸준히 도모하려는 바입니다.

하나님의 은총의 보호가 이 학교 앞길에 있도록 기도하여 주시는 동시에 직접 간접적인 여러분들의 지원을 바라면서 몇 말씀 올립니다.

해제(解題)

1964년에 학교의 요람을 만들면서 강신명 목사는 서울장로회신학교의 현 상황을 점검하면서 과제를 제시하였다.

(1) 6·25전란으로 월남한 신앙인들 가운데 복음의 일꾼이 되려는 사람들에게 야간신학교가 필요했다. (2) 야간신학교는 예배당을 빌려서 수업을 했고, 난립상태에 있었고, 그 상태와 수준이 저하되어서 교회에 문제가 되었다. (3) 서울장로회신학교의 과제는 교역자 지망자의 진학을 돕고, 직장을 가진 평신도들의 신학훈련을 하며, 학문적으로도 질적 향상을 도모한다.

2) 연혁

대한예수교장로회 제39회 총회 결의에 따라서 "총회야간신학교"로

1954년 7월 28일, 서울특별시 중구 동자동에 있는 "동성교회당"을 임시교사로 개교하였다. 김규당 목사께서 교장 서리로 취임하다.

1956년 10월 15일 이사회 결의에 의하여 김규당 목사께서 교장으로 취임, 뒤이어 11월 10일에, 서대문구 서소문동에 있는 평안교회당을 임시교사로 이전하였다. 1957년에는 김규당, 정기환, 이귀선 세 분을 전임강사로 임명하였으며 1958년 5월에는 이응화 목사께서 총무과장으로 취임하였다.

1958년 3월에 제1회 졸업생으로 27명, 1959년 3월 제2회 졸업생으로 15명을 내어 놓았다.

1960년 2월 9일에는, 부득이한 사정 가운데서 다시 교사를 종로구 연동에 있는 "연동교회당"으로 갑자기 옮기게 되었으며, 여기에서 제3회 졸업생 19명(1960년 2월 29일), 제4회에 14명(1961년 3월 2일), 제5회에 10명(1961년 12월 12일)을 내어 놓았다.

1962년 9월 10일에는 다시금 교사를 중구 도동 1가 132의 7번지에 위치한 지금의 임시교사(漢城敎會堂下層)로 이전하였으며, 뒤이어 이사회에서는 교장 김규당 목사의 사직원을 수락하였고 그 후임으로 이사장직으로 있던 강신명 목사를 선정하여 취임하게 하였다. 따라서 이사장 후임으로는 유호준 목사가 선정되었다.

1962년 12월 10일에는 총회신학교육부 방침을 따라 제6회(4년 수료) 졸업생으로 16명(중에 여자 2명), 제7회(3년 수료) 졸업생으로 13명(중에 여자 3명)을 동시에 내어 놓았다.

1963년을 계기(契機)로 하여 본교의 지향목표를 "평신도 지도자 양성"으로 정하게 되었다. 그러나 교역자 지망자나 신학자 지망자의 과도적(過

渡的), 준비적(準備的), 수학의 길도 보류하게 되었다. 이러한 새로운 출발에 부합(符合)되게 새로운 인적(人的) 구성을 이루게 되었으니, 이해 출발 첫날인 1월 1일에 이사회 결의에 의하여 박창목 목사께서 교구과장으로 취임하여 교무행정(敎務行政)의 책임을 일임하게 되었다.

1월 3일에는 성서신학부(박창목 담임), 역사신학부(한태동 담임), 실천신학부(강신명 담임)로 3부분의 교과를 설정(設定)하였으며, 이달 7일에는 부장회의(副長會議)에서 총합 41과목 142학점의 교과과정(敎科課程)을 정하였으며, 이러한 과정을 수강하기에 적합한 수준으로 신입생을 모집하여(54명), 3월 2일에 제1학기 개학을 하게 되었다. (교과과정은 아래에 소개하는 바와 거의 같다.)

"음악의 밤"(5월 3일), "친목음악의 밤"(10월 24일), "학술 발표식(發表式) 토론회"(11월 23일) 등 전례(前例)에 없는 행사로써 본교 "학우회"의 활동도 눈부신 대비약(大飛躍)을 보게 된 것이다.

연도 말(12월 28일)에 임하여 요람에서 보는 대로의 보다 발전확대(發展擴大)되어진 교과 과정과 교수진을 구성하게 되었다.

3) 기구(機構)

Ⅰ. 이사회(理事會)

이사장	유호준 목사	
이 사	황두연 장로(서기)	정석복 장로(회계)
	이태준 목사	김응상 목사
	안광국 목사	강신명 목사

Ⅱ. 교직제(校職制)

교　　　장　　　강신명 목사　　　교무과장　　　박창목 목사[24]
총무과장　　　이응화 목사

Ⅲ. 교수회(敎授會)[25]

성서신학부장　　　박 창 목 교수
이론신학부장　　　이 종 성 교수
역사신학부장　　　강 신 명 교수
실천신학부장　　　김 동 수 교수[26]

---

24) 박창목(朴昌睦, 1911-1968)은 안광국 목사와 숭실중학교와 평양신학교 동창생이었다. 집안 형편으로 중학교 3년을 채 마치지 못한 채 평양신학교에 입학하여 졸업하였다(1936-1939). 1942년 평양노회에서 안수를 받았고, 해방 이후 월남하여 서울영락교회 부목사와 경기도 장단교회에서 목회를 하였다. 군산 YMCA 총무로 섬기다가 미국연합장로회의 지원으로 프린스턴 신학교(1950-1951)에서 신학을 공부하였다. 하지만 중학교 졸업장이 없었기 때문에 학위를 받지는 못하였다. 1952-1955년 대한신학교와 부산장로회 신학교 교수를 역임하였고 작고할 때(1963-1968)까지 서울장로회신학교 교무과장직을 맡았다. 가난하지만 꼿꼿한 성품으로 에큐메니칼 운동사와 신약신학을 가르쳤다. 박창목 목사가 남긴 책은 『세계교회운동 : 에큐메닉 문서 제1집』(聖學社, 1957), 『신약신학 상권』(대한기독교서회, 2008[1957초판])이 있다. 또한 "신학의 독립성과 대중성"「기독교 사상」(1958.4) : 54-59이란 글에서 그는 한국의 신학이 선교사 그늘을 벗어나야 하며, 지성인들에게 설득력 있는 대중성을 가져야 한다고 역설한다. 안광국, "동창생이 본 박창목 목사"「새가정」(1968.4); 이연호, "故 박창목 목사 片貌"「새가정」(1968.4).

25) 1963년에는 성서, 역사, 실천 3부문으로 구성되었으나 1964년의 요람에는 이론신학부가 새로 신설되었다.

26) 김동수 목사는 원효로 성광교회 담임목사로서 강신명 목사를 측근에서 도왔던 동역자였다. 그는 프린스턴 신학교에서 공부하였고 프린스턴 동문인 강신명, 김용준(수송교회), 박창목과 함께 예장 통합 측이 WCC에 재복귀하도록 노력하였다. 김동수, "한국기독교는 새로워져야 한다"〈크리스챤신문〉(1960.7.9.); "우리 장로회의 과제", 〈기독공보〉(1963.12.16); 1964.5.23 김동수-"새로운 교회관계의 형성"〈기독공보〉(1964.5.23);

기타 교수 및 강사들(가나다순) : 김형태, 권세열, 민경배, 이연호, 이귀선, 이치복, 박대선, 주선애(女), 채필근, 홍동근

4) 교과과정(敎科課程)

신학에 "교직자신학"과 "평신도신학"이 따로 구별되어 있는 것이 아니다. 그러므로 본교가 평신도지도자 양성을 목표로 한다고 해서 일반 신학교와 별다른 교화과정을 설정(設定)할 수 없는 것이다. 더욱이 위에서 이미 말한 바와 같이 교직자나 신학자 지망자까지도 포섭하게 되는 터에, 그리고 무엇보다도 "신학교"라는 명칭을 지니고 있는 한에, 여기에 상부(相符)한 교과과정을 정할 수밖에 없는 것이다. 다만 일반신학교와는 달리, 요약(要約, 簡略이 결코 아니다)해서 교수하게 되는 것뿐이다. 더욱이 신학사상의 빈곤으로 일어나는 한국교회 내의 여러 사태를 돌아볼 때에, 평신도 지도자로서도, 교직자나 신학자에 못지않은 신학적 훈련이 필요하기도 하다고 생각되어지는 것이다.[27] 이러한 고려 밑에서 아래와 같은, 신학전반에 걸친, 교화과정을 설정하는 것이다.

학 부	학점(필수+선택)	백분비례(백분비례)
Ⅰ 성서신학신약성서부	40(24+16)	28%
Ⅱ 성서신학구약성서부	34(22+12)	24%

"목회자의 입장에서 본 68년의 한국교회"〈교회연합신문〉(1968.1.1).
27) 강신명 목사는 교단 분열 과정의 원인들 가운데 하나는 신학사상의 빈곤으로 보았다. 목회자들과 평신도들이 신학적 판단을 할 능력이 부재하여 용공, 신신학, 단일교회라는 공격에 그대로 넘어가서 그것으로 교회를 분열시키는 현상을 안타깝게 생각했다.

	Ⅲ 이론신학부	12(12+0)	9%
	Ⅳ 역사신학부	24(15+9)	16.5%
	Ⅴ 실천신학부	32(20+12)	22.5%

142(93+49)   100%

5) 1964년도 커리큘럼

학부\학년	신약성서부	구약성서부	이론신학부	역사신학부	실천신학부	총계
제1학년	신약개론(4) 공동서신(2) 사도행전(2) 헬라어(4) 12	구약개론(4) 소예언서(4) 신약전사(2) (구약사) 10		교회사(4) 문화사(3) 근대교회문서(1) 8	그리스도교교육원리(4) 그리스도교교육행정(2) 전도학(2) 청소년지도(2) 종교심리학개론(2) 12	42
제2학년	신약신학(4) 공관복음(2) 히브리서(2) 헬라어(4) 12	구약신학(4) 율법서(2) 대예언서(4) 10	신학서론(3) 3	교회사(4) 세계교회운동(3) 교회사(2) 9	그리스도교윤리학(4) 예배학(2) 상담학(2) 그리스도교문학(1) 9	43
제3학년	신약신학(4) 로마,갈라디아서(2) 요한서,계시록(2) 8	구약신학(4) 역사서(2) 정경사(2) 8	신론(3) 인간론(3) 6	한국교회사(3) 비교종교학(2) 5	특수전도(2) 장년지도(2) 어린이지도(2) 교회법(1) 그리스도미술(1) 8	35
제4학년	요한복음(2) 고전후 살전후(2) 옥중서신(2) 목회서신(2) 8	성문학(2) 성서통독(4) 6	그리스도론(3) 3	개혁자신학(2) 2	교회행정(1) 설교학(1) 찬송가학(1) 3	22
총계	13학과목 (중 선택 5) 40	10학과목 (중 선택 5) 34	4학과목 (모두 필수) 12	8학과목 (중 선택 4) 24	17학과목 (중 선택 9) 32	142

해제(解題)

1964년에 작성된 교과과목에서 "세계교회운동"(421)은 에큐메니칼 운동을 의미한다. "세계교회운동"에 대해 요람은 "에큐메니칼 운동의 사적(史的) 고찰, 신학적인 근거 및 실제적(實際的)인 문제 등 다방면(多方面)으로 다각적(多角的)인 고찰을 한다."고 소개하고 있다.

박창목 목사는 에큐메니칼 운동에 대해 '세계교회운동'이라는 이름을 사용한 장본인이다. 그는 1957년의 책에서 "에큐메닉을 세계교회로 택한 것은 어학적인 근거에서만이 결코 아니요 에큐메닉 운동의 성격을 전체적으로 포괄하여 그 중심사상을 대표하는 바의 의역인 것이다."라고 말한다. 그는 에큐메니칼 운동을 다양한 그리스도교회들(복수)의 연합운동이 아니라 원래부터 그리스도의 몸 된 교회(단수)의 분열된 상태를 환원·회복하는 운동이기 때문에 세계운동이라고 붙인 것이다.[28] 하나님이 주신 일치(God-given-unity)를 회복하는 운동이라고 본 것이다.

---

28) 박창목, 『세계교회운동』(聖學社, 1957), ii-iii.

3. 강신명 목사의 글과 삶에서 나타난 밀알사상

밀알사상은 강신명 목사의 삶의 좌우명이었고, 목회철학이었고, 지도력의 모형이었으며, 신학교육의 목표였다. 따라서 그의 설교와 글, 그리고 실천에는 '밀알사상'이 녹아 있다. 이 글은 강신명 목사에게 '밀알사상'이 어떤 신학적 의미와 실천적인 강령을 가지고 있었는지 살펴보는 데 목적이 있다.

곽선희 목사는 강신명 목사의 밀알 사상에 대해 다음과 같이 말하였다.

> "한 알의 밀이 땅에 떨어져 죽지 아니하면 한 알 그대로 있고 죽으면 많은 열매를 맺느니라"(요 12 : 24). 이 말씀은 강 목사님께서 평상시에 가장 귀하게 여기시고 늘 외우시며 명상하시며 가르치시고 자주 설교하시던 말씀이다. 사석에서나 공석에서나 이 말씀이 주제가 되었고 이 말씀이 사리판단의 기준이 되었던 것을 생생하게 기억하고 있다.[29]

---

29) 곽선희, "항상 자신을 낮추시며", 『강신명 신앙저작집 Ⅰ』(서울 : 기독교교문사, 1987), 20.

1) 목회 속에 나타난 밀알사상

강신명 목사는 1979년 「월간목회」 기자와 인터뷰를 하면서 가장 좋아하는 성경구절이 무엇이냐는 질문에 "요한복음 12장 24절과 갈라디아서 2장 20절을 좋아한다."라고 응답하였다.[30]

강신명 목사는 소천 1년 전 1984년에 "목양의 길을 가는 한국의 목회자들에게 꼭 하시고 싶은 한마디는 무엇인가?"라는 질문에 대해 다음과 같이 말했다.

> "한 알의 밀이 땅에 떨어져 죽지 아니하면 한 알 그대로 있고, 죽으면 많은 열매를 맺느니라"(요 12 : 24). 목회자는 교회에서 재정에 절대 관여해서는 안 된다고 생각한다. 목회자는 어디까지나 목회중심, 목양중심의 사명을 감당해야 한다.[31]

강신명 목사는 교회의 분규가 일어난 곳에서 치유와 화해를 위한 목회를 할 때 밀알정신을 그대로 적용했다. 1942년 강신명 목사는 평북노회의 선천 북교회로 파송을 받았다. 교회 분규를 해결할 사명을 가지고 간 것이다.

> 내가 선천 북교회에 부임해 갔던 때의 일이 가장 괴로운 때였지요. 그때 그 교회에는 목회자 청빙 문제로 당회원과 제직들, 그리고 온 신도들의 분규가 일어나 혼란 중에 있었지요. 그때의 내 나이가 갓 서른인데 그 고충이야 말로 할 수

---

30) "나의 장벽을 헐고 우리의 광장으로", 「월간목회」 36(1979.8), 74-80.
31) "양을 아는 목자", 『나의 길 목양의 길』, 13.

없었지요. 나는 하나님께 매달려 기도하면서 일하는 가운데 교회가 정상을 회복하게 되었지요. 그러니까 선천교회 분규 사건 시절이 제일 괴로운 때였고, 또 그 사건의 해결이 원만하게 됨으로 제일 보람을 느낄 수 있었지요.[32]

나는 이때 나의 목회 사명의 중요한 시험기간으로 알고 하나님께 기도하기를 "하나님 이 북교회 문제를 수습할 수 있다면 계속 하나님의 종으로 사역할 것이며, 그것을 허락지 않으시면 나의 길이 아닌 줄 알겠습니다." 하였다. 나는 철저하게 중립적 위치를 갖고 대처해 나갔다. ……어느 쪽으로도 쏠리지 않게 하기 위함이었는데 이것이 해결의 실마리가 되었다.[33]

강신명은 교회분규가 일어났을 때 어느 한쪽의 편만을 들지 않았고 한 알의 밀알처럼 내가 죽어 교회를 살린다는 심정으로 기도하며 목회하였다. 그 과정에서 성도들 사이에 화해가 일어났다.

1960년 새문안교회가 교단 분열로 내부갈등이 일어났을 때에도 강신명 목사는 사임서를 당회에 제출하여 자신이 걸림돌이 되지 않게 하였고 교회의 평화를 먼저 추구하였다.

2) 평신도 신학의 중심으로 밀알사상

강신명 목사의 글 가운데 가장 밀알사상이 최초로 언급되는 것은 1954년 '세계대학봉사회' 창립 예배에서 강신명 목사의 기도문이다.

---

[32] "나의 장벽을 헐고 우리의 광장으로".
[33] "양을 아는 목자", 『나의 길 목양의 길』, 11.

일제와 공산당의 박해 속에서 살아남은 부족한 저희들이 이 땅에 내일의 주역들에게 봉사하기 위하여 이 작은 학생의 집을 설립하였습니다. 이 집이 서있는 이곳은 일제 시대 죄악의 소굴이었습니다. 그러나 죄 많은 곳에 더욱 은혜가 풍성하다 하였사오니, 우리의 젊은 학도들이 모여 살 이 집안에 주님의 크신 은총이 항상 충만하게 하옵소서.

주님을 대신하여 이곳을 찾아 드는 모든 학생에게 사랑과 봉사로서 발을 씻어 주는 당신의 종에게 항상 같이하여 주시며, 이곳을 출입하는 모든 학생들을 축복하사 이 민족 수난의 원인과 결과를 바르게 깨달아 다시는 기성세대의 잘못을 되풀이하는 못난 인물들이 되지 않게 하여 주시옵소서. 하나님이 주신 이 나라 이 민족을 위하여 '한 알의 밀'이 되려는 참된 인재들의 요람이 되게 하소서.[34]

1959년 초 소위 NAE(한국복음주의협의회)와 에큐메니칼 갈등이 일어나고 있을 때, 강신명 목사는 일반 교인들과 신학생들의 입에서 개인과 스승을 향해 신신학, 자유주의자라고 쉽게 정죄하는 현상을 보면서 크게 충격을 받았다. 자유주의 신신학을 방지한다는 명분 아래 그리스도인의 사랑을 잃어버린 한국교회가 본질에서 벗어나고 있다고 보았다.

성경도 제대로 읽거나 연구하지도 아니한 교인들의 입에서 아무개는 신신학 아무개는 자유주의니 이단이니 하는 말을 아무 거리낌이나 주저함이 없이 함부로 탕탕 말하고 있는 것은 무엇보다 이 처음 사랑을 잃어버렸다는 증거가 아닐까요? 벌써 5, 6년 전 이야기올시다마는 신학생들 가운데서 어린 학생들이 가장 건전하고 온건한 보수주의 선생을 이단이니 신신학이니 하고 떠들었다는 이

---

34) 김명구, 『소죽 강신명 목사』, 269에서 재인용.

야기를 듣고 나는 놀라는 정도가 아니라 언어도단이라고 말하지 아니할 수 없었습니다.[35]

강신명은 평신도들에게도 바른 신학적 사고를 할 수 있도록 도움을 주고 싶어 했다. 그는 교단 분열의 이유 가운데 하나를 신학사상의 빈곤으로 보았다. 목회자들과 평신도들이 신학적 판단을 할 능력이 부재하여 용공, 신신학, 단일교회라는 공격에 그대로 넘어가고, 그것으로 교회를 분열시키는 현상을 안타깝게 생각했다. 그것이 서울장로회신학교 안에서 평신도 교육을 하게 되는 중요 이유이다.

> 더욱이 요즈음에 있어서, 일선장병과도 같은 평신도들의 사회참여가 높이 부르짖게 된 이 마당에 있어서, 우리 교회는 기설된 교회의 목회자를 공급하는 데만 멈출 것이 아니라 한걸음 더 나가 사회 각 방면 각 분야에 널려 있는 직장을 가진 평신도들의 신학적 훈련이 절실히 필요한 것입니다.[36]

> 더욱이 신학사상의 빈곤으로 일어나는 한국교회 내의 여러 사태를 돌아볼 때에, 평신도 지도자로써도, 교직자나 신학자에 못지않은 신학적 훈련이 필요하기도 하다고 생각되어지는 것이다.[37]

---

35) "옛적같이 새롭게", 〈기독공보〉(1959. 1. 19.)
36) 「서울장로회신학교 요람」(1964), 1.
37) 위의 책, 5.

3) 서울장로회신학교 설립에 나타난 밀알정신

강신명 목사는 총회야간신학교의 제2대 교장으로 부임하여 학교명을 '서울장로회신학교'로 변경하였고, 자신의 평생의 신념인 "밀알사상"(요 12 : 24)을 건학이념(建學理念)으로 세웠다. 또한 스스로 밀알이 되어서 사표(師表)가 되었다. 강신명 목사는 "서울장로회신학교 경영의 책임을 가장 밑바닥의 상태에서 인수"[38]하여 학교의 기틀을 마련하였다. 유호준 목사는 다음과 같이 회고한다.

> 강 목사가 처음 관여할 시절에는 우리 장로회 신학교는 그야말로 기초단계에서 벗어나지 못한 미약한 단계였으나 강 목사의 정열과 사재(私財)까지도 희생하여 오늘에는 주간과 야간이 있으며 학생도 천여 명에 이르는 당당한 신학교로 그 자리와 모습을 갖추게 되었다. 이제는 서울장로회신학교 하면 강신명 목사를 그리고 강신명 목사 하면 서울장로회신학교를 연상할 만큼 불가분리의 관계를 형성하고 있는 실정이다.[39]

1975년에 강신명 목사는 자신의 사재를 팔아 마련한 터 위에 목회자들을 재교육하기 위한 연구소를 세울 계획을 가지고 있었다.

> 현재 집까지 팔아 마련한 2백 평 대지 위에 은퇴 후에라도 연구원 같은 것을 만들어 교회중심으로 계속 일하고 싶다고 하고 외부 보조는 우리라 어느 정도 만들어 논 다음에 받는 것이 타당성이 있지 않느냐고 했다. 이 연구원은 한국

---

38) 위의 책, 1.
39) 유호준, "이제는 옛 친구가 된 그를 그리면서", 『강신명 신앙저작집 Ⅰ』, 19.

교회 안에 있는 연합정신이 강한 사람끼리 만들고 싶다고 말하고 "우물 안 개구리식"은 지양되어야 할 것이라고 했다.[40]

1981년에 종로구 숭인동 1370번지에 캠퍼스를 마련할 때와 경기도 광주에 대학교 캠퍼스를 마련할 때 강신명 목사는 사재를 털고 빚을 내었다. 그리고 강남구 원지동 산4-50 외 5필지도 학교에 헌납했다. 그래서 1985년 3월 6일에 서울장신 광주 캠퍼스에 신축교사를 준공하게 되었다. 강신명 목사는 그해 6월 22일에 소천했다.

강신명 목사는 1959년의 교회 분열, 1960년 4·19학생혁명, 1961년 5·16 군사쿠데타 이후의 군사정권수립과정에서 일관되게 나타나는 병리현상은 "내가 아니면 안 된다."라는 교만함이었다고 보았다. 아래의 글은 강신명 목사가 1962년 서울장로회신학교 교장이 되어서 '밀알사상'을 건학이념으로 세울 즈음에 행한 설교내용이다.

> 남북통일은 이승만 박사의 전매특허품이 아니었고 국가 재건은 혁명정부 요인들의 과제만이 아니고, 한국 삼천만 민족의 염원이 곧 국토 통일과 국가 재건이 아니겠는가 하는 말씀입니다. 나만이 할 수 있고 또 하여야 하겠다고 하는 생각이 또 내가 꼭 하여야 된다고 하는 생각이 이 나라를 썩어뜨렸고 또 이 땅의 주님의 몸 된 교회를 쪼개 놓음과 분열로 이끌고 갔다는 것을 부정할 수 없는 동시에 국가 재건과 교회 재건은 아간을 아골 골짜기에서 장사지내야 가나안 땅에 새나라 건설이 시작된다는 것을 상기하시기를 바랍니다.[41]

---

40) "민주회복은 민주헌정으로", 〈기독공보〉(1975.2.22.)
41) "아골 골짜기를 지나서", 『강신명설교선집 I』(1962년 설교).

강신명 목사는 아간과 같이 이기심으로 온 공동체를 죽이는 지도자들이 가득한 현실을 아파했다. "내가 아니면 안 된다."는 생각을 버리고, 밀알사상으로 무장하여 내가 죽어서 사람을 살리는 지도자가 많아야 이 교회와 국가의 미래가 바로 설 수 있다고 본 것이다. 이것이 서울장로회신학교가 설립된 이유였다.

4) 무책임과 교만의 대안으로 밀알정신

강신명 목사의 글에서 가장 많이 지적되는 인간의 죄성은 무책임과 교만이다. 강신명은 그것이 인간의 원죄에서 비롯되는 것임을 알았다. 1964년 제49회 총회 개회예배 설교는 이 두 가지 죄성을 지적하고 있다.

> 여호와께서 가인을 향하여 "네 아우 아벨이 어디 있느냐?" 하시며 질문하셨습니다. 하나님의 명령을 거역하고 불순종한 아담과 하와는 그 책임을 남에게 전가시키기 위하여 변명하고 핑계를 대더니 이제 가인은 한걸음 더 나아가서 죄 그 자체를 부정하는 것이었습니다. 오히려 "내가 아우를 지키는 자니이까?" 하고 항거하기에 이른 것이었습니다. 우리들의 경험으로 분명히 알 수 있는 것은 인간은 언제나 변명을 하고 핑계를 대고 구실을 붙이는데, 그것은 그의 양심이 그 행동이 잘못되었다는 것을 지적하기 때문입니다. ……
> 그러면서 우리는 엘리야와 같이 나는 교회의 수호자요 진리를 사수하고 하나님을 위한 유일한 충성자로 자처하고 동굴 속에 들어가 있지는 않은지요. 그 결과로 하나님께서 "네가 어찌하여 여기 있느냐?"라고 말씀하시는 것이 아니겠습니까?[42]

---

42) "제49회 총회 개회예배 설교", 〈기독공보〉(1964.10.3.)

강신명 목사는 요나에 대해서 설교하면서 자신의 잘못에 대해 책임질 줄 아는 신앙인의 자세를 높이 평가한다. 그것은 교회와 국가를 위해 밀알처럼 자신을 희생해서 책임지려는 지도자가 없었기 때문으로 평가하였다. 밀알정신은 책임정신과 깊은 연관이 있다고 보았다.

> 요나가 큰 고기 뱃속에서 밤낮 사흘을 지내다가 다시 구출을 받은 표적도 귀하다. 니느웨로 가서 전도하여 그 성을 구원한 일도 놀랍지만 그 모든 일에 앞서서 회개하고 자신의 잘못에 대하여 철저한 책임을 지겠다고 나선 일은 참으로 장하고 귀한 일이라고 말하지 아니할 수 없다. 오늘의 이 불행과 비극은 내 탓으로 책임을 질 줄 하는 사람이 아쉽다. 이름이나 얻고 영광을 누리고 주머니를 채우겠다는 것은 볼 수 있으나 난국을 타개하고 시련을 극복하기 위하여 십자가를 지겠다는 책임을 질 줄 아는 사람이 아쉽다.[43]

강신명 목사가 주장하는 밀알정신은 자기를 과시하지 않는 겸손하고 성실한 목회, 순교의 정신으로 목양하는 것이라고 설명하였다.

> 자기 과시가 없는 성실한 목회자가 되어야 한다. 교회의 어떤 유행에 따라 목회하지 아니하고, 복음중심에 따라 한 알의 밀이 땅에 떨어져 썩는 것같이 순교의 정신으로 목양의 책임을 감당해야 한다. 대접받는 일에 즐겨하지 말고, 겸손하게 하나님의 종의 위치를 고상하게 수행하여야 할 것이다.[44]

---

43) "내 탓인 줄 아는 사람", 『강신명 신앙저작집 Ⅰ』, 195-196.
44) "양을 아는 목자", 『나의 길 목양의 길』, 13.

5) 결론

강신명 목사의 밀알사상(요 12 : 24)을 그의 목회사상, 평신도신학, 서울장로회신학교, 무책과 교만에 대한 대안과 관계하여 살펴보았다. 강신명 목사가 좋아하는 요한복음 12장 24절과 갈라디아서 2장 20절은 깊은 관련이 있다. 두 성구의 특징은 내가 죽어야 한다는 것과 그 결과 많은 열매가 맺어지고 내 안에 예수께서 사신다는 것이다. 목회자 강신명에게 밀알사상은 내가 죽어 교회를 살리는 것(我死敎會生)이며, 내가 죽어야 주님이 산다(我死主生)는 사상이다.

평신도지도자와 신학생을 길러내는 교육자 강신명에게 밀알사상은 잘못에 책임을 질 줄 아는 사람, 자기를 과시하지 않고 겸손히 섬기는 인재를 길러내는 교육철학이었다.

07

강신명 목사의
이단 대처

1. 박태선 장로는 사교이며 안수·마찰도 이단이다

⟨동아일보⟩(1960.12.18.)

문 이적(異蹟)의 요건(要件)은 무엇인가?

답 초자연적인 하나님의 역사(役事)로서 자연현상으로선 있을 수 없는 일이 나타나는 것이다.

문 성화(聖火)의 유래(由來)와 그 유례(類例)는 어떤 것인가?

답 구약에서는 유대 히브리 민족들이 짐승을 잡아 하나님께 제사할 때 하늘로부터 불이 내려와 동 제물을 태우는 것을 성화라 하였다. 신약으로 내려와선 예수님께서 십자가에 못 박혔다 3일 만에 부활했을 때 예루살렘에 120명의 신도가 모여서 10일 동안 기도하던 중 오순절(유대인의 3대 절기 중 하나로서 유월절 후 50일 만에 온다. 일명 맥추절[감사절기]이라고 한다.) 날에 성신이 불과 같이 강림하였다는 사실에 근거해서 성화란 말을 써 왔다.

문 안수(按手)와 마찰(摩擦)과 같은 기도형식은 기독교에서 전래된 것인가 또는 이단인가?

답　안수는 기독교의 정통적인 형식이나 마찰은 안수의 형태를 바꾸어 근대의 마사지 방법을 이용한 것으로 정당하다고 볼 수 없다. 안수·안찰 자체가 이단이라 아니라 말하기는 곤란하다 어떻게 이용하느냐에 달려 있다. 인간을 내세울 때 이단이라고 말할 수 있다.

문　성수(聖水) 등(祝福水)이 육신적 효험(效驗)을 초래(招來)할 수 있을까?

답　인정할 수 없다.

문　천년성사상은 복음의 정통사상일 수 있을까?

답　신약 요한계시록에 천년시대란 말이 있으나 전도관에서 말하는 천년성은 성경에 대한 오해요 곡해이다.

문　종교적 항의에 폭력을 사용한 예가 있는가?

답　기독교사상에 없다. 폭력은 불법이다. 기독교는 어디까지나 순교의 종교다.

문　박 장로교(朴長老敎)를 사교(邪敎)로 보는가 아닌가?

답　朴 장로교란 말은 말 자체가 불법이다. 朴泰善 자신이 과거에 장로였으나 그 소속교회였던 한양교회에서 출교(제명) 당했으니 만큼 교인도 아니다. 따라서 그의 전도관 운동은 이미 장로교회에서와 전한국기독교연합회에서 사교임을 천명하고 성명서까지 수차 발표했다. 사교인 동시에 엄격히 말해서 기독교도 아니다.

문　불법단체라면 그 처리책은 어떻게 생각하는가?

답　행정부에서도 사교라고 판정을 내리는 동시에 그 집단이 소유하고 있는 재산은 의법처리해야 할 줄로 생각한다.

문　기타제언… 본사 피습사건에 대한 소감 등

답 사교든 아니든 간에 종교의 탈을 쓰고 했기 때문에 종교인으로서 유감스럽게 생각한다. 동아일보의 시사내용은 과학수사연구소에서 발표한 것을 보도한 것에 지나지 않은데 폭력이란 천부당만부당이다. 4월 의거 이후에 사회의 질서가 문란한 틈을 타 데모만 하면 되는 줄 알고 한다는 것은 국가 장래를 위해 한심한 일이다. 차제에 치안당국자들의 적극적인 질서유지책이 요구되며 행정부나 사법부에서 다시 이런 일이 생기지 않도록 과감한 처단이 있기를 바란다.

해제(解題)

1960년 12월 10일 박태선 전도관 집단의 광신도들이 박태선에 대한 〈동아일보〉 기사에 불만을 품고 동아일보사(社)에 난입하여 기물을 파괴하고 난동을 부린 사건이 발행하였다. 이에 대해 동아일보 측은 종교계·학계·정계의 주요 인물들에게 그 입장에 대해 앙케이트를 하였다.

당시 한국기독교협의회(NCC) 총무이자 새문안교회 목사였던 강신명 목사는 이 앙케이트에 대해 교계 대표인물로 응답하였다.

2. 통일교는 기독교 단체 아니다

〈동아일보〉(1979.5.16.)

　기독교 19개 교단과 한국기독교협의회 등 2개 단체로 구성된 남대문교회 폭행사건 한국교회 대책위원회는 16일 오전 "통일교는 기독교가 아니다"는 대책을 발표했다.

　대책위원장 강신명 목사(새문안교회)가 발표한 기성 기독교 교단의 대책은 ▲ 통일교가 기독교를 가장한 이단종파임을 밝히는 책자를 발간한다. ▲ 통일교회에 가담한 기독교역자들의 탈퇴를 교단별로 촉구한다. ▲ 통일교회가 만든 상품은 전국교회가 불매운동을 벌인다. ▲ "예수가 文鮮明 제자"란 망언에 대해 명예훼손으로 법에 고소한다. ▲ 통일교대책을 위해 전국교회에서 헌금한다는 등 5개 항이다. 이중 상품불매운동은 실행위원회에서 자세한 상품명을 조사, 추후 발표키로 했다.

해제(解題)

    1979년 4월 23~24일 아시아개혁주의 목회연구회(대표 박영관) 주최로 남대문교회에서 열린 신앙특별강좌에서 24일 저녁에 신사훈 씨의 "통일교 정체와 그 후 대책"이라는 강연에 1천여 명의 청중이 모인 곳에서 통일교 청년들이 강사를 폭행하고 교회 내부 십자가가 부러지고 교인들이 부상을 입은 사건이 일어났다. 이 사건을 계기로 한국교회는 강신명 목사를 위원장으로 한국교회 대책위원회를 구성하였다.

08

강신명 목사와
한국교회 찬송가 발전

1. 찬송가 80년 만에 체질개선
〈동아일보〉(1963.3.20.)

기독교연합회 합동찬송가 위원회(회장 강신명)

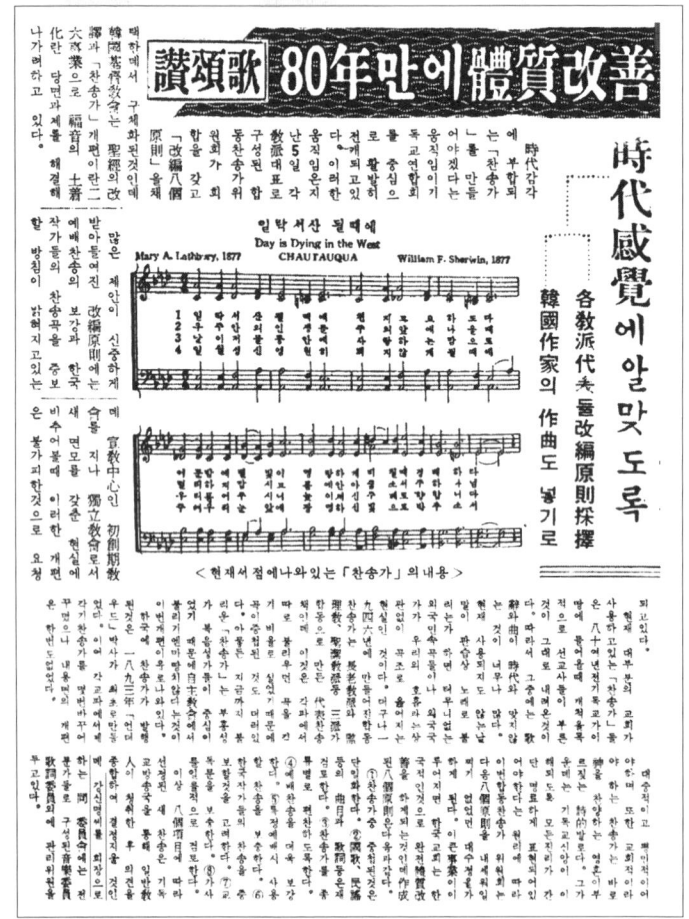

2. 찬송가를 한 가지로

〈동아일보〉(1976.5.26.)

한국기독교지도자협의회 찬송가합동추진위(위원장 강신명)

3. 새번역신약성서 출간, 찬송가도 새로

〈동아일보〉(1976.12.19.)

새번역 「신약성서」와 新 외의 모든 呼稱은 「너희 편을 새로 넣었다. 1946년의 合同찬송가가 나온지 18년만에 改版된 現行찬송가에 새 찬송가는 外國 찬송가 326편을 旣成 새찬송가 201편을 補遺하는 한편 찬송가의 중복을 단일화하고 남은 가사를 수정했다.

基督敎 土着化의 기초적 토대가 될 聖書와 찬송가의 新撰은 오래전부터 구되어 온 것으로 의 번역은 내년 초에 착수될 것이다.

撰 「찬송가」가 오랜 産苦 끝에 15일 동시에 出刊됐다. 우리 基督敎界뿐 아니라 韓國文化界에 길 을 주는 新約聖書의 번 역과 찬송가의 편찬은 착 수한지 만 7년과 4년이 걸린 것으로 종래의 聖書와 찬송가의 체제를 혁신한데서 주목을 끌고 있다

60년에 발족한 新約聖書翻譯委(朴昶環·金昌洛·李相昊·全景淵·鄭容變가 번역, 完世晢 潤文과 考證을 부록으로 넣었다. 이러한 新約聖書는 우리나라에서 처음으로 「허브리」原典으로부터 번역한 것인데 릿말에서 「한국인구 70%이하의 청년들을 위해 現行 聖書外의 言語를 國語體로 바꾼게 다」 따라서 地文은 장단 특색이 敬語體로, 예수

들」에서 「여러분」으로 바꾸었고 句讀點을 사용하여 詩行을 밟는 경우에 따라 우리나라에서 세번째의 新譯聖書는 기왕의 愛昧한 新약성서를 改譯이 될 수밖에 修正, 文脈과 誤譯을 정확하고 쉬운 文案으로 다.

새 新譯版은 고유명사를 쓰는데 寫眞版字인 新譯版을 對照句節을 덧붙여 小題目을 달아 설명, 舊約의 引用, 寫本 의 用語가 바뀌었는데 몇가지 例를 들면 「地獄」을 「陰府」로 표기했다. 한편 姜信明목사를 비롯한 各敎派대표 21명으로 구성된 韓國찬송가委員會에서 만든 新撰찬송가는 종래의 5백86장에서 6백장으로 우리나라에서 作曲된 찬송가 27곡 詞·作曲된

늘리면서 우리나라에서 作曲된 찬송가 27

4. 개신교 숙원 「새통일찬송가」 8월 출간
〈동아일보〉(1978.2.3.)

5. 영광은 주님 홀로

『21세기 찬송가』(596장)

작사 : 강신명(1909-1985)

작곡 : 박정선(1945-), 작곡 1993년

09

언론이 본
강신명 목사

"평양숭실전문 졸업생"(〈동아일보〉, 1934.3.10.)

"아이젠하워 미대통령 면담"(〈경향신문〉, 1960.6.19.)

"한일비준반대기도회"(〈동아일보〉, 1965.7.19.)

"한일비준반대성명"(〈동아일보〉, 1965.7.2.)

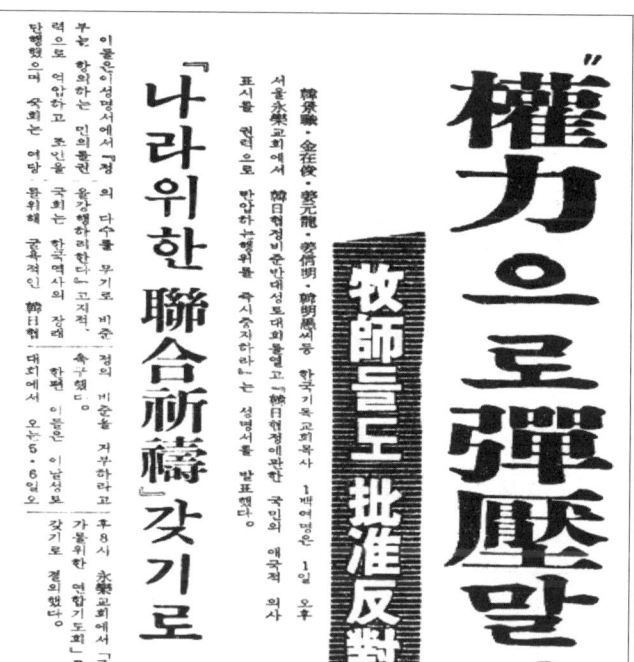

"한일협정 비준반대 전국연합예배"(〈동아일보〉, 1965.7.30.)

"제1회 대통령 조찬기도회"(〈경향신문〉, 1966.3.8.)[1]

"대통령 조찬기도회"(〈동아일보〉, 1973.5.1.)

---

1) 최초 대통령 조찬기도회는 1966년 3월 8일에 조선호텔에서 국제기독교지도자협의회 한국 본부(대표 박현숙)의 주최로 이루어졌다. 실상은 C.C.C.의 김준곤 목사가 주도하였다. 이 자리에는 이효상 국회의장, 정일권 국무총리, 김종필 공화당 의장 등 3부요인과 강신명 김 활란, 유호준, 노기남 등 신구교 지도자 등 300여 명이 참석하였다. 대통령조찬기도회는 김준곤 목사가 중심이 되어 교계와 박정희 정부를 연결하는 역할을 하였다. 강신명 목사는 정부와 협력하면서도 민주주의와 인권에 대해서는 예언자적 소리를 내었다.

"박정희 대통령 새문안교회 건축에 금일봉"(〈기독공보〉, 1971.5.15.)[2]

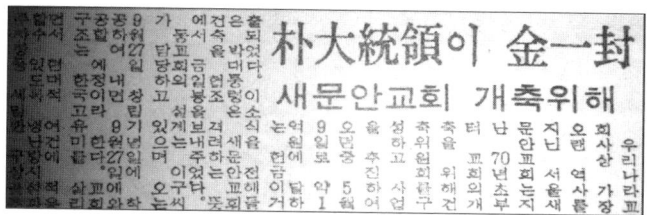

"대한예수교장로회총회협동위원회"(〈매일경제〉, 1972.1.15.)[3]

---

2) 새문안교회의 건축에 박정희 대통령이 금일봉을 보냈다는 것은 박 대통령이 강신명 목사에 대해 큰 정치적 관심을 가지고 있었다는 것을 반영한다.
3) 총회협동위원회는 대한예수교장로회 총회가 호주장로교회, 미국남장로교회, 미국연합장로교회 등과 함께 상호협정서를 체결함으로써 독립적이고 동등한 선교동역자의 위상을 갖게 되는 과정을 협의하는 기구였다. 특히 총회임원회와 협동위원회는 선교부 재산을 사용하는 사안에 함께 의논했다. 1973년 4월 새로운 상호협정서 체결을 통해 "4자매교회의 공동선교사업의 방향"에 대해 협의하고 사업의 우선순위를 정하였다. 1974년부터 5개년 사업의 순위를 보면 1) 신학교육의 강화 2) 지도자양성(해외유학)의 강화 3) 도시산업전도의 강화 4) 국제선교의 강화 5) 평신도 훈련의 강화 6) 특수 국내전도의 강화 등이다. 참조, 〈대한예수교장로회 제57회 총회록〉, 105; 〈대한예수교장로회 제58회 총회록〉, 70-71.

"외국선교협의회 발족"
(〈동아일보〉, 1973.4.10.)

"도산 안창호 부인 이혜연 여사 유해 안장"
(〈동아일보〉, 1973.11.8.)[4]

1937년 선천 남교회 전도사로 있던 강신명은 수양동우회 사건으로 선

---

4) 도산 안창호(1878-1938)는 평안도 강서 출생으로 1894년 청일전쟁을 목도하고 서울에 와서 언더우드가 세운 구세학당에서 1894~1896년까지 공부했다. 1898년 독립협회에 가담하여 활동했고, 독립협회의 해산 이후 고향에서 점진학교를 세워 교육에 힘쓰며 평양의 선교업무를 도왔다. 그는 세브란스에서 이혜련과 결혼하고 그 다음날 미국으로 떠났고, 1903년 미주한인들의 생활개선과 단합을 위해 일하기로 결심했다. 1905년 4월 5일 최초의 애국단체인 공립협회를 창립했다. 도산은 1907년 2월 20일 고국으로 돌아와서 신민회를 조직하였다. 평양대성학교를 세워 독립역량을 강화하였다. 1909년 10월 안중근의 거사 이후 블라디보스톡에 가서 독립군 양성과 기지설립을 구상하던 중, 1910년 8월 29일 한일강제합병이 선포되었다. 도산은 1912년 9월 3일 미국으로 돌아왔다. 그동안 미국에서는 1909년 2월 대한인국민회가 조직되어 있었다. 1913년 5월 13일 도산은 흥사단을 설립했다. 3.1운동 이후 5월 25일 대한인국민회 총회장의 자격으로 임시정부의 국무총리 서리로 망명정부를 이끌었다. 1932년 4월 29일 윤봉길 의사의 항구(현 노신)공원 폭탄투척 사건이 일어나자 배후 인물로 체포되어 국내에서 옥살이를 하였다. 그리고 1937년에 수양동우회 사건으로 다시 체포되어 옥고를 치렀고 이듬해 3월 10일 고문 후유증으로 사망하였다. 도산의 부인 필립은 순국한 안창호의 장례식에도 참석하지 못하였고, 해방 후에는 도산 안창호를 적대시 하는 이승만의 집권으로 귀국을 못하다가 1963년 박정희의 초청으로 처음 환국하여 망우리 묘지에 참배하였다. 1969년 LA에서 사망하였다가 1973년 그녀의 유언에 따라 국내 도산과 함께 합장되었다. 유해는 현재 서울 도산공원 안에 있다.

천경찰서에 잡혀가 여름 한철 유치장에서 취조를 받았다. 그러한 인연으로 이혜연 여사 유해 안장의 집례를 맞게 되었다.

"구국참여기도회 강신명 설교 파수꾼"(〈동아일보〉, 1973.12.28.)

"구속성직자를 위한 기도회"(〈동아일보〉, 1974.9.24.)

"기독교정의구현성직자단을 결성"(〈경향신문〉, 1975.3.21.)

"강신명 목사의 구국선언" (《경향신문》, 1975.4.22.)

"한국최초 기타예배" (《동아일보》, 1975.6.18.)

"매혈제도 없애자"(〈경향신문〉, 1976.4.3.)

"기독교시국대책위 결성"(〈동아일보〉, 1977.3.4.)

"기독교시국대책위 성명"(미군철수반대) (〈경향신문〉, 1977.4.28.)

"기독교시국대책위 미대사관에 서한"(〈동아일보〉, 1977.5.25.)

"비인가신학교 폐쇄"(〈경향신문〉, 1977.6.1.)[5]

---

5) 정부는 1977년 9월 말 전국 160여 개의 신학교들 가운데 28곳을 제외하고 대부분 폐쇄 조치에 들어갈 계획을 세웠다. 기독교계는 1977년 5월 14일에 강신명 목사를 중심으로 위원을 구성하여 자체적으로 정비해야 할 신학교를 조사하였다.

"연례국가조찬기도회"(〈동아일보〉, 1978.5.2.)[6]

"선교문제연구원 초대원장"(〈경향신문〉, 1978.6.8.)

---

[6] 강신명 목사는 "고도의 경제성장과 근대화 작업을 열심히 하다 보니 우리 민족사회에는 정신적 지주가 없고 민족의 양심을 찾을 길이 없어졌다고 개탄"하고, 지도급 인사들이 먼저 부정부조리를 제거하는 데 앞장서 달라고 호소했다. 〈경향신문〉(1978.5.2.)에서는 "이 자리에 참석한 우리 모두는 다 같이 민족의 파수꾼임을 자각하고 우리에게 주어진 모든 분야에서 불의와 부정을 몰아내고 일체의 부조리를 제거하는 데 앞장서야 한다."고 강조했다.

"基民黨 발족"(〈동아일보〉, 1978.9.15.)[7]

"3·1절 60주년 기념예배"(〈경향신문〉, 1979.2.14.)

---

7) 강신명 목사가 한국기독교민주당 창당 발기인 대회에 참석하여 기도하였다는 사실이 흥미롭다. 그는 목사로서 정치활동에 직접 참여하지는 않았으나 기독교인들이 민족의 길을 밝히는 빛의 사명자로 정치활동을 하는 것을 지지했다.

"기독교인사 12명 카터 대통령과 간담"(〈동아일보〉, 1979.6.29.)

"최규하 권한대행 면담"(〈매일경제〉, 1979.11.24.)

"전두환 대통령 취임축하조찬기도회"(〈동아일보〉, 1980.9.30.)[8]

---

8) 강신명 목사는 전두환 신군부의 초기 활동에 협력한 것 때문에 비판받았다. 1980년 8월 6일 서울 롯데호텔에서 "국가와 민족의 장래를 위한 조찬기도회"가 열렸다. 이 모임에 사회에 문만필, 설교에 한경직, 기도에 정진경, 조향록, 김지길, 김인득 장로가 맡았다. 이 밖에 강신명, 김준곤, 신현균, 김창인, 지원상, 이봉성, 유흥묵, 장성칠, 박정근, 김용도, 김종식 목사와 최태섭 장로 등이 참석했다. 이 기도회는 TV방송을 통해 전국으로 현장 중계되었고, 신군부의 기획에 따라 한국의 기독교가 전두환 군부를 지지하는 것으로 호도되었다. 이 모임을 주선한 성결교의 정진경 목사는 훗날 "나는 5 · 18민주화 운동이 벌어진 후여서 전두환 사령관에 대한 부정적 이미지 개선을 위해 국내외, 특히 미국과 민주주의 국가들에게 내보내는 홍보용 기도 모임이었음을 나중에야 알게 되었다. 철저하게 이용당했다는 불쾌감이 참석했던 목사들과 기독교계에 팽배했다. 그러나 돌이킬 수 없는 사건이 되고 말았다."라고 진술했다. 정진경 구술 이유진 글, 『목적이 분명하면 길이 열린다』(서울 : 홍성사, 2008년 4월 18일), 163.

"국가보위입법회의 의원 81명 얼굴"(〈경향신문〉, 1980.10.28.)9)

---

9) 이 입법위원들은 신군부가 기획해 놓은 거수기 역할에 불과했다. 강신명은 이 당시 에딘버러의 세계장로교 회의에 참석하고 있었다. 강신명 목사가 입법위원으로 활동하게 된 몇 가지 이유가 있다. 첫째 강신명 목사는 5공화국에 대해 어느 정도 기대가 있었다. 강신명 목사는 보안사에 수감되어 있던 서경석을 석방시키기 위해 당시 보안사령관 전두환을 만났고 그는 서경석을 석방시켰다. 그리고 신군부는 NCC그룹을 회유하는 데 애를 썼고, WCC를 용공으로 보지 않는다고 회유하였다. 둘째, 유신체제에 저항하는 민주화 운동의 지도자 중 한사람이었던 한국신학대학 학장 조향록 목사가 입법위원이 된 것이 강신명의 참여를 결정하는 한 요인이 되었다(아들 강석공 목사의 증언). 셋째, 제5공화국이 내걸었던 안보와 반공 이외에 "정치풍토 쇄신, 도의정치 구현, 민주주의 토착화, 복지사회 건설, 정의사회구현, 교육개혁과 문화창달 등"은 강신명의 신학적 신념과 유사하였다. 그러나 훗날 강신명 목사는 그의 넷째 아들 강석공 목사에게 "속았다"는 말을 여러 차례 했다. 강신명 목사는 "애써서 자신을 변명하지 않았다." 김명구, 위의 책, 330-333.

"숭전대 총장에 강신명씨 선임"(〈동아일보〉, 1981.12.5.)[10]

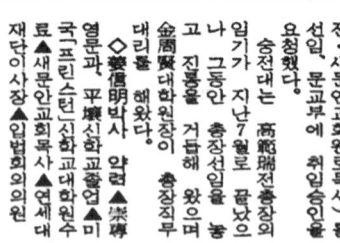

"6개 신학교 인가"(〈경향신문〉, 1982.4.30.)[11]

---

10) 1982년 2월 11일 강신명 목사의 숭전대학교 제4대 총장 취임사 중에서
"저는 앞으로 4년의 임기 동안 저에게 맡겨진 직무를 충실히 수행하여 우리 숭전대학교의 무궁한 발전에 적극 기여할 수 있도록 저의 모든 열과 성과 지혜와 힘을 다 바칠 것을 여러분 앞에 밝히는 바입니다. 저는 부르심을 받고 하나님의 교회를 44년간 섬긴 다음 교회법에 따라 목회 일선에서 은퇴한 지 2년이 지났습니다. 이번에 뜻하지 아니하였던 총장의 중책을 맡게 될 때 많이 주저도 하였습니다마는 오늘 이 자리에 서게 되었습니다. 여기에는 아무래도 피할 수 없는 하나님의 계획이 계시리라 믿고 저의 남은 생을 하나님의 일꾼을 양성하는 이 숭전대학교에 바치리라 하였습니다." "발간사",『강신명 신앙저작집Ⅰ』, 14.
11) 서울장신대학교는 1982년 4월 30일 문교부의 인가를 받았고 1983년부터 개교하게 되었다. 문교부는 1교단 1학교를 원칙으로 하였으나, 장로교 통합 측과 감리교와 같은 대교단에는 그 원칙을 적용하지 않았다.

"KBS2 11시에 만납시다"(〈동아일보〉, 1984.12.20.)

> **11시에 만납시다**
> <KBS2 밤11·00>
> 「강신명목사와 함께」. 성탄절에 즈음하여 기독교계의 원로인 강신명목사를 만나 성탄의 의미와 종교 참사랑에 대해 얘기를 나눈다. 성직자로서 일생을 살아온 강목사로부터 종교의 역할과 가치, 오늘의 한국교회, 인간으로서의 가치있는 삶과 진정한 우정과 사랑의 의미에 대해 듣는다. 또 대학의 기능과 대학교육의 당면문제, 학문하는 자세등에 대해서도 소개한다.

"타계한 강신명 목사"(〈동아일보〉, 1985.6.24.)

> **他界한 姜信明 목사**
> **「새문안」등 敎會·敎育발전 큰 이바지**
>
> 국내 「스콥틀」대에서 명예신학박사 학위를 받기도 했다.
>
> 22일 별세한 姜信明목사는 새문안교회 신도들의 이름을 거의 다 외웠다고 기억할 정도였다.
>
> 서울 영락교회에서 8년간 목사로 奉職하다 55년부터 새문안교회 담임목사로 부임한 姜목사는 79년 당임목사직을 은퇴한 후에도 원로목사로 임명되어 매달 마지막 주일에 따로 설교시간을 가져왔다. 실도봉은 지날달 26일 새문안교회에서의 설교가 결국 마지막 설교가 되었다고 아쉬워했다.
>
> 최초의 잘드레칼빈 직계인 한국新교의 새문안교회에서 담임목사로 24년동안 봉직한 姜목사는 오늘날 새문안교회의 발展을 이룩한 영향으로 성장에서 오게한 잠바인으로서만 아니라 한국기독교의 발전에도 끼친 공헌이 많았다.
>
> 「언더우드」목사가 세운 한국 최초의 잘드레칼빈 직계인 새문안교회의 담임목사로 24년동안 봉직한 姜목사는 오늘날 새문안교회의 발전을 이룩한 영향으로 성장에서 오게한 잠바인으로서만 아니라 한국기독교의 발전에도 많은 공적을 남겼다.
>
> 그는 大韓예수교장로회총회 회장, 한국기독교지도자협의회 회장 大韓예수교장로회총회 지도자인 위치에서 많은 지도력을 발휘했고 80년 일찍이부터 한국교회 원로목사로서 총회 및 이사장과 송헌대학의 학원 이사장 花郎대학교 재단이사장 인덕실업학교 교장 등을 역임하며 교육에도 공헌이 컸다. 지난달 주례식에서도 오뜨한 재능을 보여왔으며 지적 작곡한 노래들이 5천여곡이나 편가 또 뜨리에 이르는 수천명의 미.

307
9장 언론이 본 강신명 목사

참고문헌

1. 1차 자료

1) 강신명의 저서 및 설교집

강신명. 1960.2. 1960년도의 바람. 새문안1호.

강신명. 1968. 『영혼의 닻』. 서울 : 어린이문화관.

강신명. 『아동가요곡선 300곡』.

강신명. 1978. 『강신명설교선집』. 서울 : 한국기독교문화연구소출판부.

강신명. 1984. "양을 아는 목자".『나의 길 목양의 길』. 서울 : 소망사.

강신명. 1987. 『강신명저작선집』 I . II. 서울 : 기독교문사.

2) 강신명의 글 「기독교사상」

「기독교사상」. 1957.8. "기독교와 한국문화(좌담회)".

「기독교사상」. 1957.11. "역경에서 드리는 감사".

「기독교사상」. 1958.6. "서평-홍현설 저 인생 안내".
「기독교사상」. 1958.12. "목회생활 23년의 회고".
「기독교사상」. 1960.3. "나의 증인".
「기독교사상」. 1960.5. "가정을 위한 기도".
「기독교사상」. 1960.10. "기독교학교에 대한 교회의 기대".
「기독교사상」. 1961.1. "앞으로 10년간의 나의 계획".
「기독교사상」. 1962.6. "하나님의 것 가이사의 것".
「기독교사상」. 1963.12. "있을 곳이 없네".
「기독교사상」. 1964.6. "나는 성서를 이렇게 본다".
「기독교사상」. 1966.2. "교파일치는 가능한가".
「기독교사상」. 1968.1. "만물을 새롭게 : 보라 내가 만물을 새롭게 하노라".
「기독교사상」. 1969.8. "나는 삼선개헌을 이렇게 본다".
「기독교사상」. 1969.5. "복음을 위한 공동과제".
「기독교사상」. 1972.2. "서평-한경직 목사 설교선집".
「기독교사상」. 1973.4. "부활의 개가".

3) 강신명의 글 〈기독공보〉
〈기독공보〉. 1959.1.19. "옛적같이 새롭게".
〈기독공보〉. 1962.1.15. "면려회란 무엇이냐".
〈기독공보〉. 1962.9.3-12.10. "아일랜드기행".
〈기독공보〉. 1963.9.23. "총회장 당선소감".
〈기독공보〉. 1963.11.25. "교단전통에 대한 해명서".
〈기독공보〉. 1963.12.16. "평신도 운동에 기대한다".

〈기독공보〉.　1963.12.23. "교단의 환원과 귀일을 촉구한다".
〈기독공보〉.　1964.1.6.　 "희망의 새해를 맞이하면서 벌거숭이가 되자".
〈기독공보〉.　1964.3.28.　"부활에 빛나는 소망의 아침".
〈기독공보〉.　1964.10.3.　"한국교회의 자기비판과 반성".
〈기독공보〉.　1970.8.22.　"9월 총회에 바라는 나의 제언".
〈기독공보〉.　1970.9.26.　"장로교의 협의체는 시대적 요청".
〈기독공보〉.　1975.2.22.　"민주회복은 민주헌정으로".
〈기독공보〉.　1975.12.13. "복음화 운동".
〈기독공보〉.　1978.3.25.　"부활절 메시지".
〈기독공보〉.　1980.2.2.　 "교회갱신과 새신자 교육".

4) 강신명의 글 – 기타

「신학지남」.　1937.11.　　"음악과 신앙생활".
〈동아일보〉.　1960.12.18. "박태선 장로는 사교이며 안수·마찰도 이단이다".
〈동아일보〉.　1975.5.16.　"통일교는 기독교 단체 아니다".
〈매일경제〉.　1978.8.14.　"강신명 목사, 동경「아시아 증언」서 연설".
「월간목회」.　1979.8.　　 "나의 장벽을 헐고 우리의 광장으로".
〈동아일보〉.　1982.8.21.　"日교과서 왜곡 강신명 총장에게 듣는다".

　　　　　　1964.1.16.　「서울장로회신학교 요람」.
　　　　　　1979.7.6.　 해명서(강신명 목사님의 발언내용). 새문안교회
　　　　　　　　　　　　대학생회, 청년회.
　　　　　　1979.11.3.　"고(故) 박정희 대통령 국장조사(國葬弔辭)".

1979.11.16. "현 시국에 대한 우리의 입장"(성명서)

1969.8. "웁살라 대회 4분과위원회". 「대한예수교장로회와 WCC : WCC 재출석 제안에 부치는 글」. 서울 : 수송교회당회.

"영광은 주님 홀로".『21세기 찬송가』596장.

2. 2차 자료

1) 책과 논문

김 광. 1999. "강신명의 아동가요곡선 300곡에 관한 연구". 서울 : 장로회신학대학교 교회음악대학원 석사논문.

김명구. 2009.『소죽 강신명 목사』. 경기도 광주 : 서울장신대출판부.

김중순. 2010.『나의 노래 주님 홀로 들으소서』. 서울 : 소통.

민경배·김명구. 2004.『서울장신대학교 50년사』. 서울장신대학교50년사 편찬위원회.

박창목. 1957.『세계교회운동 : 에큐메닉문서 제1집』. 서울 : 聖學社.

숭실대학교100년사편찬위원회. 1997.『숭실대학교 100년사』2. 서울 : 숭실대학교출판부.

안광국. 1979.『한국교회선교백년비화』. 서울 : 대한예수교장로회총회교육부.

오철호. 1965.『산업전도수첩』. 산업전도위원회.

유호준. 1993.『유호준 목사 회고록 : 역사와 교회』. 서울 : 대한기독교서회.

임희국. 2009.『성내교회100년사』. 성내교회.

정병준. 2007. "산업전도 50년사(1957-2007)".『내 아버지께서 일하시니 나도 일한다』. 대한예수교장로회총회 국내선교부.

정병준. 2016. "한국교회사에 나타난 평신도".『하나님 나라를 위한 평신도』. 대한예수교장로회총회평신도위원회 편. 서울 : 한국장로교출판사.

홍연호. 1973.10.13. "한글 목사 강병주". 〈기독공보〉.

「기독교사상」. 2008.12. "남북평화재단 이사장 박형규 목사 - 예언자적 사명에 부름 받고자".

2) 회의록

「예수교장로회대한노회록」 제1회(1907).

「조선예수교장로회 총회회의록」 제1회(1912).

「대한예수교장로회총회 제39회회록」.

「대한예수교장로회총회 제40회회록」.

「대한예수교장로회총회 제42회회록」.

「대한예수교장로회총회 제44회의록」.

3) 인터뷰

2016년 2월 11일 필자와 김형태 목사와의 전화인터뷰.

2016년 2월 26일 필자와 홍성현 목사와의 전화인터뷰.

4) 교계신문

〈교회연합신문〉.　　1968.1.1.　　김동수. "목회자의 입장에서 본 68년의 한
　　　　　　　　　　　　　　　　국교회".
〈교회연합신보〉.　　1968.2.11.　"서울 교역자회 합동안 싸고 일대교란".
〈교회연합신보〉.　　1968.2.11.　"예장통합 증경총회장 합동원칙 문제제기".
〈교회연합신보〉.　　1968.2.25.　"합동안 원점으로 반전".
〈교회연합신문〉.　　1968.2.25.　"누구를 위한 합동이냐".
〈교회연합신보〉.　　1968.2.25.　"내부정리 안된 합동".
〈교회연합신보〉.　　1968.3.10.　"합동원칙 받기로 가결".
〈교회연합신보〉.　　1968.3.24.　"합동 측의 배신을 개탄".
〈교회연합신보〉.　　1968.4.28.　"쑈로 전락한 합동협상".
〈교회연합신보〉.　　1968.8.11.　"WCC복귀공식 제안".
〈교회연합신보〉.　　1968.8.25.　"정략에 압도된 교회갱신".
〈교회연합신보〉.　　1968.9.29.　"예장 합동여건의 후퇴가 뜻하는 것".
〈교회연합신보〉.　　1968.9.29.　"합동 측 총회".
〈교회연합신보〉.　　1969.10.5.　"제54차 예장총회 중요결의내용".
〈교회연합신보〉.　　1969.5.25.　"재가입 꿈과 해몽".
〈기독공보〉.　　　　1948.6.9.　 "東興中學校를 차저".
〈기독공보〉.　　　　1954.7.19.　안광국. "총회야간학교설치에 관해".
〈기독공보〉.　　　　1954.8.9.　 "야간총신개교식".
〈기독공보〉.　　　　1959.8.10.　이상근. "에큐메니칼이즘에 對한 私見".
〈기독공보〉.　　　　1962.9.17.　우제. "교회통합운동에 제의한다".
〈기독공보〉.　　　　1963.12.16. "우리 장로회의 과제".

〈기독공보〉. 1963.2.4. 김린서. "조동진 목사의 NCC 탈퇴론에 답함".
〈기독공보〉. 1963.2.4. 유호준. "장로회가 지향할 길".
〈기독공보〉. 1964.5.23. 김동수. "새로운 교회관계의 형성".
〈기독공보〉. 1964.9.12. "NAE측서 교회분열획책".
〈기독공보〉. 1964.9.12. "양측합동논의 후문".
〈기독공보〉. 1964.9.12. "장로교의 재통합의 길".
〈기독공보〉. 1964.9.19. "姜信明 總會長에 神愽".
〈기독공보〉. 1965.12.4. "경기노회 명칭변경".
〈기독공보〉. 1965.5.22. "장로교연맹을 조직".
〈기독공보〉. 1970.9.26. "장로교의 협의체는 시대적 요청".
〈기독공보〉. 1971.5.15. "박정희 대통령 새문안교회 건축에 금일봉".
〈기독공보〉. 1975.10.4. "비화 선교100년 34".
〈크리스찬신문〉. 1960.7.9. 김동수. "한국기독교는 새로워져야 한다".
〈크리스찬신문〉. 1961.5.29. "장로교귀일운동".
〈크리스찬신문〉. 1961.8.14. "WCC탈퇴 번복보류".
〈크리스찬신문〉. 1961.9.18. 김정준. "하나님이 합동을 원하신다".
〈크리스찬신문〉. 1962.3.19. "한국교회와 ICCC와의 백서".
〈크리스찬신문〉. 1962.9.24. 정제. "합동와해책동을 삼가라".
〈크리스찬신문〉. 1962.9.24. "합동원칙과 정책".
〈크리스찬신문〉. 1963.1.28. 유호준. "국내 연합사업에서 후퇴할 수 없다".
〈크리스찬신문〉. 1964.9.19. "장로교회는 이렇게 분열했다".
〈크리스찬신문〉. 1965.10.2. "귀일위한구심운동전개".
〈크리스찬신문〉. 1968.1.31. "합동원칙 완전합의".

〈크리스찬신문〉.　1968.2.24.　"합동의 절차 및 세칙에 합의".
〈크리스찬신문〉.　1968.3.30.　"총회소집을 신중히 할 이유".
〈크리스찬신문〉.　1968.4.27.　"예장합동위 서신교환".
〈크리스찬신문〉.　1969.10.4.　"WCC 복귀안 통과".

5) 일반신문

〈경향신문〉.　1960.6.19.　"아이젠하워 미대통령 면담".
〈경향신문〉.　1966.3.8.　"제1회 대통령 조찬기도회".
〈경향신문〉.　1975.3.21.　"기독교정의구현성직자단을 결성".
〈경향신문〉.　1975.4.22.　"강신명 목사의 구국선언".
〈경향신문〉.　1975.5.21.　"기독십자군 창설키로".
〈경향신문〉.　1975.6.20.　"기독교18개 교단 조찬기도회".
〈경향신문〉.　1976.4.3.　"매혈제도 없애자".
〈경향신문〉.　1977.4.28.　"기독교시국대책위 성명"(미군철수반대).
〈경향신문〉.　1977.6.1.　"비인가신학교 폐쇄".
〈경향신문〉.　1978.6.8.　"선교문제연구원 초대원장".
〈경향신문〉.　1979.2.14.　"3·1절 60주년 기념예배".
〈경향신문〉.　1980.10.28.　"국가보위입법회의 의원 81명 얼굴".
〈경향신문〉.　1982.4.30.　"6개 신학교 인가".
〈동아일보〉.　1934.3.10.　"평양숭실전문 졸업생".
〈동아일보〉.　1963.3.20.　"찬송가 80년 만에 체질개선".
〈동아일보〉.　1965.7.2.　"한일비준반대성명".
〈동아일보〉.　1965.7.19.　"한일비준반대기도회".

⟨동아일보⟩.	1965.7.30.	"한일협정 비준반대 전국연합예배".
⟨동아일보⟩.	1965.11.18.	"종파를 넘어선 대화".
⟨동아일보⟩.	1968.2.21.	"예수교장로회 10년 만에 합동기운".
⟨동아일보⟩.	1973.4.10.	"외국선교협의회 발족".
⟨동아일보⟩.	1973.5.1.	"대통령조찬기도회".
⟨동아일보⟩.	1973.11.8.	"도산 안창호선생 부인 이혜연 여사 유해 안장".
⟨동아일보⟩.	1973.12.28.	"구국참여기도회".
⟨동아일보⟩.	1974.9.24.	"구속성직자를 위한 기도회".
⟨동아일보⟩.	1975.6.18.	"한국최초 기타예배".
⟨동아일보⟩.	1976.5.26.	"찬송가를 한 가지로".
⟨동아일보⟩.	1976.12.19.	"새번역신약성서 출간, 찬송가도 새로".
⟨동아일보⟩.	1977.3.4.	"기독교시국대책위 결성".
⟨동아일보⟩.	1977.5.25.	"기독교시국대책위 미대사관에 서한".
⟨동아일보⟩.	1978.2.3.	"개신교 숙원「새통일찬송가」8월 출간".
⟨동아일보⟩.	1978.5.2.	"연례국가조찬기도회".
⟨동아일보⟩.	1978.9.15.	"基民黨 발족".
⟨동아일보⟩.	1979.5.26.	"사형선고 재미교포 이철수 돕기 후원회 국내 발족".
⟨동아일보⟩.	1979.6.29.	"기독교인사 12명 카터대통령과 간담".
⟨동아일보⟩.	1980.4.4.	"8·15 이후 부역자 공직서 추방해야".
⟨동아일보⟩.	1980.9.30.	"전두환 대통령 취임축하조찬기도회".
⟨동아일보⟩.	1981.12.5.	"숭전대 총장에 강신명씨 선임".
⟨동아일보⟩.	1984.12.20.	"KBS2 11시에 만납시다".

〈동아일보〉. 1985.6.24. "타계한 강신명 목사".
〈매일경제〉. 1972.1.15. "대한예수교장로회총회협동위원회".
〈매일경제〉. 1979.11.24. "최규하 권한대행 면담 종교지도자".

小竹 **강신명 목사의 생애와 사상**

초판인쇄	2016년 12월 20일
초판발행	2016년 12월 30일

지은이	정병준
펴낸이	채형욱
펴낸곳	한국장로교출판사
주　소	03128 / 서울 종로구 대학로 3길 29 한국교회100주년기념관 별관
전　화	(02) 741-4381 / 팩스 741-7886
영업국	(031) 944-4340 / 팩스 944-2623
등　록	No. 1-84(1951. 8. 3.)

ISBN 978-89-398-4162-8 / Printed in Korea
값 13,000원

편집장 정현선		**교정·교열** 오원택	
표지디자인 김아미		**본문편집** 김아미	
업무부장 박호애		**영업부장** 박창원	

※ 이 출판물은 저작권법에 의해 보호를 받는 저작물이므로 무단전재와 무단복제를 할 수 없습니다.
※ 본 서는 역사적 사실과 기록을 인용하였으나, 그 내용이 출판사의 입장과 다를 수 있습니다.